VENEZ à la leçon, jeuneſſe vive & folle,
Eſope en belle humeur vous appelle à l'Ecolle:
Les Beſtes autrefois parloient mieux que les gens,
Et le ſiecle n'a point de ſi doctes régens.

ESOPE
EN
BELLE HUMEUR,
OU
DERNIERE TRADUCTION,
ET AUGMENTACION
DE SES
FABLES.
En Prose, & en Vers.

A AMSTERDAM,
Chez ANTOINE MICHIEL, Libraire
à la Sphére.
MDCXC.

PREFACE.

ESOPE PARLE.

Es Dialogues des Morts de Lucien, ne sont pas des contes faits à plaisir ; on s'entretient en effet aux chams Elizées. Il n'en est pas de la terre des Morts comme de celle des Mortels ; en la terre des Mortels, le potier hait le potier, & les gens

PREFACE.

de même métier se fuient ; ici, c'est tout le contraire ; les gens de même caractere se recherchent, ils vivent ensemble, ils s'aiment, ils se caressent. Le cartier où je suis, est sans contredit, le plus agreable de tous les chams Élizées. C'est le Rendezvous general, de tous les Auteurs plaizans & sur tout des Poëtes, des Batéleurs, des Comediens, des Charlatans, des Danseurs de Corde, des Couriers, des Hoteliers, des Cuiziniers, des Traiteurs, des Graveurs, des Peintres, enfin c'est le receptacle de tous les esprits gais. On i respire l'air du monde le plus serein. Le Printems i est eternel. Nos animaux domestiques, sont des singes, qui nous donnent mille divertissemens. Nous i sommes tous habillez en Carnaval. Comme tous les habitans de cet agreable

PREFACE.

ble fejour ont eu foin de ne pas boire du Lethé, fleuve qui efface la memoire, celà fait qu'ils fe fouviennent de tout ce qu'ils ont écrit, de tout ce qu'ils ont dit, de tout ce qu'ils ont fait, de tout ce qu'ils ont oui. A table, nous fommes fervis de tous les boufons des Princes. Nos écuiers-tranchans font les Gazetiers. Nos valets font les nains les plus fameux des Cours.

Je vous avoue que c'eſt une plaizante afaire que de nous entendre ; fur tout, quand nous fommes en belle humeur. Celui qui dit mieux le bon mot, eſt le mieux venu. Et comme c'eſt un amas de tous les beaux efprits, vous ne fauriez croire les belles chofes qui s'i difent.

Dez qu'un nouveau-venu defcend de la barque de Caron & qu'il a paié fon naulage, il de-

PREFACE.

mande aprez moi. Ainſi, à la reſerve peutétre de Scarron, je ſuis l'objet le plus ordinaire de la curioſité. Depuis peu il arriva une troupe de gens qui ſe diſoient des Refugiez de France.

Ils ne manquerent pas de venir me rendre viſite. Quand je ſu qui ils étoient, je leur demandai des nouvelles de l'autre monde, & ſingulierement, je leur demandai ſi mes Fables étoient encore en vogue; ils me répondirent qu'oui, mais qu'on étoit dans l'impacience d'en voir une Traduxion Nouvelle & une augmentacion. Moi, qui n'ai pas perdu le deſir de recréer le monde, je demandai conſeil à mes amis. Nous-nous aſſemblames chez Ovide avec tous les Poetes. Plaute, Petrone, Juvenal, Marot, Rabelais, Bocace, Eraſme, Cats, Scarron, Moliere & tous les Gazetiers d'Holande

PRÉFACE.

lande furent du conseil. Tout le monde conclut à une Nouvelle Traduxion de mes Fables. On fit venir Callot ; qui aiant mis la main au burin, me grava en vieleur gaucher, qui faisoit danser tous les animaux que j'introduis dans mes Fables. Un singe tenoit devant moi un petit Moulin-à-vent d'enfant, d'où pendoit une banderolle qui portoit pour écriteau ESOPE EN BELLE HUMEUR.

On agrea le dessein, & comme on lui eut dit de faire une espece de vignette pour placer au premier feuillet, il me grava dansant aux castagnettes, deux singes me servant de basse & de violon ; on donna ordre à Vaugelas, à Menage, à Ablancourt & à Moliere de coucher les Fables en langage du tems. Baudouin se recria un peu ; mais on le fit taire, en lui disant que son stile étoit déja sur-

PREFACE.

anné, que sa morale étoit longue & qu'une sauce pour bien piquer le gout, doit étre courte.

Plutarque, Licostene & quelques Ravaudeurs se presenterent pour faire les allusions; mais on les remercia de leurs antiquailles; on leur dit que le monde aimoit la nouveauté, & qu'on en étoit liberalement servis, sur tout des Refugiez de France. L'Assemblée aplaudit à la resolucion prise sur la nouveauté. Mais Monsieur le President Ovide, qui a peutetre peur qu'on ne le rejette comme antiquaire, fut d'avis qu'il falloit i entreméler quelque demie antiquité, & son opinion fut suivie. Furetiere qui survint au conseil, pria qu'on voulut entreméler ses Vers; comme ils sont admirables & qu'on sait le service qu'il a rendu en imprimant son Dictionaire en trois Tomes in folio, malgré

PREFACE.

gré l'Academie Françoise; on lui accorda sa juste requête, mais pour ne point contrister La Fontaine qui a si heureusement travaillé sur mes Fables, on fut d'avis d'i joindre quelques-unes de ses plus belles. Comme bien des gens se mélerent de mon ouvrage, il fut bientot achevé; & comme c'étoient tous de beaux esprits, mes Fables en reçurent des agrémens nouveaux.

Mais tout gens d'esprit que nous étions, nous pensames nousmêmes devenir la Fable du monde. Je fus le premier qui m'aperçus de la bevue, & je ne manquai pas de la reprocher delicatement à l'assemblée. Messieurs, disje, il faut changer l'allusion de la Fable où il est dit que les Rats aiant tenu conseil pour se mettre à couvert de la fureur d'un Chat, & tous étant tombez d'accord qu'il faloit lui pen-

PREFACE.

pendre un grelot au cou afin que quand il se remueroit, cette clochette vint à sonner, & qu'elle les avertit de prendre la fuite, il ne se trouva persone qui voulut entreprendre cette suspension dangereuse. Il faut mettre au bout de cette Fable que celà exprime le conseil qui se tint chez Ovide au sujet des Fables d'Esope, où toute l'assemblée aiant conclu à leur Traduxion Nouvelle & à leur augmentacion, il ne se trouva persone qui put les porter à la terre des mortels pour les faire imprimer.

Dez que j'eu achevé de parler, tout le monde se regarda, & chacun se prit à rire. Virgile qui est d'un esprit severe & qui n'aime pas plus d'étre joué, que de rire, prit la parole, & il me dit d'un accent grave. Compere Esope, ne changez pas l'allusion de vôtre

PREFACE.

tre Fable, & ne tournez pas ce sage conseil en ridicule. Vous n'avez qu'à mettre vôtre copie entre les mains de Caron, & si vous lui paiez double port, il fera tout ce que vous voudrez. Enée doit repasser bientot des chams Elizées à l'autre monde, il i portera vos Fables.

Ceux qui s'étoient sentis piquez de ma raillerie, ne furent pas fâchez de s'en voir vangez. Moi, pour leur donner le change, je m'adressai aux Gazetiers, je leur demandai à qui je devrois adresser ma copie ? ils me répondirent que je ferois bien de l'adresser à Amsterdam à Antoine Michils à cause que ses caracteres sont tres-beaux. Je suivis leur conseil.

Mortels, si le paquet est bien arrivé, & si cet Imprimeur vous a fait present de mes Fables, je vous

Preface.

vous prie de vous souvenir de moi, qui suis la source de tout; & si vous leur faites bon accueil, je me determinerai à en faire de nouvelles. Je suis,

Votre tresdivertissant
Serviteur

Esope.

Des Chams
Elizées.

ESOPE
EN
BELLE HUMEUR

LA VIE D'ESOPE.

ESOPE étoit d'Ammorie village de Frigie, Province de l'Asie Mineure ; il vivoit l'an 200 de la fondation de Rome. La nature le fit naître si difforme, & si contrefait du corps, qu'à peine avoit-il la figure d'un homme, elle lui avoit même refusé jusqu'au libre usage de la parole. Il avoit la tête pointue, le nez plat, le cou court, les levres grosses, & le teint noir ; d'où lui fut donné son nom, car ESOPE signifie le même qu'ETIOPIEN.

Il étoit la terreur des enfans de son tems, lui qui instruit les nôtres si doctement aujourd'hui. Sa mauvaise destinée le rendit esclave, & elle le soumit à plusieurs maitres, qui lui firent de mauvais partis. Il se vid exposé à faire de lons voiages, à porter des fardeaux infiniment audessus de ses forces, à labourer la terre & à souffrir les humeurs emportées & facheuses de la femme de Xante son dernier Maitre. Ce fut avec ce Filosofe qu'il commença à faire paroitre la beauté, & la vivacité de son esprit, & qu'il satisfit si admirablement à tout ce qu'on lui proposoit de plus difficile. La gageure de Xante de boire toute l'eau de la Mer, qu'il avoit faite temerairement dans la débauche, dont nôtre Esope le tira avec tant d'avantage : L'explication aux Samiens du rapt qui leur avoit été fait par un Aigle de l'Anneau public, & mile autres traits surprenans seront des monumens éternels de son rare genie. Cresus Roi de Lidie à qui il donna ses Fables ne put lui refuser toute son estime, quoi qu'il eut persuadé aux Samiens de s'opposer aux entreprises, que ce Prince faisoit pour leur ôter la liberté. Il fut encore à la Cour de plusieurs Rois, qui respecterent son merite. Enfin son mauvais sort l'aiant conduit à Delfe ; les habitans de cette Ville, dont il avoit repris les mœurs depravées, le precipiterent cruellement du haut d'une montagne. Mais le Ciel justement irrité contre ces miserables, en fit perir la plus grande partie par une peste violente, & il ne put être fléchi, qu'aprez qu'ils eurent dressé une piramide aux manes de ce grand Filosofe par le conseil des Oracles, & que les principaux auteurs de sa mort, qui avoient échapez à ce fleau, eurent été immolez à la juste indignacion des plus illustres d'entre les Gr— D'UN

EN BELLE HUMEUR.   17

D'UN LION, ET D'UN ANE.

UN Lion pourſuivant avec fureur un Ane pour le devorer : un Coq du voiſinage chanta avec tant de violence, qu'il contraignit le Lion, qui a une averſion naturelle pour ſon chant, a lâcher non-ſeulement ſa proie, mais encore à prendre la fuite. L'Ane s'imaginant ſottement que le Lion avoit peur de lui, ſe mit à ſes trouſſes & il lui donna la chaſſe bien audelà de la portée du chant du Coq, ce qui obligea le Lion à lui faire volte face tout à coup, & à le mettre en pieces. Alors ce ſot animal reconnut trop tard, ſa temerité, & il aprit qu'il n'appartenoit pas à un miſerable Ane comme lui d'inſulter le Roi des animaux.

Le Turc à la tête de trois-cent-mille Combatans en l'an 1683 mena batant le Duc de Loraine juſqu'à Vienne ; ce Heros fit volte face, & il relança le Turc tellement, qu'il n'eſt plus en aſſurance même à Conſtantinople.

De

ESOPE

DE DEUX ECREVICES.

UNE jeune Ecrevice, & sans experience,
　　Vid d'un œil envieux paroitre en un festin,
Quantité de ses Sœurs, en pompeuse apparence,
　　Teintes d'un bel incarnadin.
Elle courut soudain dire à sa mere,
J'admire de mes sœurs la fortune prospere:
　　　J'en ai vu trente dans un plat,
　　　Si magnifiquement vêtues;
　　　Que je les croirois parvenues,
　　　Aux honneurs du Cardinalat:
Tandis que barbotant dans la boue & l'ordure,
　　Nous sommes couvertes de bure.
Que je souhaiterois un sort si fortuné;
Et d'avoir un habit si bien enluminé.
　　La vieille & prudente Ecrevice,
A sa fille repond; Vous étes bien novice,
　　Celle qui brille avec plus de splendeur,
Voudroit bien retenir sa premiere couleur:
　　　Et quoi qu'il semble qu'elle éclatte,
　　　Sous une robbe d'écarlatte;
　　　C'est un funête acoûtrement,
　　　Qui ne doit pas faire d'envie,
　　　Puisqu'il est vendu cherement,
　　　Et qu'elle en a perdu la vie.

　　　Tel, & semblable est le sort,
　　　D'un Heros, couvert de gloire;
　　　Il vit de vrai dans l'Histoire,
　　　Mais cependant, il est mort.

D'un Loup et d'une Tete.

UN Loup étant entré dans l'atelier d'un Sculpteur, i trouva une Tête d'homme fort bien travaillée. Il la tourna de tous les côtez, & il la promena d'un bout à l'autre de ce lieu fans qu'elle fit aucun mouvement. Rebuté de voir fes peines inutiles, il s'écria de depit & de colere, ô la belle Tête, c'eft grand dommage qu'elle n'ait point de cervelle !

Il ne faut pas juger des hommes à la mine, ni fe laiffer furprendre par l'exterieur.

Il n'i a pas lonteins qu'on fit cette exclamacion du Loup à la vue d'une belle perfone qui n'avoit pas d'efprit.

Du Singe et du Bouc.

UN Singe autrefois rencontra,
Un Bouc à barbe venerable;
Et comme ami lui remontra.
Qu'il fe rendroit plus agreable,

S'il

S'il hantoit souvent le Baigneur:
Qu'il se mettroit en bonne odeur,
Parmi le monde raisonnable.
Pour lui qu'il n'étoit du métier,
D'Estuviste, ni de Barbier:
Mais que pour l'obliger, il mettroit en pratique,
Ce qu'il avoit apris touchant l'ajustement,
Quand il frequentoit la boutique,
Des faiseurs-de-poil proprement.
Le Bouc de cette courtoisie,
Et le loue, & le remercie,
Mais pour faire sa barbe, il veut prendre conseil;
Et pour cet effet, il s'adresse
A l'homme, qui n'a son pareil,
A ce qu'on pretend, en sagesse.
Il void d'abord mille galands bienfaits;
Propres, polis, rasez de frais;
Et quelques mignons de couchette,
Qui s'arrachant le poil, se servoient de pincette:
Et par là devenoient la terreur des maris,
Tant ils étoient des Dames favoris.
Cét exemple me persuade,
Dit le Bouc à son Camarade;
Raze moi donc pour la premiere fois.
Aussitot le Singe courtois,
Lui met au cou une serviette,
Et prepare sa savonette.
Quand il paroit des Moines, des Prelats,
Des Docteurs, & des Magistrats,
Dont la mine majestueuse,
Procedoit d'une barbe, & longue, & copieuse.
Que vois-je! dit le Bouc alors?
Les hommes sous un même corps,
Ont bien de differens visages?

Qui

Qui sont les fous ? Qui sont les sages ?
Le Singe dit, nous ne savons,
Ceux-là, nomment ceux-ci Barbons,
Quand ceux-ci, prennent la parole,
Ils nomment les premiers, Jeunesse, & Tete folle.
Il faut, dit le Bouc en couroux,
Que les hommes s'accordent tous,
Sur la bonne façon de vivre,
Si leur exemple ils veulent faire suivre.
Cependant, il n'est rien de tel,
Que de s'entretenir dans l'état naturel.
Celà dit, il arrache & déchire son linge,
Et du bassin coëffe son Singe.

Cette raison qui nous éclaire,
Ne nous sauroit donner de certaine leçon :
L'un par raisonnement se met d'une façon,
L'autre se met d'une façon contraire ;
Qui croit aussi le faire par raison.

D'UN LION, ET D'UN RENARD.

UN Lion que la vieillesse empêchoit de chasser ; eut recours à la ruse pour atraper de la proie.

Il se retira dans son antre seignant d'être malade. Les animaux de son voisinage lui rendirent aussitôt la visite, & ils lui offrirent leurs services, qu'il reçut à belles dents, les devorant tous les uns aprez les autres. Le Renard qui éventa sa fourberie, se contenta de lui demander de loin l'état de sa santé; tresmauvaise, lui répondit le Lion, hé pourquoi n'entrezvous pas? c'est parceque je voi, repliqua le Renard, les traces de ceux qui sont entrez, & pas une de ceux qui en sont sortis.

Il est de la sagesse, & de la prudence de savoir éviter les embuches de nos ennemis.

Les Liegeois n'ont pas voulu s'entendre avec la France, à cause des mauvais traitemens que les Aliez de cette Couronne en ont soufferts.

Du Chien et de son Maitre.

LE plus savant de tous les Chiens,
De son Maitre autrefois eut une reprimande.
Au lieu de l'avertir, quand la troupe brigande,
  Venoit pour enlever ses biens;
  Il aboioit d'une façon cruelle,
  A tous venans, & sans raison;
  Et mettoit toute la maison,
  En alarme continuelle.
Passe, lui disoit-il, pour crier au larron,
Voiant un Procureur, un Sergent, un Gascon;
Mais tu dois épargner une personne honnête,
  Il faut plutôt lui faire fête,
Si tu pretens passer pour avoir le nez bon.
  Excusez-moi, répond le Chien fidele,
  Si j'ai manqué, c'est par excez de zele,

En-

EN BELLE HUMEUR.

Encor que d'aboier à faux,
Soit le moindre de mes défaux.
Vous ne regardez qu'à la mine,
Et pour vôleurs vous n'advouez,
Que ceux qui doivent être, ou pendus, ou rouez.
Moi je les fens, & les devine,
Sans le secours du Magistrat.
Ma sagacité naturelle,
Par le moien d'un exquis odorat,
A cent pas à la ronde, un Vôleur me revele.
Ce n'est pas seulement aux Filoux, aux Meuniers,
Aux Frippiers, Greffiers, & Geoliers,
Aux Valets qui ferrent la mule,
Qu'il faut aboier sans scrupule.
Quand je fens ces gros Maltôtiers,
Qui vont avec des Futelers,
Ravager toute une Province,
Et vôler le peuple & le Prince:
Quand je voi des Banqueroutiers,
Des Faussaires, des Usuriers,
Des Juges vendre la Justice,
Et pour vôler, acheter un Office:
L'Avocat depouiller la Veuve & l'Orfelin;
Et le Cagot en patelin,
Rencontrant une ame idiote,
Couper devotement la bourse à sa devote:
Alors j'aboie avec chaleur,
Et je croi qu'il est tems de crier au vôleur.
Enfin soiez certain que quand je vous appelle,
J'en fens quelqu'un aux environs;
Et que la volerie est telle,
Que si l'on faisoit bien l'Histoire des Larrons,
On écriroit l'Histoire universelle.

Tel est bien souvent le malheur,
D'un serviteur bon & fidelle;
Son Maitre injuste le querelle,
Lors qu'il le sert avec trop de chaleur.

D'un Loup, et d'une Grue.

UN loup aiant dans la gorge un os qui l'incommodoit, promit à une Grue de la bien recompenser, si elle vouloit le lui tirer avec son bec. La Grue en convint, & elle le lui ôta facilement; aprez quoi elle lui demanda le salaire promis. Alors le loup aiguisant ses dents les unes contre les autres, lui fit connoitre qu'elle devoit s'estimer heureuse d'avoir retiré sa tête saine, & sauve de sa gueule.

Si pour recompense de nos services, les grands ne nous font point de mal, nous ne sommes pas malheureux.

Quelques Cantons Suisses peuvent ici s'instruire, aprez qu'ils auront servi la France, la France leur fera entendre de la forteresse de Huningue; n'est-ce pas assez que nous ne vous engloutissons pas, le pouvant faire?

DU CHAT-HUANT ET DE JUPITER.

QUand Jupiter tint ſes grands jours,
Pour recevoir les Placets & Requêtes,
Que pour implorer ſon ſecours
Lui voudroient preſenter les Hommes & les Bêtes,
Il reçut d'un vieux Chat-huant,
Une Requête contenant,
Qu'avec une grande injuſtice,
Il étoit pourſuivi par les autres Oiſeaux,
Juſqu'aux moindres petits Moineaux,
Puiſqu'il ne leur rendoit aucun mauvais office,
Et qu'il n'avoit jamais, contre eux, rien attenté,
Ni fait acte d'hoſtilité.
Que cependant cette troupe criarde,
Faiſoit tant contre lui, de huée & de bruit ;
Que ſans eſcorte, & ſauvegarde,
Il n'oſoit aller que de nuit.
Que pour finir une ſi rude guerre,
Il recouroit au Maitre du Tonnerre,
A griffes jointes le priant,
D'avoir pitié du Supliant.
Quand Jupiter eut lu cette Requête,
Il ſourit, & hochant la tête,
En ces termes lui répondit :
Oiſeau funeſte, l'on m'a dit,
Qu'avec tout vôtre parentage,
Vous viviez en mauvais ménage,
Et que chacun de vous, battoit ſon compagnon ;
Qu'enfin vous ne pouviez, ſans vous faire d'outrage,
Vous ſouffrir deux en même cage,
Ni vivre ſous même pignon.
Pour faire exaucer vos prieres,

B Soiez

Soiez soigneux premierement,
De vivre en paix avec vos freres;
Et puis nous ferons aisément,
Avec les étrangers, vôtre accommodement.

Ainsi dans l'Etat politique,
L'homme doux dans son domestique,
Ne manquera jamais,
D'être avec tout le monde en paix.

D'UN AIGLE, ET D'UN RENARD.

UN Aigle, & un Renard convinrent, pour nouer une amitié plus étroite, de demeurer l'un prez de l'autre. L'Aigle fit son nid sur un arbre, & le Renard fit son terrier au pied, où il mit ses petis, aprez quoi il alla leur chercher de la proie. L'Aigle fondit aussitôt sur les petis Renards, qu'il fit servir de curée à ses Aiglons. Le Renard de retour aperçût la perfidie de son voisin; mais non pas le moien de s'en venger; & il s'évaporoit tout en menaces & en injures. Quand par hazard il vid un tison ardent, qu'il porta au pied de l'arbre. Le feu & la
fu-

fumée obligerent bientot les Aiglons sans plumes de tomber, & de devenir la proie de leur impitoiable ennemi, sans que l'Aigle put l'empécher.

Les méchans qui oppriment par leur puissance les miserables, perissent tot ou tard.

Strasbourg a reçu les François; les François ont mit Strasbourg aux fers; Strasbourg n'atend que l'ocasion de se defaire de ses Hôtes ingrats, & il l'aura bientot.

Des Oiseaux et du Fenix.

Lors qu'en l'Empire des Oiseaux,
La Couronne étoit elective;
On tint un grand conseil, où tous jusqu'aux Moineaux,
Eurent voix deliberative.
Les Aigles, les Faucons, étoient les pretendans,
Qui pour se faire Rois, étoient les plus ardens:
Leur titre étoit, leur force & leur courage,
S'imaginant, qu'à des Chefs belliqueux,
Tous les Oiseaux plus foibles qu'eux,
Rendroient incontinent hommage.
Mais comme ils vivoient de carnage,
La Republique étant encore en liberté;
Les plus sensez de cette Compagnie,
Leur ôterent l'espoir de cette Roiauté,
Apprehendant leur tirannie.
Quand les Autruches & les Pans,
Se voioient si bien mis, si lestes, si pinpans,
Chacun se fiant sur sa mine,
Croioit faire fortune en cette occasion:
Mais une puissance voisine,
Par quelque secrette machine,
Leur fit donner l'exclusion.
Enfin un Perroquet qui sortoit de l'Ecole,

D'un

D'un Docteur prenant la parole,
S'il m'appartient; dit-il, de vous donner conseil,
 Trouvez bon que je vous enseigne,
 Un Roi parfait qui n'a point son pareil,
Et dont vous benirez à jamais l'heureux regne.
 C'est le Fenix, brillant comme un Soleil,
Qui sur tous les Oiseaux emporte l'avantage,
 Par la beauté de son plumage.
 Il vit tout au moins cinq cens ans,
 Et n'est point chargé de famille,
 Car il n'a point de femme ni d'enfans.
 Quand il veut mourir il se grille,
 Sur un bûcher fait de bois odorans,
 Qu'il va chercher en l'Arabie heureuse :
 Et le Soleil allume ce tombeau,
 Avec une œillade amoureuse.
 Là nait un petit vermisseau,
 D'où se forme un Fenix nouveau,
 Ressuscité des cendres paternelles,
Et comme il nait sans l'aide des femelles,
 On peut jurer, sans courir de hazard,
 De lui seul, qu'il n'est point Bâtard.
 Quand à ses autres avantages,
 Jugez en à proporcion ;
 Car il chante en perfexion,
 Mais les Auteurs dans leurs ouvrages,
 N'en ont point fait de mencion ;
Quoiqu'il semble en rendant de si beaux témoignages
 Qu'ils ont trouvé l'invencion,
 D'en nourrir plusieurs dans des cages.
 A cet avis chacun applaudissant,
Pour son Elexion, tous donnent leurs suffrages ;
 Mais, parcequ'il étoit absent,
Soudain pour lui porter cette bonne nouvelle,
Par-

EN BELLE HUMEUR.

Partent mille Couriers, qui vont à tire d'aîle,
  Aux Climats les plus reculez,
  Et dans les lieux les moins peuplez,
Qui font à le chercher, exacte diligence.
Mais quoiqu'en sa faveur, l'histoire ait controuvé,
  Pour établir son excellence;
Ce Roi parfait ne put être trouvé.

  Cette Fable apprend aux Lecteurs,
Que la vertu parfaite, est en vain demandée;
  Et qu'ici bas, elle n'est qu'en l'idée,
  De quelques fabuleux Auteurs.

D'UN RENARD, ET D'UN BOUC.

UN Renard, & un Bouc pressez d'une soif ardente, descendirent dans un pui, d'où aprez avoir bu, il fut question de sortir. Le Renard dit au Bouc qui se tourmentoit pour en trouver le moien, que s'il vouloit se dresser sur les deux pieds de derriere, & apuier les deux de devant contre le mur, qu'il se faisoit fort de grimper au long de son échine, & de se tirer bientot d'affaire l'un & l'autre. Le Bouc obeït, mais le Renard ne fut pas plutot en liberté qu'il se mit à gambader & à reprocher au Bouc, que s'il avoit eu autant de bon sens, que de barbe; il auroit songé au moien de sortir du pui, avant que d'i descendre.

Un homme sage & prudent, doit toûjours penser plus d'une fois à ce qu'il entreprend.

Un Prince Anglois s'est sacrifié à l'ambicion d'un GRAND; LE GRAND le voiant détroné hausse les épaules.

Du Courtisan et du Mouton.

UN Courtisan, dans une grande plaine,
  Ne sachant à quoi s'exercer,
Prenoit plaisir à voir passer, & repasser,
  Un troupeau de bêtes à laine.
  Dez qu'un Mouton marchoit devant,
  Ou faisoit un pas en arriere;
  Autant en faisoit le suivant,
  Et tous ceux qui venoient derriere.
Alors pour les railler de galante maniere;
Est-ce que vous jouez, leur dit-il, à l'Abbé?
  Qu'incessamment on vous void entre-suivre;
Je ne m'étonne pas qu'on ait toujours daubé,
  Vôtre sotte façon de vivre.
Ne vaudroit-il pas mieux ô timide animal!
Vous conduire chacun selon vôtre genie,
Qu'en imitant autrui, pecher par compagnie,
Et sans vous informer s'il fait, ou bien, ou mal!
  A cette piquante Ironie,
  Fut repondu par un grave Belier,
  Dont la gorge étoit parée,

Comme un Docteur ou Bachelier,
　　D'une peluche fourée.
　Sa dites-moi, Monsieur le delicat;
　　Est-ce un raisonnement solide?
Qui d'un chapeau pointu, vous en a fait un plat?
　　Ou si d'un fantasque, ou d'un fat,
　　L'exemple vous sert de guide?
Lors que de vos souliers, ou de vos hoquetons,
　　Vous quittez la forme commode,
Pour suivre l'inventeur d'une nouvelle mode,
　　N'êtes-vous pas plus sots que des Moutons?
Quand étourdis comme des hannetons,
Vous suivez un brutal, dont l'aveugle furie,
　　Court affronter l'artillerie?
　N'êtes-vous pas d'obeissans Moutons,
　　Que l'on mene à la boucherie?
　Quand des Docteurs quittent la verité,
Et se laissent brider par quelque autorité,
　　Tels que souvent on void paroitre,
　　Les disciples de ces Platons,
　　Qui filosofant à tâtons,
Jurent sans raisonner sur l'avis de leur maitre;
　　Sachez que ce sont des Moutons,
　　Ou qu'ils meritent bien de l'être.
　　Faites donc reflexion,
　　Sur vous, & sur vos semblables;
　Et vous verrez que de cette action,
Que vous nous reprochez, vous êtes plus coupables.

　　Cette Fable nous fait connoitre,
Qu'entre les Animaux, que le Ciel a fait naitre;
　　L'homme est le plus preoccupé,
　　Le plus sot, & le plus duppé,
Et celui qui le moins s'imagine de l'être.

D'un Loup, et d'un Agneau.

UN Loup qui buvoit à la source d'une fontaine, aperçut un Agneau au bas du ruisseau que la fontaine formoit. Il le joignit tout en colere, & il lui demanda pourquoi il troubloit son eau ? l'Agneau s'excusa, & il lui fit connoitre que celà étoit impossible, vu que l'eau ne pouvoit pas remonter à sa source. Le Loup grinçant les dents lui reprocha aussitot, qu'il i avoit plus de six mois qu'il médisoit de lui. Je n'étois pas alors au monde, repartit l'Agneau ; le Loup repoussé de tous les cotez, se jetta sur cet innocent animal, en s'écriant que c'étoit donc ses parens qui étoient de tous tems ses ennemis declarez.

Les puissans ne manquent jamais de pretextes pour opprimer les miserables.

Quand on reprochoit à la France ses cruautez, elle s'en defendoit, en alegant les sujets de plainte qu'elle croit avoir eus de Charlequint.

DE L'ANE ET DE JUPITER.

A Jupiter par un autre Placet,
Un Ane fit sa doleance;
De ce que par accoutumance,
L'homme donnoit pour sobriquet,
A ceux qu'il taxoit d'ignorance,
Le surnom d'Ane, ou de Baudet.
Cependant, disoit-il, au nom de ses Confreres,
Cent autres animaux pourroient avoir été,
Aussibien pris pour exemplaires,
D'une grande stupidité.
Pourquoi nous noter d'infamie,
Plutot que les Boucs, les Taureaux,
Les Moutons, les Cerfs, les Pourceaux,
Qui ne frequentent pas non plus l'Academie ?
A peine voudrions-nous le ceder aux Chevaux.
Nous ne pretendons pas par nôtre suffisance,
Devenir Graduez, ou d'entrer en Licence,
Ni de bonnets de Docteurs obtenir,
Par nôtre étude, & par nos veilles;
Aussibien nos longues oreilles,
Ne pourroient jamais i tenir.
Mais nous avons raison de soutenir,
Qu'il faut que l'homme se corrige,
Et qu'à l'avenir il s'oblige,
Quand il voudra taxer quelqu'un,
D'un vice à present si commun:
Qu'en general, il l'appelle une bête,
Et qu'en particulier il laisse l'Ane en paix.
Jupiter en riant répondit sa Requête,
Et lui dit; Prince des Baudets:
En quoi vous fait-on prejudice ?

Si ce nom vous est dû, par vôtre propre aveu,
Quand les autres seroient sujets au même vice,
 Il vous doit importer fort peu,
Si l'on ne leur rend pas une égale justice.

 Combien a-t-on vu de Gascons,
  Se plaindre endurant le supplice,
 Non pas qu'on leur fasse injustice,
Mais qu'on ne pende pas, d'autres plus grands Larons?

De Jupiter, et des Grenouilles.

Les Grenouilles jouissoient d'une agreable liberté dans leurs marais. Lassées de leur bonheur, elles demanderent un Roi à Jupiter, qui leur donna une solive, sur laquelle elles sauterent aussitot avec insolence & avec mépris. Aprez ce beau manege, elles en demanderent un autre à ce Pere des Dieux, qui leur envoia une Cicogne, laquelle commença d'abord son regne par les déchirer les unes aprez les autres. Cette violence les obligea de s'adresser à Mercure, qui leur fit connoitre que Jupiter les avoit condamnées à souffrir les cruautez de la Cicogne, puisqu'elles avoient méprisé la douceur de la solive.

Ceux qui ne peuvent gouter les douceurs d'une honnête liberté, meritent bien de porter les chaines d'une dure servitude.

Quelques Villes de la Belgique usurpée, se plaignoient à tort de la dominacion d'Espagne, & elles ont la France.

Du Meunier et du Rat.

UN Meunier dans une Ratiere,
 Aiant pris un puissant Rat,
Sa, lui dit-il, voleur, infame, scelerat,
Je vais t'accommoder de la belle maniere;
Tu pairas cherement la farine & le bled,
 Que tu m'as jusqu'ici volé.
Le pauvre Rat, priant qu'on le delivre,
Pardonnez-moi, dit-il, mon maitre, mon voisin,
Si j'ai pris vôtre bled, ce n'étoit que pour vivre,
Je n'en suis point marchand, ni n'en tiens magazin;
Puis nous sommes tous deux de même confrairie,
On sait de quelle sorte on en use au moulin.
Cessez donc d'entrer en furie,
Pour quelques petits grains que ronge un laronneau:
 Tandis que de serrer la mule,
 Vous ne faites point de scrupule,
 Et d'en voler à plein boisseau.
 Ce reproche trop veritable,
Vers le Meunier, le rendant plus coupable;
Je t'apprendrai, dit-il, par des mots outrageans,
 A choquer les honêtes gens.
 Soudain il conclud son supplice,
Et fait venir le plus gros de ses Chats,

Executeur de la haute justice.
Contre les Souris & les Rats.
Le Chat sans corde & sans potence,
L'étrangla suivant la Sentence.

Ainsi l'Officier de Police,
Condamne un malheureux pour un petit peché,
Tandis que d'un semblable vice,
Et par fois d'un plus grand, lui-même est entaché,
Sans qu'il lui soit surement reproché.
C'est donc avec grande justice,
Que de tout tems le peuple a dit,
Qu'un grand Voleur, pend un petit.

D'UNE VACHE, D'UNE BREBI, ET D'UN LION.

UNe Vache & une Brebi, s'étant associez avec un Lion qu'ils trouverent dans un bois, convinrent ensemble de partager par égale porcion la chasse qu'ils feroient. Ils prirent un Cerf dont ils firent trois parts ; le Lion leur dit aussitot, je prens la premiere acause du rang, que je tiens parmi vous, la seconde est due à mon courage & à ma for-

force; pour la troisiéme, la premiere d'entre vous qui se mettra en devoir de la prendre aura à faire à moi.

Il ne faut jamais s'affocier avec un plus puiffant que foi.

La Suede étant alliée avec la France, fut maltraitée du Danois & du Brandebourgeois; la France feule profita. La Suede en eft devenue plus fage. Comme auffi la Holande qui pour fes bons offices n'a reçu que l'invafion de l'an 1672 où fans l'Efpagne, elle auroit été engloutie de la France.

De plusieurs Chiens.

Dans la Cuifine d'un Prelat,
Plufieurs Chiens mangeoient un potage,
Mais fi preffez autour du plat,
Qu'il ne fe pouvoit davantage.
Un gros Mâtin gardetifon,
Ne ceffoit pendant ce defordre,
D'aboier contre eux & de mordre;
Et foulevant les gens de la maifon,
Leur reprochoit en fon langage,
Que c'étoit une trahifon,
D'abandonner le bien de leur Maitre au pillage.
Enfin aprez beaucoup d'éclat,
Il fe rendit maitre du plat.
Mais quand aux étrangers il eut donné la chaffe
Il fe mit bravement à manger à leur place.

Ainfi dans les Guerres civiles,
Ceux qui des peuples, & des Villes,
Excitent le foulevement;
Quand leurs intrigues leur fuccedent,
Et qu'ils ont le gouvernement;
Ils font encore pis, que ceux qu'ils dépoffedent.

D'UN

D'un Chien, et de son Ombre.

UN Chien paſſoit une riviere, tenant dans ſa gueule une piece de chair. S'étant aviſé de regarder dans l'eau, ſon ombre ne manqua pas de le ſurprendre, en lui repreſentant un morceau de chair plus gros que celui qu'il portoit. Sa gourmandiſe lui donna envi de l'avoir, & elle l'obligea de lâcher ſa proie, pour courir aprez cette ombre. Alors il connut à ſes dépens qu'il vaut mieux conſerver ce qu'on a, que de courir aprez ce qu'on n'a pas.

Qui veut tout avoir, n'a bien ſouvent rien.

Mahomet IV voulant prendre Vienne, perd toute la Hongrie. Si la France n'eut pas rompu la Treve, elle auroit conſervé ce qu'elle a, & ce qu'elle n'aura plus bientot.

Du Chat et des Rats.

UN gros Matou, Tiran d'une Province,
 Se plaiſoit tant à la chaſſe des Rats,
Qu'il fit defence, à tous les autres Chats,

D'al-

EN BELLE HUMEUR.

D'aller chasser sur les plaisirs du Prince,
   Les Chats domestiques & doux,
   Petits Minets, Chates, Matoux;
Et tous enfin, hormis les Chats sauvages,
   Qui comme hobereaux des Vilages,
   Sans la Chasse mourroient de faim,
A son comandement obeïrent soudain.
Mais mal advint d'une telle defence,
Car les Chats jusqu'à lors étoient fort bien nouris;
   Des Dames même, ils étoient favoris,
Parcequ'ils defendoient le Grenier, la Dépence,
   Des assauts des Rats, & des Souris:
   Dont, quand on vid multiplier l'engence,
   Ils tomberent dans le mépris.
On les chassa des Maisons & des Villes,
   Comme des bouches inutiles.
   La race des Rats cependant,
   Etant un peuple fort peuplant,
   En fit voir telle fourmilliere;
Que le Tiran Matou ne trouvoit pas,
   Dans le serail de sa goutiere,
   Un sur azile à prendre ses ébats.
Au même tems la premiere ratiere,
Et les premiers, Crieurs de mort aux Rats,
   Parurent en lumiere.
   Quand ces appas pleins de poison,
Furent semez en chacune maison,
Nôtre Tiran friand de sa nature,
Dans un hachis par hazard en trouva:
   Il en prit si bonne mesure,
   Qu'incontinent il en creva.

   Cette Fable aprend qu'il arrive,
Toujours quelque malheur qui met en desaroi,

Le gros glouton qui n'eſt bon que pour ſoi;
Parcequ'il faut que tout le monde vive.
　Et que Dieu ſouvent a permis,
　　Qu'un méchant trébuche,
　　Dans une embuche,
　Qu'on dreſſoit à ſes ennemis.

D'UN RENARD SANS QUEUE.

UN Renard peu ruſé, fut contraint, pour ſe ſauver, de laiſſer ſa queue à un piege qu'on lui avoit dreſſé. Se voiant en cet état, il penſa mourir de dépit, & de chagrin; neamoins aprez quelques momens de reflexion, il s'imagina que s'il pouvoit perſuader à ſes Compagnons de ſe couper leurs queues, il couvriroit ſa honte particuliere, par une difformité commune & generale. Il les convoca tous pour ce ſujet, & il fit tous ſes éforts pour les obliger à s'en défaire, leur repreſentant qu'elle les embaraſſoient à pourſuivre leur proie, & à ſe ſauver euxmêmes des Chaſſeurs. Mais il fut bien ſurpris de voir que toutes ſes raiſons n'étoient pas du gout des autres Renards, & d'entendre dire par le plus ancien de la troupe; qu'ils ne suivroient point son conseil, étant trop interessé; qu'ils garderoient leurs queues, & que lui gardat sa honte entiere, sans vouloir la partager.

Il faut se défier des méchans, & ne pas suivre leurs conseils, qui sont d'autant plus dangereux, qu'ils sont trop interessez.

La France a voulu persuader aux Danois de se declarer contre les Aliez; mais les Renards de Norwege ont conservé leurs queues, & ils se sont moqué du Renard du Bois de Vincennes qui a perdu la siene.

Du Loup et du Mouton.

Jadis fut un Loup sur la terre
Qui dans le cabinet, plutot que dans la guerre,
    Faisant voir son habileté;
Pour dupper les Moutons, se mit un jour en tête,
    De faire avec eux un traité;
Et crut bien abuser de la simplicité,
De cette nacion si timide & si bête.
Ce Loup auprez d'un Parc, haranguant un Troupeau,
    Avec une douceur d'agneau;
    Lui dit au nom de ses Confreres,
    Sa Messieurs, rejouissezvous,
    Vous êtes bien dans vos affaires,
Car vous allez avoir, la paix avec les Loups.
Nous n'avons contre vous, ni haine, ni rancune;
    Et si vous n'étiez declarez,
Pour le parti des Chiens, nos ennemis jurez,
    Nous n'aurions jamais guerre aucune.
    Et tant s'en faut, l'amour que nous portons,

A tous les honnêtes Moutons,
M'oblige à vous donner un avis d'importance,
Sur quoi je vous demande un mot de conference.
L'homme qui fait semblant d'être tant vôtre ami;
 Vous laisse-t-il, l'ingrat, vivre à demi?
  Il vous tond, il vous sacrifie,
  Il vous meine à la boucherie,
Que vous feroit de pis le plus grand ennemi?
Venez plutôt chercher, dans les bois des aziles,
Pour fuir de sa fureur, vous êtes fort agiles,
Et si quelque chasseur vous serroit le bouton,
  Vous feriez le saut du Mouton.
 Voiez les Cerfs, de qui les destinées,
  Sont de vivre trois cens années,
S'ils n'avoient point été par l'homme effarouchez,
 On en verroit bien plus dans les marchez.
 Nous emploirons toute nôtre puissance,
  A vous servir d'affexion,
  Et sous nôtre protexion,
  Vous vivrez en toute assurance.
N'apprehendez de nous, aucune violence;
  Nous n'attaquons point les Oiseaux,
  Les Elefans, ni les Taureaux
Parce que nous avons avec eux alliance.
  Que si vous traitez une fois,
  Toutes faveurs vous sont promises,
Et les condicions, feront à vôtre choix,
  Nous conserverons tous vos droits,
  Vos privileges & franchises.
  Excepté qu'au lieu de béler,
  D'une façon pusillanime,
  Nous vous apprendrons à hurler;
  Car vous savez bien la maxime,
  Inviolable parmi nous,

        Qu'il

EN BELLE HUMEUR.

    Qu'il faut hurler avec les Loups
Songez donc au bonheur, que ma voix vous annonce.
    Alors le Doien du Troupeau.
  Faisant lâcher le Chien aprez sa peau,
Voilà celui, dit-il, qui porte la réponce.

    Cette Fable nous doit apprendre,
    Qu'avec un ennemi juré,
    Qui ne tâche qu'à nous surprendre;
    On ne peut faire un accord assuré,
    Et qu'il n'i faut pas même entendre.

D'UN PAÏSAN, ET DE LA MORT.

UN Païsan également chargé d'un grand nombre d'années, & d'un pesant fardeau qu'il portoit sur son dos, sentant manquer ses forces, & croiant ne pouvoir jamais arriver au lieu où il vouloit aller, desira mille fois la mort. Enfin la mort lui apparut, demandant à ce miserable ce qu'il souhaitoit d'elle. Le Vieillard surpris, mais rusé, lui répondit adroitement, que c'étoit pour la prier de l'aider à se relever, & à lui remettre sur son dos sa charge, qui étoit tombée.

Il n'est rien de plus cher que la vie, & le plus malheureux préfere toujours sa misere & ses peines à la mort la plus douce.

Les hommes aiment la vie, & il n'i a que les femmes qui se souhaitent mortes ; mais si Dieu les prenoit au mot, je doute fort, sur tout à l'égard des jeunes, si elles ne s'en retracteroient pas.

Du Beuf gras et du Beuf maigre.

AU sortir d'un gras pâturage,
   Un Beuf, pesant & paresseux,
En trouve un autre maigre, & flasque, & langoureux,
   Qui revenoit du labourage.
  Lors le Beuf gras, par forme d'entretien,
Dit à son Compagnon, plaignant son esclavage ;
Ton sort pauvre Cadet, n'est pas comme le mien.
   Sous un joug qui te martirise,
   Tu travailles comme un Forçat ;
   Et moi dans la faineantise,
   Je vis d'un mets fort delicat.
   Le matin & l'aprésdinée ;
   Je suis à l'herbe jusqu'au cou,
Et l'on te donne à peine, aiant fait ta journée,
   Du foin tout sec, la moitié de ton sou.
   Le Beuf déchargé de cuisine,
Répond ; je suis content de ma mauvaise mine,
  En étourdi ne me reproche point,
  Comme un défaut, ce manque d'embon-point,
   Je lui dois les jours qu'on me laisse ;
   Mais toi, peutétre dez demain,
Eprouvant le couteau d'un Boucher inhumain,
   Tu te plaindras de trop de graisse.

Ainsi

Ainsi la vie & la santé,
Se trouvent plus en assurance,
Dans la tristesse, & dans la pauvreté,
Que dans la joie & l'abondance.

D'un Lion, d'un Ane, et d'un Renard.

UN Lion, un Ane, & un Renard, allerent de compagnie à la chasse où ils firent une grosse prise; étant de retour, le Lion commanda à l'Ane d'en faire le partage, qu'il fit aussitot avec tant d'égalité, qu'il lui en laissa bien volontiers le choix. Cette trop exacte justesse échaufa si fort le Lion, qu'il mit sur le champ le pauvre Ane en pieces. Aprez quoi il ordonna au Renard de faire le partage. Le Renard lui laissa la plus grande partie de la proie, ne s'en reservant presque rien; celà obligea le Lion à lui demander qui lui avoit si bien apris son devoir; c'est la mort de l'Ane, repondit le Renard, en se retirant en liberté. Sa moderacion dans le partage, & cette sage reponse le sauva des Griffes du Lion.

Le Lion se vange du mepris de l'Ane & Guillaume se vange du mepris de Louis.

Le Roi Guillaume se ressent de l'afront que la France lui a fait en le traitant de Bourgeois de la Haie, dans l'ajournement qui lui fut intimé, au sujet de sa Principauté d'Orange.

De l'Augure et du Corbeau.

LEs Idolâtres du vieux tems,
Faisoient grand cas de certains Charlatans,
    Appellez, chez eux, des Augures;
    Qui predisoient les avantures,
    Observant le vol des Oiseaux.
    Le plus bel esprit des Corbeaux,
Au plus savant d'entre eux, demandant audience,
Je ne veux pas, dit-il, penetrer les ressorts,
    De vôtre divine sience;
    Mais puisque nôtre conscience,
    Ne nous laisse point de remors,
De vous avoir jamais fait de tort, ni d'outrage;
Pourquoi donc faites vous injure à nôtre corps,
En nous nommant Oiseaux de sinistre presage?
    Le Professeur de l'art misterieux,
    Repond à l'Oiseau curieux.
Nous avons observé que vôtre nourriture,
    N'est que charogne & pourriture,
Et que vous frequentez les Gibets, les Tombeaux,
Celà vous met au rang des funestes Oiseaux.
    Car c'est par cette conjecture,
    Lors que la guerre étale ses fureurs,
    Qu'on vous tient pour avantcoureurs,
    De quelque déconfiture.
Vous êtes un franc animal,

EN BELLE HUMEUR.

Et pour être Devin, vous nous connoissez mal,
Replica le Corbeau, se mettant en furie,
  Nous n'aimons point la Mort, ni les Combats;
  Si nous allons repaitre à la voirie,
    C'est que l'homme ne souffre pas,
  Que nous vivions à la Rotisserie.

  Souvent dans la necessité,
    Tel fait une action mauvaise,
Qui ne commettroit rien contre l'honnêteté,
    S'il étoit à son aise.

D'UN LION ET D'UN SANGLIER.

UN Lion, & un Sanglier se déchiroient cruellement pour avoir une Perdrix ; aprez un long & sanglant combat, ils tomberent à terre percez de tous côtez. Un Vautour qui les avoit tranquilement regardez du haut d'un arbre, fondit aussitot sur leur proie, leur ravissant sans qu'ils pussent l'en empécher.

Tel bat les buissons, qui n'en prend pas les oiseaux.

Furstemberg a batu les haies de Cologne & de Liege, Baviere & Elderen ont pris les oiseaux.

Du Sonneur et de l'Areigne'e.

Certain Sonneur rempli de vanité,
Entre deux vins, & peutêtre entre quatre,
Fut assez ivre, pour debatre,
A Jupiter la primauté.
Disant avec impieté,
Quand ce Dieu lançoit le tonnerre,
Qu'il le pouvoit éloigner de la terre.
Et que la substance de l'air,
Etant delicate & menue,
Ses Cloches pouvoient l'ébranler,
Chasser, & dissiper la nue,
Et donnant au foudre une issue,
Faire prendre un rat à l'Eclair:
Comme l'avoit soutenu haut & clair,
Quelque Filosofe moderne,
Qui sans doute avoit bu dans la même Taverne.
Jupiter, l'oiant blasfémer,
Se preparoit à l'abimer;
Accoutumé de mettre en poudre,
Quand il lance son foudre,
Plus de Clochers, & de Sonneurs,
Que de toits de Bergers, & de pauvre Glaneurs.
Lors qu'une vieille, & prudente Areignée,
Hotesse du Clocher depuis plus d'une année,
Voiant ce faux raisonnement,
Faisoit des leçons à son Hôte,
Pour lui faire avouer, & reparer sa faute,
Et lui montroit que follement,
Il s'attaquoit au Maitre des Etoiles.
Qu'il auroit beau sonner en double carillon,
Bien loin de dissiper le moindre tourbillon,
Il ne lui romproit pas la moindre de ses toiles.

Ainsi

Ainſi la moindre Creature,
Crie & s'éleve contre nous:
Lors que nous ſommes aſſez fous,
Pour vouloir égaler l'Auteur de la nature.
Ainſi l'orgueil eſt confondu,
De ces Fanfarons temeraires;
Qui, quoi qu'ils euſſent pretendu,
De mettre à chef les plus grandes affaires,
N'ont pu venir about des plus legeres.

D'UN ANE, ET D'UN JARDINIER.

UN Jardinier avoit un Ane, qu'il faiſoit trop travailler. Cet animal demanda pour ce ſujet un autre Maitre à Jupiter, qui le donna à un Potier de Terre, duquel il fut plus maltraité que du Jardinier. L'Ane ſe vid obligé de s'adreſſer encore une fois au Maitre des Dieux, qui le mit avec un Tanneur; mais ſon ſort n'en devint pas meilleur, car il le frapoit, & il le faiſoit travailler ſans diſcrecion, mais il ne le nourriſſoit pas de même; ce mauvais traitement lui fit connoitre à ſes depens,

qu'il

qu'il n'étoit qu'un Ane, & que tout ce qu'il lui arriveroit de son changement, seroit de laisser bientot sa peau à ce misérable Tanneur pour la corroier.

Il faut se contenter de son état, si l'on ne veut aller de mal en pis.

La France murmuroit de Fouquet, & on lui a donné Colbert.

De la Perdrix et du Chien.

Une Perdrix faisant la politique,
  Crut bien assurer son repos,
Et celui de sa Republique,
  Qu'un Chasseur trouble à tout propos:
En subornant le Chien, qui decouvre leur gîte,
  Et les fait partir au plus vîte.
Je ne sai pas avec quel deputé,
  Ni par quelle subtile adresse;
  Elle put conclure un traité;
  Ni par quelle belle promesse,
  L'engager dans ses interêts:
  Ce sont des articles secrets,
  Jusqu'à present impenetrables,
Aux plus savans Architectes de Fables.
  Seulement elle a declaré,
Ce qu'en traitant, le Chien avoit juré,
  Lors que de sa fin étant proche,
Elle voulut à son Confederé,
  Faire un dernier reproche.
Il avoit donc promis, quand il la sentiroit,
  Qu'aussitot il s'arrêteroit;
  Et loin de lui faire la guerre,
  Il se coucheroit contre terre;
  Sans aboier, ni s'émouvoir,

EN BELLE HUMEUR.

Ni faire semblant de la voir.
Les jours suivans, quand il est à la Chasse,
En Chien d'honneur, il entretient l'accord,
Dez qu'il sent la Perdrix, s'arrêtant sur la place,
Il s'acroupit, ne jappe, ni ne mord,
Jusque-là qu'on le croiroit mort;
Mais c'est par là qu'il fait connoitre,
Le gibier à son Maitre;
Qui du signal se prevalant,
Fait partir la Perdrix, & la tire en volant.

Cette Fable nous apprend,
Qu'en vain on veut corrompre un serviteur fidele;
Et que quand on l'entreprend,
On en a souvent dans l'aile.

D'UN CHEVAL ET D'UN ANE.

UN Marchand aiant chargé un Cheval, & un Ane de marchandises pour les porter à une Foire, l'Ane se sentant succomber sous le poid de sa charge, pria le Cheval de le soulager, & de lui en porter une partie. Le Cheval fit le sourd, & n'en voulut rien faire. L'Ane à quelque pas de là, s'abatit & creva dans le chemin. Le Maitre fut obligé, par sa mort, de mettre ce qu'il portoit, sur le Cheval. Cette surcharge & les coups qu'il recevoit lui firent connoitre son ingratitude, & qu'il meritoit bien le mauvais traitement qu'on lui faisoit.

La France surcharge ses peuples, mais ces miserables ne se trouvant plus bientot capables de fournir les sommes immenses qu'on leur demande, succomberont & ceux qui les auront accablez, se trouveront euxmêmes accablez & neamoins sans secours.

De l'Ane et des Beufs.

UN Ane de la riche taille,
Tenté de l'herbe fraiche, & pour faire ripaille,
Voiant dans un Pastis, un grand troupeau de Beufs,
 Se mit à paître au milieu d'eux.
  Là se pannadant à merveilles,
  Il se croioit fort en honneur ;
  Faisant le vain de sa grandeur,
Car il les surpassoit de toutes les oreilles.
  Quelques Beufs des plus obligeans,
   Que la maturité de l'âge,
  Mettoit au rang des bonnes gens,
A ce sot animal, moienant quelque hommage,
  Se montrerent tres-indulgens.
  Mais toute la jeune Touraille,
Lui vint livrer une horrible bataille.
  Les petits Pastres d'alentour,
Qui sont malins comme Pages de Cour,
 A coups de gaule, à coups de pierre,
 Lui declarant, de leur côté, la guerre,
Lui firent sur le corps, cent abruvoirs à Taons.
        Ainsi

EN BELLE HUMEUR.

Ainſi l'Ane, loin de ſon conte,
Se vid contraint, avec ſa courte honte,
A coups de Corne, & de bâtons,
De retourner à ſes Chardons.

Ainſi de nobles Aſſemblées,
Par les brigues d'un Fat, ſont quelquesfois troublées,
Qui penſe devenir fameux,
Sitot qu'il eſt reçu dans quelque Corps illuſtre;
Quoi qu'il en tire peu de luſtre,
Tant qu'il n'en eſt, que le membre honteux.

D'UN CORBEAU ET D'UN RENARD.

UN Corbeau s'étant perché ſur un arbre, pour manger un fromage qu'il tenoit en ſon bec, un Renard qui le découvrit ſe propoſa auſſitot d'en avoir ſa bonne part. Et pour en venir à bout, il ſe mit à le cajoler ſur la beauté de ſon plumage; les louanges étant du gout du Corbeau, le Renard pourſuivit, en lui diſant que c'étoit grand dommage que ſa voix ne repondit pas à tant de belles qualitez. Ce ſot animal voulant lui faire connoitre qu'il favoit chanter, ouvrit le bec, le fromage tomba, que le Renard eut bientôt devoré.

Il faut conter les louanges que nos ennemis nous donnent, comme autant de pieges qu'ils nous tendent pour avoir notre bien.

Charle le Guerrier manqua d'être pris à Paris pour s'être laissé trop amuser aux cajoleries de Louis XI.

Du Peuple et du Brochet.

Dans un Eſtang, ſe tint une aſſemblée,
  De la Populace accablée,
Par les Brochets, Tirans de cet état;
  Où fut nommé, pour Avocat,
 L'ancien des deux Poiſſons celeſtes;
  Qui preſentant ſes manifeſtes,
  Au Souverain du Firmament,
  Lui parla treséloquemment,
Nonobſtant la coutume, aux Poiſſons ordinaire,
  Dont le talent, eſt de ſe taire.
  Il remontra, que du Gardon,
  Du Dard, & du petit Goujon,
  La race alloit être détruite;
  Et que la Carpe, & que la Truite,
  Ne vouloient plus faire d'enfans,
De crainte de les voir, en proie à ces Tirans.
Que cette monſtrueuſe, & cruelle pature,
  Attiroit de grands affronts,
  A tout le Corps des Poiſſons,
Qu'on blaimoit de manger ſa propre geniture.
 Pour tout Arrêt, Jupiter répondit,
  Apprens, chetive Creature,
  Que la providente Nature,
 Pour conſerver, l'être le plus petit,

EN BELLE HUMEUR.

Est en semence si feconde ;
Que si le tout, étoit mis à profit,
Pour chaque espece, il faudroit plus d'un monde.
　Pour l'autre point, tu n'aurois pas grand tort,
Te plaignant des Brochets, & de leur dent cruelle,
　Si ce n'étoit une loi naturelle,
　Que le plus foible obeisse au plus fort :
Ou si la tirannie étoit chose nouvelle,
　Et quand le jour sera venu,
　Marqué dans la Metempsicose ;
Qu'un gros Brochet tu sera devenu,
　Tu leur feras la même chose.

Force gens, tandis qu'ils sont gueux,
Blâment des Grands la violence ;
Qui feroient de même qu'eux,
S'ils en avoient la puissance.

D'UN CERF PRIS PAR SON BOIS.

UN Cerf s'étant regardé dans une fontaine, la beauté de son bois lui donna autant de plaisir que ses jambes greles & deliées lui donnerent de chagrin. Pendant qu'il se contemploit, & qu'il raisonoit sur soimême, il fut frapé du son d'un cor de chasseurs qui l'obligea à prendre la fuite. Tant qu'il courut en raze campagne, il évita facilement les chiens ; mais étant lancé dans une forêt, il s'embarassa si fort qu'il fut bientot atrapé. Alors il connut que son bois, qu'il avoit tant admiré, étoit la cause de sa perte, & que sans lui, il auroit trouvé son salut dans la vitesse de ses jambes qu'il venoit si fort de blâmer.

Les choses qui nous plaisent le plus, ne nous sont pas les plus utiles.

Absolon étoit idolatre de ses cheveux ; ce furent neamoins ses cheveux qui le perdirent.

Du Chasseur et du Cerf.

Jadis en France, étoit un grand Seigneur,
 D'Ailleurs un fort sot personage,
A qui l'on fit entendre, être de sa grandeur,
D'avoir des Chiens courans, & d'être bon Chasseur :
  Il se mit donc en equipage.
  Pour son premier apprentissage,
  A peine est-il dans les Forêts,
  Qu'il part un Cerf en sa presence :
La Mute suit, & le piqueur aprez,
  Autant en fait son Excellence,
  Qui croit faire voir sa vaillance,
  En suivant la Bête de prez.
  Mais cette course trop fougueuse,
  Au bon Seigneur fut malheureuse.
Plus d'une fois, le front il se cogna ;
  Mainte épine l'égratigna ;
  Il reçut de toutes les branches,

De

EN BELLE HUMEUR.

De grands fouflets, & plufieurs bottes franches,
    Dans l'eftomac, & dans les hanches;
    Une autre même l'éborgna.
    Enfin aprez tant de fouffrance,
  La bête prife; ha méchant animal!
Lui dit-il, il eft tems d'exercer ma vengence,
    Sur toi, qui m'as tant fait de mal;
C'eft trop peu que la dent de ma Mute cruelle,
    Te faffe fouffrir mille morts:
  Pour te traiter comme un fujet rebelle,
  Je veux encor faire razer tes forts.
Afin que tes pareils, ne trouvent plus d'azile,
Qui rende deformais la Chaffe difficile.
    Le pauvre Cerf patiemment,
    Ouit cette fote harangue;
Et quoi qu'il put bien mieux lui parler en fa langue;
    Sans repondre un mot feulement,
A quelques larmes prez, mourut fort conftamment.
    L'effet, la menace accompagne;
    On fait venir foudain des environs,
    Cognée en main, deux mille Bucherons,
Qui font de la Forêt, une vafte campagne.
    Qu'en advint-il? Le Cavalier,
Voulant une autre fois i venir à la Chaffe,
    I trouva, de vrai, belle place;
    Mais, n'i trouva plus de Gibier.

La Fable enfeigne aux Conquerans,
    Qui d'ordinaire font Tirans,
    Que les Villes démantelées,
    Sont incontinent dépeuplées.

D'un Chien, d'une Brebi, et d'un Loup.

UN Chien fit assigner une Brebi devant deux Aigles, pour paier un pain qu'il disoit lui avoir fourni. Il fut ordonné qu'il ameneroit des témoins. Un Loup affirma de la demande. Sur ce faux témoignage les Aigles condamnerent la Brebi à paier ce qu'elle ne devoit pas ; quelque tems aprez, la Brebi vid des Chiens qui étrangloient le Loup. Alors levant les yeux au ciel, elle s'écria, voilà la recompense que Dieu donne aux calomniateurs.

Il n'i a point de supplices assez cruels, que les faussaires, & les calomniateurs ne meritent.

La France demanda Luxembourg à l'Espagne sur de faux titres ; un Partizan de France, s'en rendit l'arbitre, & il obligea l'Espagne à le ceder. L'arbitre en paie presentement la folle enchere.

De l'Aigle et du Fauconnier.

UNe jeune Aigle, & d'esprit curieux,
Se mocquant des leçons que lui faisoit sa mere,
D'habiter un lieu solitaire,

S'en-

S'en alla voiager, en mille & mille lieux.
Quand elle eut pris l'effor, & quitté les montagnes,
  Elle admira les fertiles campagnes,
    Les Bourgs, les Villes, les Chateaux;
Et jettant un foupir; ha vraiment, ce dit elle,
Bien plus heureux que nous, font les autres Oifeaux!
    Ma mere étoit une fotte femelle,
      De preferer d'affreux Rochers,
    A ces Dongeons, ces Tours, & ces Clochers.
Puifqu'on les a conftruits fi haut dans nôtre Empire,
      C'eft pour nous qu'on les a batis.
    Quoique ma vieille en puiffe dire,
      J'i veux loger, & faire mes petits.
      Cette Aigle, de qui le bas âge,
N'étoit pas propre encore, à tenir fon menage,
      Choifit au Dongeon d'un Chateau,
      Un appartement riche & beau.
      C'eft là qu'elle batit fon aire,
      Et qu'elle vint tenir fa Cour.
      Ce lieu fut le depofitaire,
    Des jeunes fruits de fa premiere amour,
      Mais tandis qu'elle eft à la chaffe,
      Pour nourrir fes petits Aiglons,
Le Fauconnier du maitre de la place,
      Qui guettoit jufqu'aux oifillons,
      En vint enlever la couvée.
      L'Aigle mere étant arrivée,
      Et n'i trouvant plus que le nid,
Vid bien que fon orgueil, n'étoit pas impuni.
      Et qui pis eft, pour comble de mifere,
Le Fauconnier fermant le volet du Dongeon,
      Elle demeura prifonniere,
      Ainfi que le moindre pigeon.

Tous les jours on experimente,
Que dans les lieux deserts, où personne ne hante,
Nôtre vie, & nos biens, sont bien plus assurez,
Que des Palais bien beaux, & bien dorez.

Un Lion languissant de vieillesse.

UN Lion dans sa jeunesse avoit par un excez de fierté, offensé tous les autres animaux, qui le voiant accablé de vieillesse & de maladie, se proposerent tous ensemble d'en tirer vengeance ; d'un côté le Sanglier le meurtrissoit avec ses defenses, le Taureau d'autre part lui perçoit le corps avec ses cornes ; mais ces blessures, quoique mortelles, ne lui furent pas si sensibles que les coups de pieds qu'il recevoit de l'Ane, le plus vil & le plus lâche de tous ses ennemis.

Ceux qui usent insolemment de leur bonne fortune, ne trouvent guere d'amis dans leurs disgraces.

Témoins le Maréchàl d'Ancre en France ;

Le Duc de Lerme en Espagne ;

Le Cardinal Clesel en Allemagne.

Du Renard et de la Fouine.

Un fin Renard vint trouver une Fouine,
Et lui dit, bon jour ma voisine.
Puisque nousnous traitons tous deux de mêmes mets,
De Pigeons, Poules, & Poulets ;
Il seroit fort bon, ce me semble,
Qu'en parfaite amitié nous vécussions ensemble.
On sait que deux valent mieux qu'un.
Pour la chasse, & pour la défence.
Nous ferons bonne chere, & bien moins de depence,
Lorsque nous vivrons en commun.
L'un de nous deux tiendra l'échelle,
Quand l'autre ira donner l'assaut ;
Ou bien fera la sentinelle,
Pour n'étre point éveillez en sursaut.
La Fouine par cette eloquence,
Fut portée à conclure une pronte alliance.
Le traité fait, ils vont à des poussins,
Que le Renard guettoit, chez un de ses voisins,
Et montrant à la Fouine, un trou dans la muraille ;
Que tu dois bien, dit-il, rendre grace aux destins !
Qui t'ont donné cette gentille taille,
Pour entrer en un poulallier,
Malgré la porte, ou la fenêtre,
Sans échelle & sans escalier.
Avec ce beau talent, si le Ciel m'eut fait naitre ;
J'i voudrois entrer le premier.
Et j'aurois même attrapé ce gibier,
Si la loi de Renarderie,
Ne faisoit point passer un Renard pour coquin,
Quand il mangeoit, les Poules d'un voisin.
Enfin par sa cajolerie,

Si bien il la persuada,
Que de grimper au mur elle se hazarda.
Cependant le Renard, retranché dans la paille,
D'une grange voisine, & jouant au plus fin,
Etoit garde du Magazin,
Où cette Fouine apportoit la volaille.
Mais elle i revint tant de fois,
Qu'elle fut enfin échignée,
Sous le piege tendu d'une trappe de bois,
Qu'aux voleurs de poulets on avoit destinée.
Le Renard herita de tout ce grand butin,
Dont avec ses amis, il fit lontems festin.

  Cette Fouine malheureuse,
  Nous devroit apprendre à tous;
  Qu'avec un plus fin que nous,
  L'alliance est dangereuse.

D'un Chien, et d'un Voleur.

UN Vôleur étant entré de nuit dans une maison, il presenta un pain à un Chien qu'il vid, pour le surprendre. Cet animal fidele, le refusa, en lui di-

disant, je te comprens miserable, tu veux m'empécher de faire du bruit pour vôler avec plus de liberté & d'assurance l'argent de mon maitre, mais je t'en empécherai bien. Aussitot il aboia d'une si grande force, & avec tant de violence, qu'il éveilla tous les domestiques, qui donnerent si bien la chasse à ce malheureux, qu'il ne lui a jàmais pris envi d'i revenir.

Les presens des ennemis, & des méchans, doivent toujours être rejettez.

Les Suisses qui reçoivent des Louis d'or, devroient ici s'instruire, comme le reste des Aliez qui n'ont pas voulu recevoir les ofres de la France; bien persuadez qu'elle ne veut leur fermer la bouche que pour faire mieux son coup.

DE LA FOURMI ET DU LION.

LA Fourmi prit la hardiesse.
Se fiant sur sa petitesse,
De faire une leçon, au Roi des animaux.
Je n'entens point la Politique,
Ce dit-elle au Lion, mais pour l'Economique,
Elle tient lieu, chez moi, des sept Arts liberaux.
De moi, tu dois apprendre à vivre,
Pour devenir bon menager,
Si mon exemple tu veux suivre,
Tu ne manqueras point d'avoir dequoi manger.
Tout mon menage & moi, pendant une semaine,
D'un grain de bled, peut être sustanté;
Tu vois pourtant, avec combien de peine,
J'ai rempli mes greniers tout le long de l'Eté.
Mais toi, qui vis dans l'opulence,
Pour te nourrir, & tes petits Lions,

Il t'en faudroit des millions ;
Pourquoi donc d'en ferrer n'as-tu la prevoiance ?
    Ou fi dans tes moindres feftins,
    Il faut pour ta gorge friande,
    Une plus delicate viande ;
Que n'as-tu les Chevreuils? des Cerfs? des Marcaffins?
    Dans des Salloirs, & dans des Magazins ?
Apprend, dit le Lion, ma petite mignone,
    Que l'épargne n'eft jamais bonne,
    Qu'aux petites gens comme toi,
    Et qu'un grand Prince tel que moi,
    N'acquerroit que de l'infamie,
    S'il vivoit d'Economie.
Sache, enfin, qu'un puiffant ne meurt jamais de faim,
    Tant qu'un foible a chez lui du pain.

D'UN RENARD, ET D'UNE CICOGNE.

UN Renard malicieux invita à fouper une Cicogne à qui il fervit de la bouillie fur une affiete. La Cicogne diffimula adroitement fon depit, & elle pria quelque tems aprez, à diner, fon Hôte, qui i vint ne fe doutant de rien. Il fut fervi
d'un

d'un hachis de viande dans une bouteille, dont il ne put manger, pendant que la Cicogne s'en donna à cœur-joie. Aprez quoi elle lui dit, tu ne peux te plaindre de moi avec justice, puisque je viens de te traiter de la même maniere, que tu m'as regalée chez toi.

Ceux qui font profession de tromper les autres, doivent bien s'attendre de l'être à leur tour.

Furstemberg se moqua de Grana; Grana le fit enlever de Cologne.

De la Fourmi et du Rat.

Comme chez les gens du vulgaire,
　Ceux qui ne savent qu'un Sermon;
A tous venans, le prêchent d'ordinaire,
　Soit qu'ils en profitent, ou non,
Ainsi, de ses leçons de menage entétée,
　La Fourmi, qui craint tant la faim,
Des mépris du Lion, n'étant point rebutée,
Vint dire au Rat; d'où vient qu'aimant le grain?
　Aiant le dos & l'épaule si bonne;
Tu te tiens faineant cependant qu'on moissonne?
　Et comme moi, ne gagne-tu ton pain?
　　Malgré ma foible corpulence,
J'en fais provision, tout l'Été pour l'Hiver;
　　Et Dieu merci ma prevoiance,
　　On ne me prend jamais sans verd.
　　Je serois bien de mon village,
　Lui dit le Rat, d'avoir soin du menage.
Un Gentilhomme & moi, logeons dans un Palais,
　　Où nous avons trente Valets,
Qui recueillent les fruits d'un fertile Domaine:
　　C'est pour me nourrir des premiers,

ESOPE

Que ses Laboureurs & Fermiers,
Remplissent avec tant de peine,
Ses Caves, Granges, & Greniers.
Et tu ne vivrois pas, ainsi que tu te vantes,
De ton épargne, & de tes rentes;
Si tu pouvois, comme font aujourd'hui,
Les personnes intelligentes,
Te nourrir de celles d'autrui.

Ainsi le puissant sur le Tróne,
Et le Gueux qui cherche l'aumône,
En faineants vivent tous deux,
Fort à leur aise, & fort heureux:
Cependant que cent misérables,
Travaillent à fournir leurs tables.

D'UN AIGLE, D'UNE CORNEILLE, ET
D'UNE TORTUE.

UN Aigle avoit emporté dans les airs une Tortue, qui se tenoit si fort enfermée dans ses écailles, qu'il lui étoit impossible de l'offenser. Une Corneille qui vid son chagrin, s'offrit de lui donner

ner un moïen sûr pour en venir à bout s'il vouloit partager sa proie avec elle. L'Aigle en étant convenu, la Corneille lui conseilla de voler le plus haut qu'il pourroit, & de laisser tomber la Tortue sur quelque pointe de rocher, ce qu'il fit, aprez quoi il leur fut bien facile de faire curée de ce miserable animal, que les avantages de la nature ne purent garentir contre un si grand effort.

Il est impossible à un miserable de se sauver d'un ennemi puissant & malicieux.

La France n'a su faire chanter Genes, qu'aprez l'avoir bombardé.

Du Ver a Soie et du Ver de Terre.

Sur la Noblesse, & sur le point d'honneur,
   Le Ver à Soie, avec le Ver de Terre,
Etoient prêts autrefois à se faire la guerre.
Le premier soutenoit, être plus grand Seigneur,
    Car il produisoit pour ses titres,
    Les Diadémes, & les Mitres,
Disant, qu'il fournissoit les plus beaux vêtemens,
Dont le Pape & les Rois faisoient leurs ornemens.
    L'autre lui disoit en revenche,
    Tu n'es qu'une Chenille blanche :
    Pour moi, je suis Cousin germain,
    Du Ver qui nait au corps humain.
   Regarde un peu ma riche taille,
Et quand tu m'auras vu quelque vingt fois plus grand,
    M'oseras tu livrer bataille ?
    Vermisseau, si je t'entreprend ;
    Si quelque jour je t'entortille,
Crain que je ne t'étrangle, & toute ta famille.
   Les spectateurs du differend,

Chacun en soimême admirant,
La ridicule extravagance,
De ce debat de preseance:
Ne pouvoient juger, qui des deux,
Avoit l'avantage des jeux.
Quand un gros rustre de Village,
Les rencontrant sur son passage,
De son pied plat, tous deux les écrasa,
Et tout d'un coup leur querelle appaisa.

Ainsi Madame l'Assesseur,
Et Madame la Procureuse,
Ou l'Eluë & la Receveuse,
Se contestoient le pas avec chaleur;
Quand un Edit, qui regle la Justice,
Ordonnant leur suppression,
Détruit leur sotte ambicion,
Lors qu'il aneantit le Procés & l'Office.

D'UN CERF, ET DES BŒUFS.

UN Cerf lancé par des chiens, se sauva dans une étable à Beufs, où il se cacha sous un tas de litiere. Un Beuf qui l'aperçut, lui conseilla de chercher

cher une retraite plus sure. Le Cerf ne le voulut pas croire; la nuit venue les valets de la Ferme aporterent du foin aux Beufs sans le découvrir. Il se croioit déja en liberté, & il remercioit ses hotes de l'azile qu'ils lui avoient donné; quand par malheur il fut découvert du maitre qui venoit voir si les Beufs étoient pansez. Il le prit, & il le tua à coups de fourche.

Un miserable ne sauroit fuir à son malheur.

Ce fut le fort de Monmouth aprez sa defaite; ce sera celui de Tekeli.

Du Cigne et du Courbeau.

Certain Procés fut mis en arbitrage,
Qu'avoient le Cigne & le Courbeau,
Sur la beauté de leur plumage.
Le Cigne soutenoit qu'il étoit le plus beau,
Et que sa blancheur singuliere,
Etoit la premiere en valeur,
Puisqu'elle avoit l'éclat de la lumiere,
Qui donne la naissance à toute autre couleur.
L'autre soutenoit au contraire,
Que la blancheur éblouissoit les yeux;
Que ce noir extraordinaire,
Dont l'avoient honoré les Dieux,
Etoit plus capable de plaire.
Par le Corbeau, fut arbitre nommé,
Un More qui de noir avoit deux ou trois doses;
Et par le Cigne, un beau fils renommé,
Par son tein de Lis & de Roses.
Ces arbitres plus d'une fois,
Sur ce fait tinrent conference;
Mais la diversité des voix,
Les empécha de donner leur Sentence.
Chacun d'eux trop passionné,

Pour

ESOPE

Pour le parti qu'il tachoit de defendre ;
Dans son avis demeuroit obstiné,
N'en vouloit point démordre, ni se rendre.
 Aprez avoir cherché lontems,
Pour sur-arbitre, entre les Consultans,
 Quelqu'un d'une vie exemplaire,
 Et qui n'eut point en cette affaire,
 D'interêt, ni de passion,
 Ni de preoccupacion :
 Il ne fut pas en leur puissance,
De rencontrer ce Juge indifferend,
 Ce qui leur ôta l'esperance,
De voir finir jamais leur different.

Pas un mortel ne fut jamais capable,
 De bien juger de la beauté ;
On prononce en faveur, toujours de son semblable,
Et de l'opinion dont on est entété.

D'UN COQ, ET D'UNE PIERRE PRECIEUSE.

UN Coq trouva une pierre precieuse en gratant un fumier, aprez l'avoir regardée quelque
tems,

tems, il lui dit avec mépris, je suis fâché de te voir dans un lieu si sale, & si indigne de toi. Je souhaiterois bien plutôt que tu fusses entre les mains de ceux qui te donnent de la valeur, & qui te mettent à un prix excessif; car pour moi, je te conte pour rien, & j'aimerois beaucoup mieux un seul grain d'orge, que toutes les pierreries du monde.

Les choses qui sont utiles & necessaires, sont preferables à celles, qui ne servent qu'au luxe & à la vanité.

Un Suisse à la bataille de Granson, donna pour une bagatelle une pierrerie de Charle le Guerrier qui étoit d'une valeur inestimable.

De deux Chimeres.

Deux Chimeres qui voiageoient,
Tête à tête se rencontrerent;
Et reciproquement, elles se demanderent,
Comme elles se portoient, & ce qu'elles cherchoient,
L'une dit, j'ai couru de Paris jusqu'à Rome,
Et je n'ai su trouver de maison pour loger;
J'ai logé jusqu'ici dans la tête de l'homme,
   Mais tout est plein, & prêt à regorger;
   Car j'ai trouvé que mille autres Chimeres,
   Ont retenu les Chambres, les premieres.
   Si bien qu'encor que nous soions sans corps,
Et pour nous heberger, qu'il faille peu de place,
J'ai heurté chez les Grands, & chez la Populace,
Sans pouvoir trouver gîte, & j'ai couché dehors.
Les Chimeres d'honneur, d'ambicion, de gloire,
Occupent les Palais, & les bonnes Maisons,
   Celles d'amour, ou qui naissent de boire,

Sont tantot fous le Dais, tantot fur les gazons.
Celles d'oifiveté, font tellement preffées,
Que jufqu'aux galetas, elles font entaffées;
Je vais donc retrouver mes hôtes Hibernois.
   J'en viens, j'i logeois autrefois,
    Repond la feconde Chimere,
    C'etoit mon Auberge ordinaire,
    Il faifoit bon avec ces Nacions;
Mais depuis quelque tems, que chez eux on marie,
   L'Univerfel, & la Categorie,
   Et qu'il s'i fait des generacions,
    De fecondes intencions;
  Tous les logis font plains, & tout i creve,
    Et regorge chez les Pedans;
Qui pour les maintenir, font tellement ardens,
  Qu'ils n'ont entre eux, ni paix ni tréve.
   Enfin aprez bien du tourment,
Aux petites Maifons, toutes deux arriverent;
   Là, par hazard elles trouverent,
Dans une tête folle, un pauvre appartement,
   Où logeoit feu fon jugement.
Où trespetitement elles s'accommoderent.

   Si l'on pouvoit du genre humain,
    Anatomifer les penfées,
   On verroit leur cerveau tout plein,
    De Chimeres fort preffées;
    Et certes, dans cette faifon,
   S'il arrivoit des Chimeres nouvelles;
Elles pourroient heurter à beaucoup de cervelles,
Et courir le hazard de manquer de maifon.

EN BELLE HUMEUR.

D'UN PAON, ET D'UN ROSSIGNOL.

UN Paon reprocha à Junon de lui avoir donné une voix si desagreable qu'elle le rendoit méprisable aux autres oiseaux, au lieu que le Rossignol les charmoit tous par sa voix douce & melodieuse. La Déesse en convint, & elle lui fit connoitre avec douceur, que les destins aiant ordonné, qu'il auroit la beauté en partage, l'Aigle la force, le Rossignol le chant, le Corbeau l'art de donner de bons augures, & la Corneille de donner de mauvais presages, il devoit se contenter, & se soumettre avec respect à la volonté du Ciel.

Il faut se contenter de ce qu'il plait au Ciel de nous donner, sans envier les faveurs qu'il fait aux autres.

Il n'est persone si méprisable, qui n'ait quelque endroit avantageux.

DU CHIEN ET DU VOLEUR.

UN Chien fameux, par sa fidelité,
Et par sa vigilance, & par sa hardiesse,

ESOPE

Avoit fait tellement ses preuves de noblesse,
 Que son Seigneur dormant en sureté,
Le laissoit gardien de toute sa richesse.
Il sautoit au collet du plus hardi Vôleur,
S'il paroissoit un Loup, c'étoit pour son malheur,
Enfin toujours actif, & toujours en haleine,
Tantôt dans la maison, & tantôt dans la plaine,
  Il empéchoit qu'on ne fit tort,
  Aux Troupeaux comme au coffre fort.
  Mais quoi que de servir son maitre
  Il ne put être détourné,
 Par quelque appas que ce put être.
 Certain Vôleur adroit & rafiné.
Pour suborner ce chien tant affexioné,
 Meine en lesse une chienne chaude.
 Le chien poussé d'un instinc naturel,
  Ne se doutant point de la fraude,
  Court aprez le plaisir charnel.
  Et sans qu'il jappe, ou qu'il abboie,
Comme un amant discret, n'osant faire de bruit,
  Quitte le logis & la suit.
 Mais cependant qu'il s'en donne au cœur joie,
 Le Vôleur enfonçant coffres & cabinets,
  Prend le Tresor du Gentilhomme,
  Sans que ni Maitre, ni Valets,
 Qui dormoient tous d'un profond somme,
  Sur la foi de leur chien,
  S'apperçoivent de rien.

 La Fable apprend que les femelles,
Ont l'art de suborner les gens les plus fideles;
  Et quand on void la liaison,
  Que des Valets ont avec elles,
Il les faut aussitôt chasser de la maison.

       D'UN

EN BELLE HUMEUR.

D'un Renard, et des Grappes de Raisin.

UN Renard pressé par la faim, s'efforçoit, en sautant, d'atraper quelques grapes de raisin, qui pendoient à une vigne fort haute. Mais voiant que c'étoit en vain, & que tous ses efforts étoient inutiles ; il se retira plein de dépit & de colere, en s'écriant, qu'il ne les mangeroit pas, quand on les lui donneroit, n'étant pas encore assez mures.

Il faut faire de necessité vertu, & se passer des choses qu'on ne peut avoir.

Furstenberg ne veut pas de l'Evêché de Liege, ni de l'Archevêché de Cologne.

La France ne veut pas de la Courone de Roi des Romains.

Du Beuf et du Crocodile.

SI l'on croit les Historiens,
On consacroit des Temples, & des Fêtes,
Jadis chez les Egipciens,
A toutes les sortes de bêtes.

Un jour, entredeux de leurs Dieux,
L'ancien étoit le Beuf, l'autre le Crocodile,
Sur un pretexte fpecieux,
Naquit un different, à juger difficile.
Le Beuf difoit ; avoir toujours été,
Un fimbole de pacience,
Que fes cornes d'autre côté,
Etoient celui de la puiffance.
Qu'un Dieu Beuf n'étoit pas nouveau,
Jupiter s'étant fait Taureau.
Mais que le vilain Crocodile,
N'étoit qu'un dangereux reptile,
Le plus affreux de tous les animaux :
Inutile à tout bien, auteur de mille maux,
Implacable ennemi de la nature humaine,
Et qu'il n'eft pas poffible qu'on comprenne,
Par quel motif l'homme adoroit,
Un Monftre qui le devoroit.
Le Crocodile ouvrant un gofier effroiable,
Dit, pour reponfe, à ce Dieu tout tremblant,
Ce que tu dis eft veritable,
Je fuis un Monftre affreux, cruel, & violent,
Je mange, détruis & faccage,
Ce que je trouve en mon paffage ;
Mais fouvientoi que ma grandeur,
Vient de favoir bien faire peur.
Et que des Dieux, en qui l'homme a croiance,
La crainte en a plus fait que la reconnoiffance.
Et fi toi-même encor, tu veux en murmurer,
Quelque Dieu que tu fois, je vais te devorer.

Aprez un tel aveuglement,
Peuton pas jurer hautement,
Que la raifon humaine eft une folle ?

EN BELLE HUMEUR.

Puifqu'il n'eft rien fi monftrueux,
Si ridicule, & fi defectueux,
Dont elle n'ait fait fon Idole.

D'UN NAVIRE, ET D'UNE BALEINE.

UNe Baleine d'une grandeur effroiable, voiant un Navire en pleine Mer, fit tous fes efforts pour le fumerger. Les Marchands, & les Matelots convinrent pour fe fauver de ce preffant peril, de jetter dans l'eau une partie de leurs marchandifes. Ce qui leur reuffit, & fe croiant hors de danger, ils pouflerent des cris de joie avec fi peu de retenue, qu'ils obligerent le Pilote fage & experimenté de leur remontrer, qu'ils n'étoient pas encore arrivez au port, & qu'ils devoient étre auffi moderez dans la bonne fortune, comme dans l'averfité.

Il faut toujours étre égal, & ne fe point laiffer trop aller à la joie dans la bonne fortune.

Si le Gouverneur de Calais n'eut pas fitot fait tirer fes Canons pour la furprife prefomptive de Spindeler, le Maréchal d'Aumont n'auroit pas été tant raillé à Oftende.

ESOPE

D'un Renard et des Lapins.

PRez d'une Garenne murée,
  Demeuroit un fameux Renard;
Qui se voiant seuré par ce rempart,
  D'i faire ordinaire curée:
Fit proposer aux Lapins assemblez,
Qu'en lui paiant certain tribut modique,
Ils ne seroient desormais plus troublez,
  Dans leur petite Republique.
  Un vieux Lapin en plein Senat,
Dit, qu'il falloit pour le bien de l'Etat,
Se cottiser, & se saigner soimême:
Et qu'ils vivroient dans un bonheur extrême,
  Pour quinze ou vingt Lapins par an,
  Qu'ils offriroient à ce Tiran.
  Que pour faciliter l'affaire,
  La taxe seroit volontaire,
  Et paiable à discrecion,
Selon que chacun d'eux auroit devocion:
  Cet avis plut, & la troupe Lapine,
  Tout d'une voix, en sa faveur opine.
Quand, au donneur d'avis, un jeune Lapereau,
  Qui craignoit un peu pour sa peau,
Rompt en visiere, & lui dit, nôtre maitre,
  De ces vingt, en voulez vous être?
  Quand vous serez enrollé le premier,
  J'offre d'i passer le dernier.
Le vieux Lapin demeura sans replique,
Il eut beau remontrer l'honneur qui reviendroit,
A tout brave Lapin, qui se sacrifiroit
  Pour la tranquillité publique.
  Quand il eut tenté tous moiens,

Qu'il

EN BELLE HUMEUR.

Qu'il eut fait une longue enquête,
Il n'en trouva pas un si bête,
Que d'acheter à ses concitoiens,
La paix, au depens de sa tête.

Vantez-nous tant qu'il vous plaira,
L'honneur, l'amour de la patrie;
Personne ne s'exposera,
Quoi que la morale nous crie,
Au trépas qui sera certain,
Pour le salut de son prochain.

D'UN SERPENT, ET D'UNE ENCLUME.

UN Serpent s'étant enfermé dans la boutique d'un Serrurier, se jetta de dépit & de colere sur l'enclume pour la ronger; mais voiant ses efforts inutils, il crut qu'il trouveroit mieux son conte avec la lime, qui lui dit, en l'insultant, sote bête que tu es ? comment pourrois-tu m'offenser avec tes dents, moi qui ronge le fer, & qui puis mettre en poudre avec les miennes l'enclume que tu n'as pu seulement égratigner.

Les mauvaises langues, & la calomnie ne peuvent mordre sur les gens d'une vertu éprouvée.

Souvent les enemis les moins aparens, sont ceux qui savent mieux se defendre.

DU MILAN, DU POULET, ET DE L'EPERVIER.

Sur un Poulet, vivant dans l'innocence,
Pour l'enlever, s'abatit un Milan ;
  Le Poulet, pour sa delivrance,
  Invoqua contre ce Tiran,
   Tous les Dieux de sa connoissance.
  En même tems, un puissant Epervier,
Fondit sur le Milan, pour en faire sa proie.
  Le Poulet crut, en tressaillant de joie,
    Que quelque Dieu, grand Justicier,
    Aiant exaucé sa priere,
    Par une grace singuliere,
Le delivroit d'un ennemi si fier.
    Mais il savoit peu la manière,
    Dont les Grands sont accoutumez,
  De secourir les pauvres opprimez.
  Car l'Epervier non seulement déchire,
    L'Oiseau cruel & ravissant ;
Mais il fait endurer un semblable martire,
    Au pauvre Poulet innocent.

  Quand un Seigneur, a vu que ses Vassaux,
A de plus foibles qu'eux, ont fait beaucoup de maux,
Souvent il les condamne, à l'amende, au supplice.
Et tandis qu'il paroit vertueux & zelé,
    Il profite de l'injustice ;
En confiscant à soi le bien qu'ils ont volé.

D'un Laboureur, et d'une Couleuvre.

UN Laboureur aiant trouvé dans les neiges une Couleuvre presque morte de froid ; touché de compassion, la porta chez lui devant un grand feu. Mais à peine cette misérable bête eut repris ses forces, qu'elle se mit à repandre son venin, & qu'elle fit un si grand dégât dans la maison de son hôte, qu'elle l'obligea à prendre une cognée & à la couper en mille morceaux.

Qui oblige un méchant, doit s'atendre d'en être maltraité.

Filipe le Bon entretint roialement à Genape Louis XI : & Louis XI fit perir son fils Charle le Hardi à Nanci.

Du Renard et de la Taupe.

LEs Bêtes tenoient leur chapitre,
Quand le Renard soutint qu'il devoit, à bon titre,

Etre fait Préfident, & chef de leur Confeil,
Puifqu'en fubtilitez il n'avoit fon pareil.
Que le moins qu'il pouvoit pretendre,
Etoit qu'on lui donnat un acte par écrit,
   Portant permiffion de prendre;
Entre fes qualitez, celle de bel efprit.
    Déjà l'on approuvoit fon dire,
    Et chacun i vouloit foufcrire,
Quand la Taupe en colere, aiant trois fois juré,
 Se leve, & dit, quoi que petite brute,
   C'eft ce nom que je lui difpute.
   S'il paffe pour fort éclairé,
   Si l'on dit que je ne voi goutte,
   Avec raifon pourtant je doute,
   Qu'il me doive être preferé.
   Je n'ai jamais fujet de craindre,
   Qu'en ma maifon l'on me faffe crever,
Quoique par mille endroits on i puiffe arriver :
   Mais on voit les Renards fe plaindre,
   Que dans leurs terriers enfermez,
   Ils meurent toujours enfumez.
   Ils n'auroient pas de telles deftinées,
   S'ils avoient eu l'entendement,
Batiffant leur logis, d'ouvrir fuffifamment,
   De portes, & de cheminées.

 La Fable apprend que les plus beaux efprits,
   Des batimens ont entrepris,
   Où manque le plus neceffaire ;
 Et que fouvent ils font fort bien repris,
   Par une perfonne vulgaire.

D'une Montagne qui devoit acoucher.

IL courut un bruit qu'une montagne devoit bientot acoucher; en effet elle pouffoit des cris épouvantables, qui attirerent tout le monde par la nouveauté du spectacle; chacun étoit dans une merveilleuse attente, & l'on se preparoit à voir quelque monstre affreux; quand enfin aprez avoir attendu quelque tems, l'on vid seulement sortir de ses entrailles une petite souris.

Il sied bien à un galand homme de promettre peu, & de faire beaucoup.

La France en 1688 vint à Rome avec une superbe & menaçante ambassade; en 1689 elle i vint renoncer à la franchise des cartiers, & restituer Avignon.

Des Abeilles et du Frelon.

Alentour d'une Ruche, un Frélon bourdonnant.
 Disoit un jour à des Abeilles;
 Je trouve fort impertinent,

Que vous preniez des peines nompareilles,
 Pour amasser de grands tresors,
  Et de miel, & de cire,
 A la sueur de vôtre corps,
Afin qu'un Epicier le profit en retire.
  Si l'homme veut manger du miel,
  Qu'il essaie avec son adresse,
  D'en faire d'artificiel,
Et qu'il ne vienne point ravir vôtre richesse.
  Que n'êtes-vous oisives comme moi ?
  Dieu merci ma faineantise,
  Je pourrois défier un Roi,
De me voler travail, ni marchandise.
  Les chefs du petit camp volant,
  Deputerent un de leur bande,
  Pour faire une aigre reprimande,
  A ce seducteur insolent.
 Apprend, dit-il, engeance paresseuse,
  Qu'à nous autres petites gens,
Honnête est le travail, l'oisiveté honteuse,
  Que si nous sommes diligens,
 A recueillir une mane celeste,
Nous sommes les premiers, qui nous en nourrissons,
  Et le meilleur nous choisissons ;
  Nôtre maitre n'a que le reste.
  Et si, quand nous n'en voulons plus,
  Il vient quelqu'un qui nous emporte,
  Des biens qui nous sont superflus.
  A tout hazard, que nous importe ?

Ainsi le plus puissant à beau faire la guerre,
 Au Vilageois qui cultive la terre ;
  Il vivra toujours le premier,
 Des bleds qui sont en son grenier.

EN BELLE HUMEUR. 85

Des Paons, et d'un Geai.

UN Geai enflé d'orgueil, ramaſſa des plumes de Paons, dont il ſe couvrit; tout fier, & tout glorieux de ce nouvel ornement, il conçut du mépris pour les autres Geais, qu'il quita pour ſe mêler avec une troupe de Paons, qui le depouillerent auſſitot de ſes plumes empruntées. Ce miſerable animal touché de ſon mauvais ſort, fut rejoindre les autres Geais, qui le rebuterent avec beaucoup de violence, ſe voiant en même tems, non ſeulement mépriſé des autres oiſeaux, mais encore rejetté de ceux de ſon eſpece.

Qui veut s'élever ſans merite audeſſus de ſes égaux, merite bien d'étre abaiſſé.

Ce qui eſt arrivé au Geai, arrivera bientot au Coq.

De l'Hirondelle et du Canard.

UNe Hirondelle en pareſſeuſe humeur,
  Aiant été tardive, à plier ſon bagage,
 Vid venir un Canard ſauvage,
Qui des autres Canards, étoit l'avancoureur.
  Et blamant ſon extravagance,

De

De venir chercher les frimats,
  Tandis qu'avec plus d'apparence,
Elle cherchoit l'Eté dans de plus doux climats;
  Elle lui dit, j'admire ta sottise,
  Parmi la glace, & la neige, & la bise,
    De te venir ici geler.
Mais toi, dit le Canard, N'es tu pas ridicule,
    De te venir ici bruler,
    Dans l'ardeur de la Canicule?

    Par de contraires qualitez,
    Ainsi subsiste la nature,
L'un veut le chaud, l'autre veut la froidure,
L'un aime les Hivers, & l'autre les Etez,
    Mais il est certaine vermine,
    D'escornifleurs suivant le Rost,
    Qui ne trouvent rien en Cuisine,
    Ni de trop froid, ni de trop chaud.

D'une Grenouille, et d'un Beuf.

Une Grenouille, aiant aperçu un Beuf dans un pré, s'imagina imprudemment qu'elle deviendroit

droit aussi grosse que lui, si elle enfloit les rides de sa peau. Elle s'efforça aussitôt de le faire, demandant à ses compagnes si elle n'étoit pas aussi grande que le Beuf : elles lui répondirent que non. Ce qui l'obligea de faire encore de plus grands efforts, aprez lesquels elle leur fit la même demande ; qui eut une même reponse que la precedente, ce qui la fit crever sur le champ de rage & de dépit.

Il est également imprudent, & dangereux à un miserable, de vouloir imiter les grands.

Témoins Masañello à Naples, Furstenberg en Allemagne, & Tekeli en Hongrie.

DE L'AIGLE ET DU LEVRAUT.

UN jeune Aiglon vid du plus haut de l'air,
 Un Levraut d'assez belle taille ;
 Soudain pour lui livrer bataille,
Il vint sur lui fondre comme un éclair.
 Le Levraut lui fit remontrance,
 Que c'étoit une grande offense,
De voler hardiment ainsi le bien d'autrui :
Qu'un mets si délicat, n'étoit pas fait pour lui.
 Que l'homme, qui se dit le Maitre,
De tous les animaux que le Ciel a fait naitre,
Se l'étoit de tout tems, à lui seul reservé ;
Encore faloitil, qu'il fut noble de race,
 Qu'il eut justice, & droit de chasse,
Et qu'on lui feroit tort s'il en étoit privé.
 Et par quel droit, dit l'Aiglon en colere,
  S'en pretend-il proprietaire ?
 Par la raison, dit le pauvre Levraut,
  Qui sur nous l'éleve si haut,
  Que jusqu'ici pas une brute,

L'avantage ne lui difpute.
Vraiment, lui repliqua l'Aiglon,
L'homme eſt un plaiſant violon,
D'alleguer la raiſon, pour titre, en une affaire,
Où ſeulement la force eſt neceſſaire.
Et puis que je te tiens maintenant ſous ma loi,
Sache Levraut, que quoi qu'il puiſſe dire,
De ſa raiſon, & de ſon faux empire,
Tu ne fus jamais né, tant pour lui, que pour moi.

Tel eſt d'un Tiran le langage,
De ſes voiſins les terres uſurpant :
Qui pour colorer ſon pillage,
S'en dit le premier occupant.

D'UN MILAN, ET DES PIGEONS.

LEs Pigeons, voiant qu'ils ne pouvoient avoir ni treve, ni paix avec un Milan, qui leur faiſoit une cruelle guerre depuis un lontems ; s'aviſerent imprudemment d'avoir recours à un Epervier, qu'ils élurent pour leur Roi, afin de l'engager plus fortement à les ſecourir, & à les defendre contre

EN BELLE HUMEUR.

les violences de leur mortel ennemi. Mais ils furent bien trompez, & surpris de voir que ce nouveau Prince, au lieu de les proteger, se jetta sur eux, & qu'il en fit une sanglante boucherie, sans pouvoir trouver le moien de se sauver.

Ce n'est pas être sage & prudent, que de donner entrée chez soi, à un ennemi puissant & malicieux.

Strasbourg, Cazal, Dinant, Tournai, Monaco, Bonne, Maience, Messine, &c. en ont l'experience.

D'UN BUFLE.

CEnt Bourgeois étoient attroupez,
Prez d'un faiseur de Tours de passe passe,
A ses discours, autant qu'a sa grimasse,
   Attentivement occupez.
Ce Charlatan leur contoit cent sornettes,
Pour vendre de son baume & de ses Savonettes.
Et les preschoit avec tant d'agrément,
   Que ces gens d'esprit imbecile,
   Le croioient aussi fortement,
   Que s'il eut dit paroles d'Evangile.
   Quand par hazard, on vid un gros Rustaut,
Qui menoit par le nez un Bufle dans la place;
   Aussitôt cette populace,
   Autour de lui, fit un cercle badaut,
   Jettant de grands éclats de rire,
Sur la sotte façon dont se laissoit conduire,
   L'animal des moins raffinez.
   Mais il leur sut pourtant bien dire,
   Ne soiez point, Messieurs, tant étonnez:
   Je ne suis pas si sot que de merveilles.

Je

Je me laisse, il est vrai, conduire par le nez,
Pour vous, vous-vous laissez mener par les oreilles.

Tel qui s'estime fort habile,
Se moque d'un pauvre imbecile,
Aux sentimens d'autrui toujours abandonné :
Cependant, quand il s'examine,
Il se trouve en effet, lui même gouverné,
Par une personne plus fine.

D'un Lion, et d'un Ours.

UN Lion voulant faire une sanglante guerre aux oiseaux, convoca tous les animaux, parmi lesquels l'Ane & le Lievre se trouverent. L'Ours les entendant nommer, ne put s'empécher de rire, ni de lui demander quel service il pourroit tirer de l'Ane, qui étoit un animal lache & stupide : & du Lievre qui est naturellement timide. Le Lion lui repondit, l'Ane nous servira de trompette avec sa voix forte, & le Lievre nous servira de courier pour faire savoir de nos nouvelles à nos Alliez.

Les grands Capitaines, & les grand hommes d'Etat,

d'État, se servent utilement des moindres choses.

Charlequint passa l'Elbe au gué, aiant pour guide un Meunier, & il remporta cette fameuse Victoire de l'Elbe où il prit l'Electeur de Saxe & le Landgrave de Hesse, & qui lui affermit la Courone Imperiale.

DU CHIEN ET DU CHAT.

DEux animaux doux & privez,
　L'un étoit Chien, l'autre étoit Chatte
　Qui dans une maison de natte,
Sous même toit de jeunesse élevez,
A tel point d'amitié se trouvoient arrivez,
Qu'Enée en avoit moins pour son fidelle Achate,
　Ils folastroient ensemble tout le jour,
A la Chatte par fois le Chien mordoit l'oreille,
　　Tout en riant, à la pareille,
　Des coups de griffe, il avoit à son tour.
　Et l'on eut cru qu'ils eussent fait l'amour,
　　Tant ils se donnoient d'accolades,
　　Faisoient de sauts, & de gambades,
　Si gentiment ils se cu'lebu'o'ent,
　　Jusques-là qu'ils divertissoient,
　　Quelquefois les gens les plus sages,
　　Avec leurs petits badinages.
Mais il naissoit aux heures du repas,
　　Entre-eux une guerre implacable :
Car pour ronger un os, ou lécher quelques plats,
　　On les entendoit sous la Table ;
　　Se battre comme Chiens & Chats.

　　Nous nous moquons, injustes que nous sommes,
　　　De ces deux goulus animaux,

Et

Et nous ne voions pas, que presque tous les hommes,
  Tombent dans les mêmes defaux,
On void des amitiez étroitement liées,
Où dez que l'interet commence à se mêler;
  Elles sont bientot oubliées,
  Et les amis prets à se quereler.

Des Oiseaux, et des Betes a quatre pieds.

Les oiseaux, & les animaux terrêtres, se firent un jour une sanglante guerre pour l'honneur de leurs especes. Ils en vinrent à un bataille rangée. Au commencement du combat, la victoire panchant tantot d'un coté, & tantot de l'autre : La Chauvesouris craignant pour son parti, se rangea du coté des animaux terrêtres. Cependant contre son attente, les oiseaux gagnerent la bataille, & ils mirent en fuite leurs ennemis, qu'elle fut obligée de suivre, si pleine de honte, & de confusion, que depuis lors elle ne se montre plus de jour, & ne vole que la nuit.

Les laches suivent ordinairement la bonne fortune, sans avoir égard ni à leur honneur, ni à leur devoir.

EN BELLE HUMEUR.

Quelques Seigneurs qui ont abandonné l'Espagne étant éblouis des prosperitez de la France, se verront bientôt Chauvesouris.

Du Rossignol et du Coucou.

AU Rossignol se plaignoit le Coucou,
Que l'homme le fuioit, autant que le Hibou;
 Et bien qu'une erreur populaire,
 Eut publié que son confrere,
 Impudemment, venoit pondre chez lui ;
  Que lui-même, tout au contraire,
 S'en alloit pondre au nid d'autrui.
Cependant s'il chantoit à quelqu'un sur la tête,
L'homme qui l'écoutoit le prenoit pour affront ;
Croioit qu'on l'accusât, d'être une sotte bête,
  Mari de femme deshonnête,
Qui souffroit qu'on lui mit, les cornes sur le front.
 Qu'il supplioit ce Roi de l'Harmonie,
  Qui par la douceur de ses sons,
Attire prez de lui si bonne compagnie,
  De lui donner de ses leçons ;
 Et lui notter certaine Tablature,
Qui lui put faire, au plus jaloux Amant,
 Chanter Coucou melodieusement.
Ha, dit le Rossignol, sache que toute injure,
Ne se peut adoucir par aucun agrément.
  Ni les fredons, ni la mesure,
  Ne te rendront pas Musicien,
Car jamais en ta langue on ne chantera bien.

C'est le malheur de plusieurs animaux,
D'être venus au monde avec certains défauts,
        Dont

94   ESOPE
Dont ils ne se peuvent défaire,
Et quoi qu'on les accuse assez souvent à faux,
Ils ne trouvent point l'art de plaire.

D'UN LION, ET D'UN CHEVAL.

UN Lion à qui la vieillesse avoit beaucoup diminué de ses forces & de son agilité, eut envi de devorer un Cheval qu'il rencontra dans son chemin. Il s'avisa pour le surprendre, de contrefaire le Medecin, & de lui demander l'état de sa santé. Le Cheval qui comprit son mauvais dessein, lui répondit qu'elle n'étoit pas trop bonne, s'étant fouré depuis peu une épine dans le pied, qui lui causoit une mortelle douleur. Notre Medecin s'offrit aussitôt de la lui arracher. Le Cheval se mit en posture, il le laissa approcher & il lui donna un coup de pied au milieu du front si à propos, qu'il eut le moien de se sauver des griffes de son ennemi.

Les méchans tombent souvent, dans les mêmes pieges qu'ils tendent aux autres.

Monsieur Ognate contrefit le desperé à Ostende,

de, mais au même tems il prit au guichet Mazarin & d'Aumont.

Du Mouton et des Docteurs.

Aux environs d'un Paturage;
Tandis que deux Docteurs, font grande vanité,
  Que l'homme, ait ce bel avantage,
Sur tous les animaux, d'avoir toujours été
    Seul propre à la societé.
    Un gros Mouton qui les écoute,
Dit, en tirant l'un deux par le manteau,
    Arrachez de votre cerveau;
    Cet axiome dont je doute.
Vous avez, il est vrai, des Bourgs, & des Citez,
    Et de grandes Communautez.
    Mais combien faut-il de machines,
    De vœux, de Loix, de Magistrats,
    Pour soutenir vos pretendus Etats,
  Combien voit on de personnes mutines,
      Par guerres & sedicions,
      Troubler la paix des Nacions,
  Entendroit on tant peter le Salpestre,
Si l'homme étoit, comme il se pretend être,
      Si porté naturellement,
      A vivre sociablement?
      Combien voit-on de compagnies,
      Vivre sans noise, & bien unies?
  Combien d'amis n'aguere assocez,
      Se battent, & plaident ensemble!
      Et combien de gens mariez,
Malgré le nœud sacré qui les assemble,
Pour se faire enrager, semblent appariez?

Qu'on

Qu'on ôte la peur du supplice,
Qu'on mette l'homme en liberté,
Et vous verrez comme cet emporté,
Par son ambition, & par son avarice,
De la société sera le destructeur,
Plutôt que le conservateur ?
Nous autres bêtes miserables,
Qu'on dit n'être pas sociables,
Nous vivons en même Troupeau,
Mangeons en même plat, paissons en même plaine,
Et nous marchons unis sous nôtre Capitaine,
Mieux qu'un Soldat ne fait sous son drapeau.
Cent autres animaux encore au bout du conte,
Sur ce sujet, Messieurs, vous doivent faire honte.
Voiez les mouches, les fourmis,
Qui sans Loix, & sans Politique,
Vivent en même Republique,
En commun comme bon amis ?
On a fort bien dit, que les hommes,
Les uns aux autres, sont des Loups :
Et pour en bien juger, nous sommes,
Aussi sociables que vous.

On a vu la plupart des hommes,
Vivre dans le siecle où nous sommes,
Avec si peu de liaison ;
Qu'on a pu, voiant leur malice,
Dire que la bête a raison,
Sans pecher contre la Justice.

D'un

D'UN LION ET D'UN HOMME.

UN Lion, & un Homme étant tombez sur les avantages de leurs especes, aperçurent au fort de leur dispute un bas relief, qui representoit un Hercule étoufant un Lion. L'homme aussitot se tourna vers le Lion, & il lui dit, tu vois bien que les hommes sont plus forts que les Lions. Cette consequence n'est pas juste, replica le Lion, car si nous avions parmi nous des Sculpteurs, on verroit beaucoup plus de Lions étoufer des hommes, que des hommes etoufer des Lions. Cette raison n'étant pas du gout de cet opiniatre, la dispute s'échauffa si fort, que le Lion emporté de colere se jetta sur lui, & le mit en pieces, en s'écriant, tu vois bien le contraire, de ce que tu m'as soutenu si mal à propos.

Il est fort dangereux de se trop vanter, & de mépriser les autres.

A l'entrée du Louvre de Versailles l'on void un Lion & un Aigle foulez aux piez. Et en la Place des Victoires à Paris, l'on void les quatre Parties du

Monde enchaînées sous Louis XIV. Tout celà est bon en peinture & en sculpture.

Des Pigeons privez et des Oiseaux sauvages.

Quelques Pigeons d'une Voliere,
    Plaignoient un jour d'autres Oiseaux ;
Qui vont chercher leur pain, d'une gueuse maniere,
    Et sur la terre, & sur les eaux.
    Ils les pressoient de venir dans leur Fuie ;
        En leur disant obligeamment,
        Qu'ils vivroient plus commodément.
Qu'ils seroient à couvert, du vent, & de la pluie ;
        Qu'ils trouvéroient leurs nids tout faits,
Et qu'ils seroient servis de beaux & de bons mets ;
        Au lieu d'avoir incessamment la peine,
        D'en aller chercher dans la plaine,
Et de faire souvent des Carêmes bien longs,
    Lors que la neige à couvert les sillons.
Un des autres Oiseaux libertin & sauvage,
        Courtoisement lui repondit.
        Vôtre hôte, qui le dedommage ?
Vous nourit il pour rien ? où vous fait-il credit ?
Il ne nous fait paier ni tribut, ni corvée,
Dit l'ainé des Pigeons, il donne tout gratis ;
Nous faisons, il est vrai, tous les mois des petits,
        Il en enleve la couvée,
Quand ils sont assez drus pour voler un peu loin,
    Et nous décharge ainsi d'en avoir soin.
Cette reconnoissance est tout à fait gentille,
        Repart l'autre Oiseau brusquement,
        Pour son vivre, & son logement,
        De sacrifier sa famille :
    Je n'en veux point vendu si cherement.

Entre les hommes la plupart,
Cent petits services vous rendent;
Puis il arrive tot ou tard,
Que cherement ils vous les vendent.

D'UN LION, ET D'UN RAT.

UN Lion abatu de chaleur, & de lassitude se reposant à l'ombre d'un arbre, il survint une troupe de Rats qui monterent effrontément sur lui & qui l'éveillerent. La colere le prit, & lui prit un Rat qu'il alloit écraser, si ce petit animal ne lui eut remontré qu'il étoit indigne de sa colere. Cette reflexion qu'il lui fit faire si à propos, lui sauva la vie. Quelque tems aprez le Lion tomba dans des filets de Chasseurs, dont il ne pouvoit se debarasser. Il en rugissoit épouventablement. Le Rat le reconnut à sa voix, il vint à son secours, & il rongea les filets en tant d'endroits, qu'il lui donna moien de se sauver.

La clemence sied bien aux grands courages; & il arrive souvent que les plus puissans tirent des secours imprevus de ceux, que la fortune leur a entierement soumis.

Charle I a comblé de faveurs Monk, & Monk a remis sur le trône d'Angleterre Charle II fils de son Bienfacteur.

D'un Cheval et d'un Ecuier.

Sous un bon Ecuier un cheval ombrageux,
  Faisoit mille sauts & gambades;
Les coups de gaule, & d'esperons tout neufs,
Au lieu de le donter, redoubloient ses ruades,
Quand il voioit de front son ombre, ou de côté,
  Il en étoit si fort épouventé,
  Que l'homme n'en étoit plus maitre.
L'Ecuier s'efforçoit de lui faire connoitre,
  Et lui prouver, par bon raisonnement,
  Que l'ombre étoit un defaut de lumiere,
  Qui ne pouvoit lui nuire aucunement,
Ni l'arrêter tout court en sa carriere.
  Le Cheval plus savant que lui,
  Répond, ce n'est pas d'aujourd'hui,
Qu'il s'est trouvé des ames heroïques,
  Sujettes aux terreurs paniques.
Qui d'entre vous, de peur n'est pas surpris,
S'il voit sortir de leurs Roiaumes sombres,
Des Farfadets, des Larves, des Esprits?
Cependant ce ne sont que fantômes; & qu'ombres.
Cet avantage encor nous demeure sur vous,
  Que vous craignez, bien plus souvent que nous,
Vôtre esprit inventif vous forgeant des Chimeres,
Qui vous font redouter cent maux imaginaires.

Nous blamons aisement les foiblesses des autres,
  Et nous ne sentons pas les nôtres.

D'un Renard, et des Abeilles.

UN jeune Renard peu rusé, s'étant pris à un piege, que l'on avoit tendu prez des ruches de Mouches à miel ; ces infectes le piquerent si cruellement, qu'elles l'obligerent d'apeller à son secours un vieux Renard qu'il vid passer, le priant de vouloir le delivrer de ces mouches. Mais cet adroit animal lui fit connoitre qu'il ne savoit ce qu'il demandoit, & que s'il les chassoit, elles, qui étoient déja presque pleines & rassasiées, il en viendroit d'autres plus affamées qui le suceroient jusques à la derniere goute de son sang.

L'on ne gagne jamais rien à changer.

Les Bourguignons de la Franche-Comté ne se vanteront pas de leur changement.

De la Fievre et du Medecin.

UN Medecin fameux dans sa profession,
  Eut en songe une vision.
Un Monstre affreux, nommé Fievre quartaine,

Apparut à ses yeux sous une forme humaine,
D'abord il fut épouvanté :
Mais enfin il lui dit, aiant repris haleine ;
Puisque si bonnement vous m'avez visité,
    Faisons, Madame, entre-nous un Traité.
Nous aurions grand honneur, & profit, ce me semble,
    Si nous étions accommodez ensemble.
      Vôtre talent est bien d'attenuer,
      Ceux dont vous agitez la bile,
      Mais vous n'étes pas fort habile,
      En nôtre bel art de tuer,
    De vos captifs ils en échappe mille.
      Le moindre de nos nourrissons,
      Vous feroit lontems des Leçons.
      Cependant il n'est pas honête
Que quand les Medecins, ont faits de grands efforts,
    Pendant deux ans, pour vous chasser d'un corps,
    A déloger vous ne soiez pas prête.
      De grande opiniatreté,
    On vous blame, & nous d'ignorance,
      Quoi que nous fassions alliance,
      Vous pourrez avec liberté,
      Tourmenter un corps fort & ferme,
      Pendant le tems qu'il vous plaira ;
Mais il faut déloger au bout d'un certain terme,
Quand vôtre serviteur vous le commandera.
      Ma pratique sera tresgrande,
      Par consequent mon revenu,
Si vous sortez au jour entre nous convenu,
    Et si vous n'étes point Normande.
La Fievre lui repond, d'un air tout languissant,
    Et d'une voix tremblante & basse :
Monsieur l'Ordonnateur, de rubarbe & de casse,
    Vous étes un grand innocent,

EN BELLE HUMEUR.

De demander qu'on congedie,
Promtement une maladie,
Vous qui la savez allonger,
Quand la Nature est prête à l'abreger,
Vous dont on conte les visites,
Sans en voir le succez, en pezer les merites,
Et dont on paie également les pas,
Soit que la guerison arrive, ou le trépas.
Qu'un patient souhaite à la bonne heure,
Qu'on abrege son mal, je le trouve fort bien;
Mais la plus longue Fiévre est toujours la meilleure,
Pour l'Ecolier de Galien.

C'est ainsi que souvent on forme des souhaits,
Contre ses propres interêts.

D'UN RENARD ET D'UN CHIEN.

UN Renard ne pouvant plus échaper d'un Chien qui lui donnoit la chasse de fort prez, se tourna tout à coup lui remontrant que sa chair étant dure & insipide, il devoit bien plutot pourfuivre un Lievre qu'il lui montra, dont la curée seroit plus de son gout. Le Chien se laissa persuader, & il se mit à l'heure même aux trousses du Lievre qu'il ne put atraper, pendant que le Renard de son côté gagnoit païs, ce qui fit que ce sot animal n'eut ni l'un, ni l'autre.

Il ne faut jamais quiter ce que l'on a, pour courir aprez ce qu'on n'a pas.

Le defaut d'avoir observé cette maxime, a couté cher aux Espagnols, lors qu'au Traité de la Paix des Pirenées, ils ont abandonné les Clefs de la Belgique, comme Avesnes, Philippeville, Marienbourg & plusieurs autres Places, pour courir aprez le Roiaume de Portugal: ils ont été privez de l'un, & ils n'ont pu reprendre l'autre.

Du Singe et de la Tortue.

Un Singe allant je ne sais où,
En sautant & faisant le fou,
Suivant son humeur baladine,
Trouve une Tortue en chemin;
Il la salue, & traite de cousine,
Et puis lui presentant la main,
Lui veut d'une façon galante,
Faire danser une courante.
Il lui soutient que pour vivre gaiment,
Il faut baller incessamment:
Et l'exhorte à quitter cette lenteur pezante,
Qui la faisoit aller d'un pas si paresseux,
Qu'elle avoit l'air de marcher sur des œufs.
La Tortue humblement s'excuse,
Disant; je suis impotente & percluse;
Ce ne fut jamais mon talent,
De me mettre sur l'air galand.

Et

EN BELLE HUMEUR.

Et toi qui fais si bien la cabriole,
Tu ne ferois pas tant de sauts,
S'il te falloit, comme une camisole,
Porter incessamment ta maison sur le dos.

Qui n'a pas le corps bien taillé,
Et propre aux galants exercices,
N'en doit pas faire ses delices,
S'il ne veut être bien raillé.

D'UN CHAT, ET D'UN RENARD.

UN Renard se vantoit à un Chat d'être le plus rusé des animaux, & de savoir lui seul plus de finesses que tous les autres ensemble. Le Chat lui repondit, que toutes les siennes consistoient dans son agilité & dans la bonté de ses griffes. Le Renard alloit le railler d'une telle reponse, s'il n'en eut été empêché par l'aboiement d'une troupe de Chiens, qui venoit droit à eux. Le Chat grimpa aussitôt sur le premier arbre, & il se sauva, pendant que le Renard devint la proie des Chiens avec toutes ses finesses.

La plus grande finesse que l'on puisse avoir, est de se retirer des embuches de ses ennemis.

Tandis que les Vizirs & les Bassas sont les victimes des Imperiaux, Tekeli gagne toujours aux piez.

DE DEUX BELIERS.

AU sortir de la Bergerie,
Un puissant & rude Belier,
Soit par colere, ou par galanterie,
Appelloit son rival en combat singulier.
  Tous les deux prenant leur carriere,
  Et marchant trois pas en arriere,
  En Gentilshommes se battoient,
Et de grande vigueur leurs deux fronts se heurtoient.
 Ils n'étoient pas les seuls aiant querelle,
  Car un autre couple à l'instant,
Entrant en la carriere, en faisoit tout autant.
Enfin jusqu'aux Agneaux pendans à la mamelle,
  Il sembloit que tous les Moutons,
  Fussent de vrais petits Demons,
Se voulant l'un à l'autre arracher la cervelle.
Un devot animé d'un charitable zele,
Se mettant entre deux, s'échauffoit les poumons,
  A leur faire de beaux sermons :
  Et leur disoit, que c'étoit une honte,
Qu'entre les animaux, ceux qui sont les plus doux,
Montrassent à se battre, une ardeur aussi pronte,
  Que des Taureaux, des Tigres, ou des Loups.
Docteur, dit le Belier, gardez vôtre censure,
  Sachez que la sage nature,
  Maintient ce qui vit ici bas,
  Par de continuels combats :
Et qu'elle a mis des semences de haine,

Dans toute la masse mondaine.
Qu'il n'est point de societé,
Où l'on ne trouve, ou querelle, ou divorce,
Et que nous montrerions plus d'animosité,
Si nous avions plus d'adresse, ou de force.

Faut-il donc s'étonner, dans le siecle où nous sommes,
De voir des combats si sanglants ?
Entre des animaux, plus fiers, plus violens,
Les Lions, les Ours, & les Hommes ?

D'UN RENARD, ET D'UN SINGE.

UN Singe voulant avoir une partie de la queue d'un Renard pour couvrir son derriere, s'efforça de lui persuader qu'elle étoit trop longue, & qu'elle devoit l'incommoder beaucoup à marcher. Le Renard qui étoit des plus rusez, n'en voulut rien faire, & il lui dit, en l'insultant, qu'il n'en avoit que ce qu'il lui en faloit, & qu'il aimoit encore mieux balaier la terre avec sa queue, que d'en couvrir les fesses d'un Singe.

Il ne faut jamais demander à ses amis, que des

choses qu'ils peuvent nous accorder, sans blesser leurs interêts & leurs consciences.

Amelot a demandé aux Suisses des Troupes qui leur sont inutiles; ces Cantons lui ont repondu qu'ils aimoient mieux avoir des Batteurs de pavé à Zuric, que des Combatans en France.

D'un Perroquet et d'un Artisan.

Chez un pauvre Artisan étoit un Perroquet,
  Tous frais venu de la Province,
 Et qui n'avoit encor sience ni caquet,
Qui se voioit traité cependant comme un Prince,
Son Patron esperant qu'aprez l'avoir instruit,
  Il pourroit faire un gain notable;
Songeoit à le nourrir du meilleur de sa table;
  Et lui donnant des leçons jour & nuit,
   En avoit un soin incroiable.
Or dez que son savoir l'eut rendu fort aimable,
  Un grand Seigneur, cherement l'acheta:
A son Maitre d'Hôtel plusieurs fois repeta,
  Qu'il eut de lui tous les soins necessaires,
Mais, ce Monsieur le Maitre, aiant d'autres affaires,
Sur le Valet-de-Chambre, un tel soin rejetta,
  Qui pas mieux ne s'en acquitta,
D'en charger un Laquais, le Valet se contente,
  Et le Laquais, en charge une Servante.
  Le Perroquet, de tous ses bons amis,
Reçoit des complimens, sur ce que la fortune,
  Chez un Seigneur si puissant l'avoit mis,
  Qu'il ne lui manquoit chose aucune.
J'avois, Helas! dit-il, chez mon pauvre Artisan,
   Une condicion meilleure,
  Sur mes besoins il veilloit à toute heure;
         Mais

Mais ce trop riche Courtisan,
Sur la foi de ses gens, me laisse & m'abandonne,
Qui ne font rien de tout ce qu'il ordonne.
Et tandis que de main en main,
L'un à l'autre ils me recommandent,
Et d'avoir soin de moi, l'un à l'autre ils s'attendent,
Je languis de soif & de faim.

Ce n'est pas des Valets nombreux,
Qu'on tire le plus de services,
Un seul, quand il est bien soigneux,
Nous rend bien de meilleurs offices,
Et l'on n'est pas le mieux traité,
Dans les maisons des gens de qualité.

D'UN CHEVAL, ET D'UN CERF.

UN Cheval non encore donté, se plaignit à un païsan, d'un Cerf qui lui mangeoit son herbe. Cet homme lui promit de chasser son ennemi s'il vouloit faire ce qu'il lui diroit. Le Cheval i consentit, le païsan lui mit aussitot sur le dos une selle, & un mors à la bouche, & l'aiant monté il donna si bien la chasse au Cerf, qu'il le tua. Le Cheval hannissoit de joie se croiant déjà en liberté, mais il fut bien surpris de se voir attacher à une charrue, & qu'il, ne s'étoit défait de son ennemi qu'au dépens de ce qu'il avoit de plus cher au monde.

Ce n'est pas être prudent que de se mettre en la puissance d'un autre, pour se vanger de son ennemi.

Les Messinois voulant secouer la dominacion moderée des Espagnols, se sont autrefois soumis sous le joug intolerable des François.

Des Mouches et d'un Cheval.

Cent Mouches s'étoient attachées,
 Sur un Bidet infortuné,
Qui maigre, sec & décharné,
N'avoit point de côtes cachées,
Il s'en plaignoit fort dolemment,
Et leur disoit ; Mesdemoiselles,
 Pourquoi m'étesvous si cruelles,
 De me sucçer incessamment ?
Loin de vivre aux depens d'une méchante Rosse,
Vous auriez mieux dîné, si vous aviez mordu,
Ces Chevaux potelez qui parent un carosse,
 Et qui souvent meurent de gras fondu.
  Ha ! repond une fine mouche,
  Ces harnois de toutes façons,
  Ces grands crins, ces caparassons,
  Ne permettent pas qu'on les touche.
  Pour vivre donc en sureté,
  Il faut lors que la faim nous presse,
  Nous ruer sur la pauvreté,
Et lui sucçer le peu qu'elle a de graisse.

Ainsi

Ainſi par les Sergens eſt le peuple mangé,
Tandis qu'en ſa maiſon ils trouvent dequoi prendre :
Mais le riche en eſt déchargé,
Parce qu'il ſait bien s'en defendre.

D'UN CHEVAL ET D'UNE TRUIE.

UNe Truie enfoncée dans un bourbier, voiant paſſer un Cheval de bataille richement harnaché, l'arrêta tout court, en lui diſant, j'ai bien du regret de ce que tu vas t'expoſer aux dangers de la guerre, toi qui eſt ſi beau & ſi bien taillé ; je ne ſai qui peut t'avoir donné un ſi mauvais conſeil. Le Cheval écumant de colere d'entendre un ſi ſot compliment, lui repondit, il te ſied bien, ſale animal, de vivre dans l'ordure & dans la fange. Mais pour moi, c'eſt mon ſort de paſſer ma vie dans le champ de Mars, au milieu des combats, & des triomfes.

Les laches acoutumez à une vie baſſe & rampante, ne connoiſſent rien au-delà de la portée de leurs eſprits, & ils perdent facilement de vue ceux qui par leur vertu, s'élevent au-deſſus d'eux.

Les Vejar, les Aremberg, les Soissons, les Tilli, les Hannover, ces heroïques victimes de la guerre d'Hongrie ont repondu aux foibles remontrances, ce que le Palefroi vient de repondre à l'animal immonde.

D'un Filosofe et de son Jardin.

Un Filosofe enseignant la Morale,
Avec peu de succez à beaucoup d'Ecoliers;
Leur en voulut montrer la leçon principale,
  Dans des exemples familiers.
Il avoit un Jardin, où l'art d'Agriculture,
  Fardoit, ce semble, la Nature;
  Et dont la rare propreté,
Des petits & des grands le rendoit frequenté.
  Là sur des planches compassées,
  Avec l'équerre, & le cordeau,
L'Ozeille, la Laitue, & l'Ail, & le Poireau,
  Dans leurs rangs, & files placées,
  Donnoient appetit de manger,
  Des fruits d'un si beau potager.
Mais il avint un jour qu'il changea de pensées,
Et méprisant les fruits d'un fertile terroir,
Son ardeur jardiniere autrepart divertie,
Ne lui mit plus en main la beche & l'arrosoir,
Qu'en faveur des Chardons, des Ronces, de l'Ortie;
Si bien qu'il leur donnoit pour les faire valoir,
  Et multiplier davantage,
  Tous les soins de son jardinage.
Nôtre Maitre pretend à l'empire des fous,
Disoient les Ecoliers, qui le vouloient reprendre;
Je serois, repond-il, tout aussi fou que vous,
  Sans la leçon que je vous veux apprendre.
Ce que vous cultivez avec le moins de soin,

EN BELLE HUMEUR.

C'est l'amitié de vos amis fideles ;
Eux qui pourroient vous nourrir au besoin,
Et vous faire gouter des douceurs eternelles,
    Tandis qu'on vous void assidus,
A cultiver l'amour des folles Demoiselles ;
    Soins qui seront bientot perdus,
  Car tout le fruit que vous tirerez d'elles,
    Ce sont des piquures mortelles.

Cette Fable nous fait entendre,
Qu'on doit apprehender souvent,
Que comme une plante fort tendre,
Que le hâle fane, ou le vent :
L'amitié la mieux éprouvée,
N'apporte pas beaucoup de fruit,
A moins que d'être jour & nuit,
Tresfoigneusement cultivée.

D'UN CHEVAL ET D'UN CHARETIER.

UN Cheval maigre, & sans vigueur s'étoit jetté malheureusement dans un bourbier, d'où il ne pouvoit se tirer, quoi qu'il donnât du collier, & qu'il emploiat toutes ses forces pour en venir about. Le charetier

retier en colere l'aſſomoit de coups de baton. Ce mauvais traitement l'obligea de faire un dernier effort avec tant de violence, qu'il creva à l'heure même, deteſtant ſa miſere, & la brutalité de ſon maitre.

Lors que les riches exigent des pauvres des choſes hors de leur portée, ils les jettent ordinairement dans le dernier deſeſpoir.

Les extorſions des François leur ont fait chanter Vepres en Sicile.

Des Poules et du Coq.

DEs Vilageois qui craignoient le paſſage,
    D'un Regiment, faiſant ravage,
Avoient caché leurs Volailles ſi bien,
    Que les Soldats ne trouvoient rien.
Un fin Goujat, qui ſavoit le miſtere,
S'étoit ſaiſi d'un Coq qu'il portoit ſur le poin ;
Le Coq chantoit ſa chanſon ordinaire,
    Les Poules l'entendoient de loin,
    Et répondoient à ſes fleuretes,
Car de leur naturel, elles ſont fort coquettes.
Leur gîte à peine étoit découvert du Goujat,
    Qu'elles étoient au pot, & dans le plat.
    Certaine Poule à la mort preparée,
    Vint reprocher au Coq ſa trahiſon ;
Et l'accuſa d'avoir l'ame dénaturée,
En prenant le parti ſans droit & ſans raiſon,
    D'une nacion conjurée,
    Contre tous ceux de leur maiſon.
On ne nous auroit point, lui ditelle, attrappées,
Si la voix d'un ami ne nous avoit dupées.
    Le ſage Coq, répondit en un mot,
Si vous n'étiez d'une humeur ſi galante,

D'écouter un amant tout auſſitot qu'il chante,
Vous ne vous verriez pas, prêtes à mettre au pot.

    La diſcrecion, le ſilence,
Sont à priſer pour cent raiſons :
Mais en de certaines ſaiſons,
Ils ſervent bien plus qu'on ne penſe.

D'UN CHEVAL SUPERBE, ET D'UN MISERABLE ANE CHARGE'.

UN Cheval de parade, aiant trouvé dans ſon chemin un miſerable Ane chargé de marchandiſes, lui cria avec inſolence de ſe retirer à cartier. L'Ane peureux ſe rangea le plus promptement qu'il put ſans lui repliquer. Cet orgueilleux cheval alloit à la guerre d'où il revint ſi ruiné, que ſon Maitre le vendit à un Païſan, qui le fit porter du fumier. L'Ane l'aiant rencontré dans cet équipage lui demanda où il avoit laiſſé ſon embonpoint, & ſon riche harnois, qui le rendoient autrefois ſi fier, & ſi inſolent, que de mépriſer ceux qui ne voudroient pas à preſent, ſe changer contre lui ?

La fin des superbes, & des glorieux est ordinairement mauvaise.

Les gens de Crequi à Treves, & ceux de Bouteville à Casteau méprisoient leurs ennemis, mais leur déroute les rendit euxmêmes le jouet de l'Europe.

Des Loups.

Es Loups envoierent iadis,
Des Deputez au Conseil d'Angleterre,
Pour remontrer, qu'une cruelle guerre,
Les en avoit injustement bannis,
 Qu'ils avoient par toute la terre,
 Quelque honnête établissement;
Qu'ils ne cherchoient qu'un petit logement,
 Pour une couple seulement,
 Dans une forêt reculée,
 Sombre, deserte, & non peuplée.
Promettant de garder la closture des bois,
 Et de jamais ne hurler, ni de mordre;
Que dans l'arche ils étoient plus grand nombre autrefois,
 Sans i causer aucun desordre.
Quelquesuns du Conseil dirent qu'en sureté,
Deux se pouvoient souffrir par curiosité.
 Mais les plus sages opinerent,
A confirmer l'Arrêt de leur bannissement,
 A leur donner la chasse à tout moment,
 Et fort à propos remontrerent,
 Qu'avec le tems ils se multiploient,
Et qu'étant fort nombreux, il les tourmenteroient.
 Les Deputez fort en colere,
 S'en retournerent sans rien faire.

EN BELLE HUMEUR. 117

C'est ainsi que les heretiques,
Et d'autres qu'on ne nomme pas,
Se glissent dans les Republiques,
Et troublent enfin leurs Etats,
Ils font d'abord une instante priere,
Pour de petits hebergemens,
Sont ils reçus ? en deux momens,
Il s'en trouve une fourmilliere.

D'UN CHEVAL ET D'UN ANE.

UN Cheval bien pansé, & qui ne servoit que pour la parade, rencontra un Ane, qu'il insulta avec outrage sur sa paresse, & sur sa triste figure. L'Ane sage, & avisé, ne répondit rien à toutes ses insultes. Quelque-tems aprez, in rencontra cet orgueilleux cheval chargé de fumier & de maigreur. Ce qui l'obligea, de lui demander estce toi, mon camarade qui étois si insolent & si fier il i a quelque tems, que tu ne pouvois souffrir tes semblables, ni les voir sans les accabler de mille injures ? je te vois presentement dans un état qui me fait plus de pitié que d'envie. Les

Les puissans ne doivent jamais méprifer ceux qui font au-dessous d'eux, car ils ne sont pas assurez d'être demain, ce qu'ils sont aujourd'hui.

Les Negocians de France, qui se trouvent sans commerce, ont dit ce que le Cheval superbe dit à l'Ane, mais les Aliez trionfans leur disent presentement ce que l'Ane repondit au Cheval humilié.

Du Mouton et du Tondeur.

Nonobstant la coutume, aux Moutons ordinaire,
  De se voir tondre, & de se taire,
Certain Mouton rebelle, & de trop fiere humeur,
  Se sauve des mains du Tondeur.
Et tâchant d'éviter d'un Mâtin la poursuite,
 Il croit trouver un azile en sa fuite,
  S'il peut attraper une fois,
  Le taillis, ou le fort du bois.
  Il ne trouve buisson, ni haie,
 Que de percer brusquement il n'essaie;
  Mais à chaque haie, ou buisson,
  Il n'est ronce qui ne lui prenne,
  Comme feroit un hameçon,
  Quelque gros floccon de sa laine;
  Et qui lui servant de bourreau,
Ne lui déchire étrangement la peau.
  Enfin n'aiant plus de resource,
  Il se trouve au bout de sa course,
  Tout égratigné, tout tondu,
Et du chien pris, & mille fois mordu.

Heureux celui qui se laisse en repos,
  Tondre la laine sur le dos.
  Malheureux le peuple rebelle,

EN BELLE HUMEUR.   119

Qui ne voulant paier, ni taille ni gabelle,
  Se void ruiner bien plutot,
Que le peuple qui paie, & qui souffre l'impôt.

D'un Cheval bien nourri, et d'un Ane.

UN Cheval bien nourri, mais qui travailloit à proporcion, plaignoit son sort, croiant qu'il n'i avoit point d'animal au monde plus malheureux que lui. Il rencontra par hazard un Ane maigre, & décharné qui trainoit une charette chargée au delà de ses forces, & que son maitre maltraitoit beaucoup. Celà lui fit faire tout à coup reflexion sur son bonheur, par rapport à la misere de l'Ane, se proposant bien à l'avenir, de ne plus se plaindre, ni de murmurer contre son état.

Il ne faut jamais envisager la fortune de ceux qui sont au dessus de nous, mais seulement l'état de ceux qui sont au dessous.

Les Maures bannis d'Espagne se sont consolez de leurs disgraces à la vue des Huguenots de France.

DE LA MAIN DROITTE ET DE LA MAIN GAUCHE.

LA Main gauche autrefois fit procés à la droite,
 Pour partager ses fonxions;
Disant qu'elle n'étoit batarde, ni cadette,
 Qu'elle étoit propre à toutes actions;
 Où l'on la mettroit en usage,
Ainsi que les gauchers en rendent témoignage,
 Le Procés vu, Monsieur le Président,
Au nom des Conseillers, dit à la Chicaneuse,
 Que son droit étoit évident;
Mais qu'elle avoit été, lâche, & bien malheureuse,
 Laissant mettre en possession,
Une partie injuste, & violente:
Et que pour la tirer de cette oppression,
 La justice étoit impuissante,
Pour vous montrer, dit-il, la passion ardente,
 Que nous avons de faire desormais,
 Que les deux sœurs vivent en paix,
Que nous avions dessein de leur rendre justice,
 Et d'en donner l'exemple à nos neveux;
C'est que dorenavant exerçant nôtre Office,
Nous voulons nous servir egalement des deux,

 De la vient que les gens d'affaires;
Sergens, & Procureurs, Avocats, & Notaires,
 Sont les plus ardens des humains,
 A prendre de toutes les mains.

D'UN CHIEN, ET D'UN ÂNE.

UN Ane se voiant maltraité de toute la maison, quoiqu'il fut util, & que l'on cherissoit le chien qui passoit les jours entiers à dormir, touché de sa misere & ne sachant à quoi l'atribuer, s'imagina que le bonheur du chien ne venoit que des caresses qu'il faisoit à son maitre, & qu'il auroit un pareil sort s'il en faisoit de même. Quelques jours aprez l'aiant trouvé endormi dans un siege de commodité, il lui mit les deux pieds de devant sur les épaules, joignant à ces douceurs, l'harmonie de sa voix. Le maitre peu instruit de son dessein, & se sentant tout meurtri, apella ses domestiques à son secours, qui vinrent avec peu d'humanité & à grans coups de bâtons, reconoitre les bonnes intencions de ce miserable animal.

Ce qui sied bien aux uns, sied tresmal aux autres.
  Il sied autant au Moine,
   D'étre vain, & galant:
  Qu'à l'Ane sans avoine
   D'étre chien caressant.

Le Loup et l'Agneau.

La raison du plus fort est toujours la meilleure;
Nous l'allons montrer tout à l'heure,
Un Agneau se desalteroit,
Dans le courant d'une onde pure:
Un Loup survient à jeun qui cherchoit avanture,
Et que la faim en ces lieux attiroit.
Qui te rend si hardi de troubler mon bruvage?
Dit cet animal plein de rage;
Tu seras chatié de ta temerité.
Sire, répond l'Agneau, que vôtre Majesté
Ne se mette pas en colere;
Mais plutot qu'elle considere,
Que je me vas desalterant
Dans le courant,
Plus de vingt pas au dessous d'elle;
Et que par consequent en aucune façon,
Je ne puis troubler sa boisson.
Tu la troubles, reprit cette bête cruelle,
Et je sai que de moi tu médis l'an passé.
Comment l'auroisje fait si je n'étois pas né?
Reprit l'Agneau; je tette encor ma mere.
Si ce n'est toi, c'est donc ton frere.
Je n'en ai point. C'est donc quelqu'un des tiens:
Car vous ne m'épagnez guere,
Vous, vos bergers, & vos chiens;
On me l'a dit: il faut que je me vange.
Là dessus au fond des forests
Le Loup l'emporte; & puis le mange
Sans autre forme de procez.

EN BELLE HUMEUR.

D'UN ANE, ET D'UN SANGLIER.

UN Ane rencontra un Sanglier, qu'il traita avec beaucoup d'insolence. Le Sanglier surpris de la temerité de ce sot animal ne savoit quel parti prendre. D'abord il eut envi de le mettre en pieces, mais faisant aussitôt reflexion que celui qui l'insultoit si mal à propos, & contre qui il meditoit une si cruele vengeance n'étoit qu'un miserable ane ; il se contenta de lui dire qu'il étoit indigne de sa colere, & que s'il en eut valu la peine, il lui auroit bien apris à lui rendre le respect qui lui étoit du. Aprez quoi il le laissa aler.

La plus cruele vengeance, que l'on puisse prendre d'un fat, est de le mépriser.

Brusselle répond presentement aux fanfaronades Françoises, ce que le Sanglier répondit à l'Ane.

LE SINGE CUPIDON.

UN vieux Singe des plus adroits,
   Aiant vu l'amour plusieurs fois,
Décocher ses fléches mortelles,

Sur les cœurs de maintes cruelles;
Comme lui, voulut être Archer,
Et flêches d'amour décocher.
Il eut donné leçon l'adreſſe,
A tout maitre en tours de foupleſſe.
Il prend ſi bien ſon tems, choiſit ſi bien ſon lieu,
Qu'il détrouſſe le petit Dieu.
Enrichi d'un butin ſi rare,
A ſe cupidonner le Magot ſe prepare;
Endoſſe le carquois, s'affuble du bandeau,
En conquerant des cœurs, ſe rengorge, & ſe quarre,
Et ſe mirant dans un ruiſſeau,
Se prend pour Cupidon, tant il ſe trouve beau.
Ces animaux pour l'ordinaire,
Naiſſent ſavans, en l'art de contrefaire,
Et dans le langage commun,
Singe, & Copiſte ce n'eſt qu'un.
Celuici donc campé dans un boccage,
Attend une Nimfe au paſſage,
Et comme ſouvent le hazard,
Aux bleſſures du cœur a la meilleure part,
Nôtre Archer d'eſpece nouvelle;
Atteint droit au cœur de la belle.
Jamais la Nimfe avant ce jour,
N'avoit ſenti les flêches de l'amour.
Si cette bleſſure cruelle,
Fut un cas ſurprenant pour elle;
J'en fais juge le jeune cœur,
Atteint de pareille douleur.
Jour, & nuit, la nouvelle amante
Soupire, ſe plaint, ſe tourmente,
Sans ſavoir ce qu'elle ſentoit,
Ni pour qui tant ſe lamentoit.
Maitre Magot dardeſagette,

Qui-

EN BELLE HUMEUR.

Qui mieux instruit du mal de la Pauvrette,
S'applaudissoit de sa dexterité,
Se voiant la Divinité,
Pour qui se preparoit l'amoureux sacrifice,
Se tenoit fier comme un Narcisse.
Quand la belle par ses soupirs,
Exprimoit ses tendres desirs;
Que de ses yeux, la langueur indiscrete,
A son cœur servoit d'interprete,
Peu s'en faloit, qu'en ce moment,
L'indigne Auteur de son tourment,
Ne se crut ce qu'il feignoit d'etre.
Il eut avec l'amour disputé d'agrément,
Tant l'orgueil nous fait méconnoitre.
Mais on void ordinairement,
Que la gloire sans fondement,
Est chimerique, & peu durable.
Du carcois dérobé, le Maitre redoutable,
Cherchoit plein de ressentiment,
Le sacrilege Auteur, d'un fait si punissable.
Le sort le guida sur le lieu,
Où le Magot paré des dépouilles du Dieu,
Recevoit l'amoureux hommage
Qu'on devoit à son equipage.
Si Cupidon fut offensé;
Qu'un Magot pour lui se fit prendre,
Et comme tel fut encensé,
Il est aisé de le comprendre.
Quoi ? dit-il, ce ridé Museau,
A la faveur du mon bandeau,
Chez les mortels remplit ma place:
A ces mots Messire l'amour,
Détrousse le Singe à son tour,
Montre à nud sa laide grimace,

F 3   Et

Et tirant la Nimfe d'erreur,
Fit naitre un plus beau feu, dans son aveugle cœur.
Ainsi l'ame preoccupée,
Et par l'apparence trompée,
Eleve aux hommes des Autels,
Qui ne sont dus qu'aux immortels
Le bandeau de l'amour, fait des Metamorfoses
Des plus desagreables choses;
Mais quand un retour de raison,
Peut enfin trouver sa saison,
Ou qu'un amour, d'une plus pure essence,
A nos cœurs prevenus, fait sentir sa puissance,
Combien trouvons-nous odieux
Ce qu'avoient admiré nos yeux.

D'UN ANE, D'UN MULET, D'UN CHAMEAU, ET D'UN BUFLE.

UN Ane, un Mulet, un Chameau, & un Bufle, s'étant rencontrez, tomberent sur la misere de leur état, se plaignant d'être assomez de coups, & la plupart du tems tresmal nourris. L'Ane, comme le plus sot & le moins sensé, s'emporta plus que les autres, protestant qu'il étoit resolu d'afranchir le joug, & de se mettre en liberté. Les autres se mirent à rire, & ils lui en firent voir l'impossibilité. Alors ce miserable Ane bien loin de profiter des sages avis de ses camarades, se mit à braire d'une si grande force, qu'ils furent obligez de se separer, sans avoir pu trouver les moiens de soulager leurs miseres.

Ceux qui font le plus de bruit dans les assemblées, ne sont pas toujours les plus sensez.

Quelques éblouis des Louis d'or qui n'ont rien voulu conclure contre la France à Bade en Suisse, ressemblent au sot animal.

La Tourterelle, et le Ramier.

Qu'on ne me parle plus d'amour, ni de plaisirs,
    Disoit un jour la triste Tourterelle,
Consacrezvous mon ame, à d'eternels soupirs:
    J'ai perdu mon amant fidelle.
        Arbres, Ruisseaux, Gazons delicieux,
    Vous n'avez plus de charmes pour mes yeux,
        Mon amant a cessé de vivre.
Qu'attendonsnous mon cœur? Hatonsnous de le
            suivre.
    Comme on l'eut dit, autrefois on l'eut fait.
Quand nos peres vouloient peindre un amour parfait,
    La Tourterelle en étoit le simbole,
    Elle suivoit toujours son amant au trépas,
        Mais la mode change ici bas,
        De cette constance frivole.
        Le desespoir a perdu son credit,
        Et Tourterelle se console,
S'il faut tenir pour vrai, ce que ma Fable en dit.

Elle pretend que cette defolée,
A fa jufte douleur, voulant être immolée,
Choifit un vieux Palais, vrai fejour de Hiboux;
Où fans chercher aucune nourriture,
Un pront trépas étoit, fon efpoir le plus doux;
Mais qui ne fait, qu'en toute conjoncture,
La providence eft plus fage que nous?
Dans cette demeure fauvage,
Habitoit un jeune Ramier,
Houpé, patu, de beau plumage,
Et quoique jeune, vieux routier
Dans l'art de foulager, les douleurs du veuvage.
Pour notre Tourterelle, il mit courtoifement,
Ses plus beaux fecrets en ufage.
La pauvrette au commencement,
Loin de prêter l'oreille à fon langage,
Ne vouloit pas, fe montrer feulement:
Mais le Ramier parlant de defunt fon amant,
Infenfiblement il l'engage,
A recevoir fon compliment.
Ce compliment fut d'une grande force,
Il difoit du defunt, toute forte de bien,
Ne blamoit la veuve de rien;
Bref c'étoit une douce amorce,
Pour attirer un plus long entretien.
Voilà donc la belle affligée,
En tendres propos engagée;
Elle tombe fur les difcours,
De l'hiftoire de fes amours:
Dépeint, non fans cris, & fans larmes,
Du pauvre trépaffé, les vertus & les charmes:
Et ne croiant par là, que flater fa douleur,
Elle apprit au Ramier le chemin de fon cœur.
Par ce que le défunt avoit fait pour lui plaire,

EN BELLE HUMEUR. 119
Il comprit ce qu'il faloit faire.
Il étoit copiste entendu,
Il fut si dextrement, imiter son modelle,
Que dans peu nôtre Tourterelle,
Crut retrouver en lui, ce qu'elle avoit perdu.

D'UNE MULE ET DES CHEVAUX.

UNe Mule grasse, & bien pansée, vanta sa force & son agilité aux Chevaux de l'écurie de son Maitre, & elle les défia à la course. Elle mit pour prix de ce qu'elle avançoit, tout son foin, & toute son avoine. Les Chevaux accepterent le défi, & ils furent du même pas dans un pré, où on laisse à penser qu'elle manege ils firent pour remporter la gagure, pour obliger cette insolente Mule, d'avouer qu'elle avoit perdu ses provizions, & la sote prezompcion.

La vanité, & la sote prezompcion de nousmêmes, ne nous causent que de la confusion.

Les Alliez traitent prezentement la France humiliée, comme les Chevaux traiterent autrefois la Mule insolente.

F 5   La

LA CIGALE, LE HANNETON, ET L'ESCARBOT.

LA Cigale, & le Hanneton,
Contracterent jadis un mariage enfemble,
Et comme pour un jour, diton,
Tout Himen à l'amour reffemble,
Le leur eut d'abord la beauté
Qui fuit toujours la nouveauté.
L'époux trouvoit l'époufe belle,
Comme elle le trouvoit charmant,
Ce n'etoit que tranfport, & que raviffement,
Ils fe juroient une ardeur eternelle,
Et croioient tenir leur ferment.
Mais tels fermens fe tiennent rarement,
Ce premier jour qu'un long ufage,
A fait nommer communément,
Le feul heureux du mariage,
Etoit à peine encor paffé ;
Que le nouveau couple laffé
De fi longue paix domeftique,
En interrompit la pratique.
Le Hanneton alloit fouvent
Voir une Guefpe fa voifine :
Dame Cigale en eut le vent,
Pour moins époufe fe mutine.
Elle entre en feminin courroux,
Accufe le coquet Epoux,
De fauffer la foi conjugale.
Hanneton de s'enfuïr aux cris de la Cigale ;
Elle, de redoubler fes cris ;
Lui, de l'accufer de manie,
Adieu l'amour & les fouris,
Au trifte Himen ils fauffent compagnie.

EN BELLE HUMEUR.

    Le Hanneton, morne & transfi,
Connoissant, mais trop tard, les soucis du ménage,
    Va consulter sur son souci,
    Un Escarbot du voisinage
    Cet animal n'avoit point son pareil,
Il decidoit de tout en Auditeur de Rote,
    Et toute la Gent Escarbote
    N'agissoit que par son conseil.
    Compere, dit-il, au mari,
    Ce sont suites de l'Himenée,
Vous n'etes pas le seul Epoux marri
    Qui deplore sa destinée.
    Nous autres petits Escarbots,
    En de pareilles conjonctures,
    Entendons dire de bons mots
    A Mesdames les creatures.
    Quand pour divertir son chagrin,
    Un homme vient à son voisin,
Faire en se promenant secrette confidence,
Lui conter ses douleurs, & ses soupçons jaloux,
Dieu sait si pour avoir des témoins tels que nous,
    Il en dit moins tout ce qu'il pense.
    Ecoutez, ce que l'autre jour
J'entendois raconter à Seigneur d'apparence :
J'épousai, disoit-il, une veuve de France,
    Des premieres de cette Cour :
Soit que pour témoigner un amour plus parfait,
Elle crût à propos de paroître jalouse,
    Ou qu'elle le fût en effet,
Toujours quelque soupçon tourmentoit mon épouse;
    Je n'avois plus un moment de repos,
Sur la moindre visite, ou le moindre propos.
Nôtre jalouse avoit un reproche à me faire;
    Un Amant me tira d'affaire.

Il naquit certaine amitié,
Dans le cœur de nôtre moitié,
Plus fine d'un carat que l'estime ordinaire;
Depuis ce jour, tout fut calme chez moi,
Je fus respecté comme un Roi;
On ne songeoit plus qu'à me plaire.
Compere Hanneton, poursuivit l'Escarbot,
Si tu sais le secret d'entendre à demi-mot,
Fais ton profit de l'avis salutaire.
Laisse gronder ta femme tout le jour,
Ou si tu veux la faire taire,
Permets-lui de faire l'amour.
Dame trop prude, & beaucoup de raison,
Est un assortiment fort difficile à faire;
Et pour la paix de la maison,
Un peu d'intrigue, est un mal necessaire.

D'UNE BREBI, ET D'UNE CORNEILLE.

UNe Corneille, voiant que ses petis mouroient de froid dans son nid, demanda à une Brebi un peu de laine pour les rechaufer. Cet animal doux, & tranquile i consentit, & la Corneille monta sur son dos pour en prendre à discrecion. Mais cette miserable Corneille abusa de la facilité de la Brebi, & elle la piqua si cruellement, qu'elle la mit toute en sang; sans qu'elle put faire autre chose que de lui reprocher son ingratitude, & sa cruauté.

C'est avoir un naturel bien corrompu, que de rendre le mal pour le bien.

La France traite Monaco, Cazal & Strasbourg, comme la Corneille traita la Brebi.

Le Sansonnet, et le Coucou.

Un Sansonnet, Jargonneur signalé,
De captif qu'il étoit, devenu volontaire,
De desirs amoureux se trouva regalé:
C'est de l'independance, une suite ordinaire.
  Il dresse son petit Grabat
  Dans un Buisson de Noble-Epine,
  Un Coucou fameux scelerat,
Qui, comme chacun sait, ne vit que de rapine,
Qui va de Nid, en Nid croquant les œufs d'autrui
  Et les remplaçant d'œufs de lui,
Au Nid du Sansonnet, traduisit son lignage.
Nôtre ami Jargonneur, ignoroit cet usage;
Il fut dez sa jeunesse elevé parmi nous,
Et vivoit, par hazard, en honête menage,
Où l'on ne parloit point des rufes des Coucous.
Frere le Rossignol, disoit-il en lui-même.
Couvant les nouveaux œufs avec un soin extrême,
Vous vous vantez d'être le Roi des Bois;
Mais si jamais ma famille est éclose,
Ha! Foi de Sansonnet, c'est bien à cette fois,
  Que vous aurez la gorge close.
  Dans vôtre Art de rossignoler,
Vous donnez des leçons, à tout ce que nous sommes;

Mais, mes petits sauront parler,
Comme parlent Messieurs les hommes.
Ces petits lontems attendus,
Et de tout malheur defendus,
Il plut à l'eternel de donner la lumiere
A nos Sansonnets pretendus.
Maitre Oiseleur, d'espece singuliere,
Se promet d'exercer son métier doctement,
Le plumage Coucou, blessoit un peu sa vue,
Mais il esperoit en la mue ;
Les Peres, comme on sait, se flattent aisément.
Le voilà donc, tenant Ecole de ramage,
Il n'est dictons, ou quolibets,
Qu'apprennent tels Oiseaux en cage,
Qu'il ne siffle aux Coucous, reputez Sansonnets.
Parlez, leur disoit-il, parlez l'humain langage,
C'est le plus eloquent de tous,
Coucou, repondent les Coucous,
Il n'en peut tirer autre chose,
Quoi qu'il entonne, ou qu'il propose,
Coucous ne disent que Coucou :
Le Sansonnet pensa devenir fou.
Depuis quand, disoit-il, cette Metamorfose ?
Comment œufs de Coucou sont-ils sortis de moi ?
Du tems que j'augmentai l'espece volatille,
Tout Oiseau n'engendroit qu'Oiseau semblable à soi :
C'est depuis que j'habite en humaine famille,
Que la Nature a fait cette nouvelle Loi.
Mais quoi ? reprenoit-il, dans cette Loi nouvelle,
La Nature se trompe, ou n'est plus naturelle.
Pourquoi moi Sansonnet engendrer des Coucous ?
Pourquoi couver des œufs, qui ne sont point à nous ?
Pourquoi ?...sans doute il eut poussé loin le murmure;
Mais un Milan passant par là,

Quoi ?

EN BELLE HUMEUR. 135

Quoi? lui dit-il, ce n'est que pour celà
Que tu vas de Pourquoi fatiguant la Nature?
Hé! mon ami ton mal est devenu commun,
Parmi les Animaux, je n'en connois aucun
Qui ne puisse s'attendre à pareille avanture.

D'une Brebi, et d'un Loup.

UN Loup poursuivoit avec chaleur une Brebi, qui se sauvoit d'une grande vitesse. Elle ne pouvoit pourtant pas lui échaper, si elle ne se fut sauvée dans une Chapelle, dont elle trouva la porte ouverte. Le Loup enragé de manquer sa proie, fut assez peu rusé, que d'i entrer avec elle. La porte se ferma aussitot, de sorte que le Loup, & la Brebi se regarderent l'un & l'autre, sans se rien dire, la Brebi de crainte du Loup, & le Loup confus de voir qu'il s'étoit luimême si temerairement engagé.

Dieu permet souvent que ceux, qui veulent faire perir leur prochain, perissent euxmêmes.

La France a brouillé l'Angleterre, afin de faire son coup, mais la France & les Anglois Jacobins se trouvent presentement dans une étrange perplexité.

Ju-

Jupiter et le Metaier.

Jupiter eut jadis une Ferme à donner.
Mercure en fit l'annonce ; & gens se presenterent,
        Firent des offres, écouterent :
        Ce ne fut pas sans bien tourner.
        L'un alleguoit que l'heritage
Etoit fraiant & rude, & l'autre un autre si.
        Pendant qu'ils marchandoient ainsi,
Un d'eux le plus hardi, mais non pas le plus sage,
Promit d'en rendre tant, pourvu que Jupiter
        Le laissat disposer de l'air,
        Lui donnat saison à sa guise,
Qu'il eut du chaud, du froid, du beau tems, de la bise,
        Enfin du sec & du mouillé,
        Aussitot qu'il auroit baillé.
Jupiter i consent. Contract passé ; nôtre homme
Tranche du Roi des airs, pleut, vente, & fait en somme
Un climat pour lui seul : ses plus proches voisins
Ne s'en sentoient non plus que des Ameriquains.
Ce fut leur avantage ; ils eurent bonne année,
        Pleine moisson, pleine vinée
Monsieur le Receveur fut tres-mal partagé.
        L'an suivant voilà tout changé.
        Il ajuste d'une autre sorte
        La temperature des Cieux :
        Son champ ne s'en trouve pas mieux :
Celui de ses voisins fructifie & rapporte.
Que fait-il ? il recourt au Monarque des Dieux :
        Il confesse son imprudence.
Jupiter en usa comme un maitre fort doux.
        Concluons que la Providence
        Sait ce qu'il nous faut mieux que nous.

D'un

D'un Louveteau, et d'une Chevre.

UN Louveteau pressé de la faim, trouva une Chevre, qu'il sut si bien cajoler, que cet animal bon & charitable lui donna à têter. Quelques jours aprez il lui fit sentir ses dents, d'une maniere si sensible, qu'elle l'obligea de faire reflexion au danger, où elle s'exposoit quand les dents lui seroient devenues plus grandes, & qu'elle pourroit bien paier de la vie sa charité indiscrette.

L'Espagne qui a donné l'azile à tant de François, sentant que ces perfides découvrent les secrets de l'Etat, a avec raizon releguez ces ingrats, qui lui étoient ce que le petit loup étoit à la charitable Chevre.

L'Hiver.

LE plus grand des Hivers, est venu de Norvege,
Tout courbé de glaçons, & tout chenu de nege.
D'abord qu'il a paru, le Soleil a tremblé,
La Lune s'est munie, & de cappe & de masque,

D'une

D'une peau d'Ours Saturne a son dos affublé,
Et d'un double bonnet Mars a fourré son casque.
 Ils ont certes raison, ces Courriers lumineux,
De prendre leurs gabans, & leurs manteaux sur eux,
Aiant à faire au froid, un si rude voiage.
Encor le Ciel est il émaillé de verglas :
Et si de bien glisser ils n'ont appris l'usage,
A peine sans tomber, feront-ils quatre pas.
 Le Nectar est gelé dans la celeste coupe,
L'Echanson qui le sert à la divine troupe,
D'une peluche double arme ses cheveux blonds :
Les Jemeaux qui vont nus, sont malades de rume,
Et Mercure auroit pris les mules aux talons,
S'il n'avoit les talons environnez de plume.
 Les Dieux qui sont venus habiter parmi nous,
 Quelque mortels qu'ils soient, n'ont pas le tems
  plus doux :
Ni ne sont respectez plus que nous de l'orage :
La Verité ne peut en sauver son flambeau,
Temis pour un manchon, a mis son glaive en gage,
Et s'est fait une coëffe avecque son bandeau.
 La Fortune a les pieds gelez dessus sa boule :
Le cristal par le nez goutte à goutte lui coule :
Tout son jeu maintenant, est de souffler ses doigts :
Les Muses ont quité l'étude & les écoles :
Et pour les rechauffer, à faute d'autre bois,
Apollon fait grand feu de luts & de violes.
 L'ample & liquide cours de Bacchus est gelé :
Ses Nimfes ont le sang dans leurs boites collé :
Le grand buveur Silene au Ciel en fait querelle :
Leurs bateaux prisonniers ne peuvent plus courir :
Et quoi que l'eau leur soit une poizon mortelle,
Si l'eau ne les delivre, elles s'en vont mourir.
 Les troupeaux écaillez, que nourrissoit la Seine

Des

Des roseaux renaissans de sa roulante plaine,
Sont dans de grans glaçons, comme en pâte enchassez:
Les fleuves morfondus se sont cachez sous terre :
Et dans leurs pots d'azur, que le froid a cassez,
Ce qui fut eau devant, maintenant est de verre.

 La merveille est, AMI, qu'en ce tems de rigueur,
Chez toi malgré le tems, les graces sont en fleur,
Et jamais des bienfaits la source ne se gele :
Ce miracle est celebre, & bien digne de toi :
La preuve en est publique, & moi qui suis fidele,
Sans voir & sans toucher, j'en veux avoir la foi.

DES LOUPS, ET DES BREBIS.

LEs Loups, & les Brebis aprez s'etre fait une longue & cruelle guerre, convinrent d'une treve, pour la sureté de laquelle ils s'entredonnerent des ôtages. Les Brebis donnerent leurs Chiens aux Loups, & les Loups leurs Louveteaux aux Brebis. Quelque tems aprez les Louveteaux étant devenus grands se jetterent sur les Brebis qu'ils devorerent ; & les Loups étranglerent facilement les Chiens qui n'etoient point sur leur garde.

Il faut toujours se tenir sur ses gardes avec ses enemis.
 Ces Loups & ces Louveteaux representent les ravages, que la Turquie & la France firent en rompant la Treve à Vienne & à Filisbourg.

Le Papillon, le Frelon, et la Chenille.

Un vieux Frelon depuis lontems
Avoit fait des desseins sur une Tubereuse,
Un Papillon, nouveau fils du Printems,
Traversoit en secret, sa fortune amoureuse.
De grand murmure, & de sanglant combat,
Se vit alors la prochaine apparence,
 C'est toujours de la concurrence,
 Que naissent le bruit & l'éclat.
A maintenir leurs droits, les Rivaux s'apprêterent.
 Pere Frelon de bourdonner,
 Papillon de papillonner,
 Tant volerent, tant bourdonnerent,
 Qu'enfin l'Amour ils obligerent,
 A juger de leur different.
Il cite devant lui le Couple concourant,
Leur ordonne à tous deux, d'exposer l'aventure:
 Jamais sans doute avant ce jour,
Ils ne s'etoient trouvez en telle conjoncture ;
 Mais tout parle dans la Nature
 Quand il s'agit d'obeïr à l'Amour.
Je suis, dit le premier, un Frelon qu'on estime
 Pour son labeur & pour son rang.
D'un essain renommé le Prince legitime
 Me reconnoit pour etre de son Sang:
 Cette Tubereuse naissante,
 Par sa jeunesse florissante,
 A su meriter mon ardeur;

De-

EN BELLE HUMEUR.

Depuis le jour qu'elle est éclose,
Je voltige sans cesse autour de cette fleur,
Et quitte pour la voir, Lis, Anemone, & Rose,
Qui tenoient de ma part, ces soins à grand honneur.
Ce foible Papillon, cette fragile engeance,
Qui parmi nous s'ose à peine enrôler,
Sans redouter l'effet de ma vengeance
Sur mes traces semble vôler.
Si pour travailler à ma tâche,
Je donne à mes desirs, un moment de relâche,
Ou vais succer d'un fruit le naissant vermillon,
Quand je viens reparer prez de ma Tubereuse,
Une absence si douloureuse,
J'i retrouve toujours l'assidu Papillon :
Faut-il qu'un Frelon de ma sorte,
Cheri de Flore, envié des Zefirs,
Souffre qu'un Papillon apporte
Un obstacle secret à ses tendres desirs ?
Qu'il ose impunément lui disputer la place,
Exciter sa colere ; & ses soupçons jaloux,
Ai-je tord de vouloir reprimer cette audace ?
Grand Dieu, je m'en rapporte à vous.
C'est, dit le Papillon, avoir mauvaise grace,
Et faire à ce Dieu mal sa Cour,
Que d'exposer son travail & sa race,
Quand il s'agit des faveurs de l'amour.
Moi Papillon, je ne me vante
Ni d'ancêtres fameux, ni d'exploits importans;
Mais ma parure est éclatante,
Et j'en change tous les Printems.
A la saison que les Roses nouvelles
Etalent à mes yeux leurs beautez naturelles,
Si je me trouve épris de leurs jeunes appas,
Je ne prends point mon vol vers elles,

Que

Que l'éclat qui fort de mes aîles
Ne m'ait devancé de cent pas.
J'ai du brillant, de la jeuneſſe,
De l'enjoument, & de la propreté :
Je ſuis leger, je le confeſſe,
Mais je rends grace au Ciel de ma legereté,
Lors que Papillonnant, de fleurette en fleurette,
Indifferemment je muguette
Tout ce qui paroit à mes yeux,
Cette inconſtance eſt ſouvent une adreſſe
Pour inſpirer à la fleur ma maitreſſe
Le deſir de m'arrêter mieux.
Si d'un illuſtre ſang ta vanité ſe loue,
En humble Papillon j'avoue
De ne meriter pas cet honneur comme toi ;
Mais pour finir la diſpute amoureuſe,
Demandons à la Tubereuſe,
Lequel lui plait le plus, du Frelon, ou de moi.
Malgré le roial Parentage,
Le Papillon auroit eu l'avantage,
Si la fleur eut reglé ſon ſort :
Il etoit jeune, il etoit agreable ;
Mais pendant que tous deux redoubloient leur effort,
Pour obtenir un arrêt favorable,
Une Chenille impitoiable
Achevoit ſourdement de les mettre d'accord.
Ainſi voit-on finir parmi les creatures,
Maintes & maintes avantures ;
On entre en concurrence, & de feux, & de ſoins,
On ſe diſpute, on ſe querelle,
Pendant que le Rival qu'on redoute le moins,
Triomfe en ſecret de la Belle ;
Et laiſſant aux Muguets, le murmure & l'éclat,
S'enrichit du butin, ſans aller au combat.

D'UN

D'UN CHEVREAU, ET D'UN LOUP.

UNe Chevre voulant paitre sortit de son étable, dont elle ferma la porte, recommandant tres-expressément à son chevreau de ne l'ouvrir à personne pendant son absence. A peine etoit-elle à cent pas de là, qu'il survint un Loup qui frapa, & qui en contrefaisant la voix de la Chevre, commanda au Chevreau de lui ouvrir. Ce petit animal instruit par sa mere, regarda par une ouverture, & il aperçut le Loup, auquel il dit; j'ai l'avantage de vous connoitre, c'est pourquoi je vous prie de trouver bon que je ne vous fasse pas les honneurs de la maison, & que j'obeïsse à qui je dois.

Une Moniale prudente voiant un Janseniste à la Grille, lui a fait le compliment que le Chevreau fait au Loup.

LA BÉSACE.

JUpiter dit un jour: Que tout ce qui respire,
S'en vienne comparoitre aux pieds de ma grandeur:

Si dans son composé quelqu'un trouve à redire,
    Il peut le declarer sans peur :
    Je mettrai remede à la chose.
Venez Singe, parlez le premier, & pour cause :
Voiez ces animaux ; faites comparaison
    De leurs beautez avec les vôtres :
Etesvous satisfait ? Moi ? dit-il, pourquoi non ?
N'ai-je pas quatre pieds aussibien que les autres ?
Mon portrait jusqu'ici ne m'a rien reproché :
Mais pour mon frere l'Ours, on ne l'a qu'ébauché :
Jamais, s'il me veut croire, il ne se fera peindre.
L'Ours venant là dessus, on crût qu'il s'alloit plaindre ;
Tant s'en faut ; de sa forme il se loua tres-fort ;
Glosa sur l'Elefant, dit qu'on pourroit encor
Ajouter à sa queue, ôter à ses oreilles :
Que c'etoit une masse informe & sans beauté.
    L'Elefant etant écouté,
Tout sage qu'il etoit, dit des choses pareilles :
    Il jugea qu'à son appetit
    Dame Baleine etoit trop grosse.
Dame Fourmi trouva le Ciron trop petit,
    Se croiant pour elle un colosse ;
Jupin les renvoia s'etant censurez tous :
Du reste contens d'eux ; mais parmi les plus fous,
Nôtre espece excella ; car tout ce que nous sommes,
Linx envers nos pareils, & Taupes envers nous,
Nousnous pardonnons tout, & rien aux autres hommes
On se void d'un autre œil, qu'on ne void son prochain.
    Le fabricateur souverain
Nous crea Besaciers tous de même maniere ;
Tant ceux du tems passé, que du tems d'aujourd'hui :
Il fit pour nos defauts la poche de derriere,
Et celle de devant pour les defauts d'autrui.

                                D'UN

EN BELLE HUMEUR.

D'UN LOUP, D'UN AGNEAU, ET D'UN BOUC.

UN Loup dit à un Agneau qu'il trouva avec un Bouc, je m'étonne que tu n'aies point de honte d'être avec un animal si vilain, tu ferois beaucoup mieux, & avec plus d'honeur auprez de ta mere, croismoi, quites le presentement, & vas au plutot la joindre. L'Agneau, qui comprit que le Loup ne la vouloit separer du Bouc, que pour la devorer plus facilement, lui répondit, qu'il ne suivroit pas son conseil, & que son honeur étoit à couvert des reproches qu'il lui faisoit, puisque c'étoit la volonté de sa mere, qu'il fut avec le Bouc.

Ceux qui veulent nous perdre, tachent toujours de nous séparer des gens d'honeur & de probité, dont les conseils sont de puissans obstacles, à leurs pernicieux desseins.

La France n'a rien omis, & elle continue à ne rien omettre, pour détacher les Aliez, afin de les traiter l'un aprez l'autre, comme elle a traité le Palatinat.

G   Le

ESOPE

LE CHAT, ET LE GRILLON.

Que l'homme se sert mal de son raisonnement!
    Qu'injuste fut la loi suprême
Qui soumit l'animal impitoiablement
A tel qui ne sait pas se gouverner lui-même,
Et que tout animal instruit facilement.
    Ainsi s'exhaloit en murmure,
    Certain Grillon sedicieux,
Qui bientot eut changé l'ordre de la Nature,
Si Grillons decidoient dans le Conseil des Dieux.
C'est bien à toi, mon cher, à faire le Critique,
    Interrompit un vieux Matou,
Qu'un peu de cendre chaude attiroit prez du trou
    De nôtre Grillon Satirique.
Encore si c'étoit quelque Chat comme moi,
    Qui blamat la supreme Loi,
Je lui pardonnerois de se donner carriere.
Matou courant de nuit, de Goutiere, en Goutiere,
Peut se formaliser d'avoir l'homme pour Roi.
Il lui voit en secret, commettre tant de crimes,
    Suivre tant de folles maximes.
Ici fait le lutin, le frenetique Epoux,
    Croiant que grilles & verroux
    Rendent une Epouse fidele,
Pendant que le Galant qui lui tient en cervelle,
    Doit aux seuls soupçons du jaloux,
    Toutes les faveurs de la Belle.
Là, garde le Mulet quelque credule Amant,
    Contant pour un Siecle un moment,
Pensant que sa Filis le conte à sa maniere,
Et l'égale en desirs comme en fidelité.
Que s'il pouvoit en Chat passer par la Chattiere,

EN BELLE HUMEUR.

Seroit bientôt guéri de sa credulité.
    Es-tu témoin des serenades,
    Et des nocturnes promenades,
Où s'occupent souvent les plus sages mondains?
Passes-tu quelquesfois sur les toits les plus saints,
D'où lorgnant par un trou, le rusé solitaire,
J'ai vu l'hipocrisie, à tel degré monter,
Que moi Matou, je n'ose raconter,
Ce que tel qu'on croit Saint, n'a pas honte de faire.
Chacun fait ce qu'il fait, reprit d'un ton chagrin,
Le Grillon mal content de son petit destin:
Si tu vois le Bigot démentir sa grimace,
Je voi peut-être plus, sans partir de ma place.
    J'entens souvent le Magistrat
    De son Foier prendre des Villes,
Le Cavalier parler, de matieres civiles,
  Et le Bourgeois, trancher du Potentat.
Tel qui ne peut trouver, de parti pour sa fille,
De tout le genre humain, fait le Chef de famille,
Et croit être nommé de Dieu pour le pourvoir;
Il donne celuici de puissance absolue,
A telle que peutétre, il n'aura jamais vue,
    Et qu'il ne devra jamais voir.
    Que dirai-je de la licence
    Que se donne leur médisance?
Est-il rien de sacré pour ces Profanes-là?
Un de ces soirs j'entendois dire . . . . . .
    A cet endroit de la Satire,
    Le Patron de café appella;
Sa voix pour nos censeurs, fut pis qu'un coup de
    foudre.
Matou ne fit qu'un saut, jusques au trou du Chat,
Et Grillon se croiant déjà reduit en poudre,
Rentra plus mort que vif dans son sombre grabat.

D'UN LOUP, ET D'UN HERISSON.

UN Loup rencontrant un Herisson, qui se mit d'abord sur la défensive; s'écria qu'il n'étoit pas honete d'être ainsi armé avec ses amis, ni de leur témoigner tant de défiance. Le Herisson rusé, & qui comprit le mauvais dessein du Loup, lui répondit, en se tenant encore plus sur ses gardes; qu'il étoit armé naturelement, & qu'il ne se herissoit que pour se garantir des insultes de ses enemis, & qu'ainsi il ne devoit point prendre celà pour lui, puisqu'il se declaroit de ses amis.

Il faut toujours se défier des méchans, & se tenir sur ses gardes avec eux.

Tandis que la France deliberoit si elle comenceroit à rompre la Treve de 20 ans par Mastric ou par Filisbourg, le Comte d'Avaux demandoit à la Holande pourquoi elle armoit si puissamment dans une conjoncture où elle n'avoit rien à craindre?

L'Hi-

L'HIRONDELLE, ET L'OISEAU DE PARADIS.

L'Hirondelle, craignant, le froid de nos cartiers,
S'en alloit faire un tour, jusqu'auprez de Cartage,
L'Oiseau de Paradis, se trouve à son passage,
Voiageurs, comme on sait, cousinent volontiers.
Les voilà donc jazant, d'un climat, & d'un autre,
L'Hirondelle vantoit, les raretez du notre,
    Et l'Oiseau, les beautez du sien:
    Elle prit gout à l'entretien.
Elle se connoissoit, pour n'étre qu'Hirondelle,
Et savoit que l'Oiseau, n'est pas Oiseau pour elle;
Mais contre ce qui plait, on ne prend loi de rien.
L'Oiseau de Paradis est charmant au possible,
Et notre voiageuse, a le cœur susceptible.
Elle niche souvent, en tel Palais de Cour,
Où l'on n'habite point, sans connoitre l'amour;
Elle admire, tantot, le bec, & le ramage,
    D'autrefois le rare plumage,
    De l'hote à ses yeux si charmant;
Et sans considerer, dans son emportement,
Que le celeste Oiseau, n'habite que la nue
    Et qu'il vit, de l'air seulement,
    La voilà d'abord resolue,
    A ne le perdre plus de vue.
    Cependant la faim la pressoit,
    Dame Nature patissoit,
    Et l'on sait que cette Commere,
    Ne se repait point de chimere.
Tant d'amour qu'on voudra, tant de charmans appas,
    Il faut toujours manger, & boire,
Et c'est un incident, necessaire à l'histoire,
    Que de prendre un leger repas.

Que faire donc dans cette conjoncture?
Faut-il se revolter, contre Dame Nature,
Ou faut-il se rendre à ses coups?
Jeunes Amans, ma Fable parle à vous.
Quelle que soit l'ardeur qui vous transporte
Sur un peu de prudence, appuiez votre amour,
Les plaisirs les plus grands, sont sujets au retour,
Et la necessité demeure la plus forte.

D'UN LOUP, ET D'UN RENARD.

UN Renard voulut avoir les provisions d'un Loup, qui se tenoit dans sa taniere. Pour en venir à bout, il lui rendit une visite sur le pretexte de savoir de ses nouvelles. Le Loup qui le comprit, feignit une indisposicion fâcheuse, qui l'empechoit de sortir, & de pouvoir aler demander aux Dieux le retour de sa santé, Cette réponse ne fut pas du gout du Renard, qui pour se vanger, & pour avoir ce qu'il souhaitoit, le fut déceler à un Berger, qui le surprit & le tua; il se vid par la mort du loup au comble de ses souhaits, & possesseur de son bien, dont il ne jouit pas lontems;

tems, car le chien du Berger survint qui le prit, & qui l'étrangla.

Les biens mal aquis, ne sont pas de longue durée.

Les François usurperent la Sicile sous Charle d'Anjou, ils i chanterent les Vepres, & sous la Feuillade, ils faillerent à chanter les Complies.

Le Loup et le Chien.

UN Loup n'avoit que les os & la peau;
Tant les chiens faisoient bonne garde.
Ce loup rencontre un dogue aussi puissant que beau,
Gras, poli, qui s'étoit fourvoié par mégarde.
    L'attaquer, le mettre en cartiers,
    Sire loup l'eut fait volontiers:
    Mais il faloit livrer bataille;
    Et le mâtin étoit de taille
    A se defendre hardiment.
    Le loup donc l'aborde humblement,
Entre en propos, & lui fait compliment
    Sur son enbonpoint qu'il admire.
    Il ne tiendra qu'à vous, beau Sire,
D'être aussi gras que moi, lui repartit le Chien:
    Quittez les bois, vous ferez bien:
    Vos pareils i sont miserables,
    Cancres, haires, & pauvres diables;
Dont la condicion est de mourir de faim.
Car quoi? Rien d'assuré, point de franche lipée;
    Tout à la pointe de l'épée:
Suivez-moi; vous aurez un bien meilleur destin.
Le Loup reprit: Que me faudra-t-il faire?
Presque rien, dit le Chien; donner la chasse aux gens
    Portans bâtons, & mendians;

Flater ceux du logis ; à son maitre complaire;
   Moiennant quoi vôtre salaire
Sera force reliefs de toutes les façons;
   Os de poulets, os de pigeons,
   Sans parler de mainte caresse.
Le Loup déja se forge une félicité
   Qui le fait pleurer de tendresse.
Chemin faisant il vid le cou du Chien pelé:
Qu'est-ce là ? lui dit-il. Rien. Quoi rien ?
   Peu de chose.
Mais encor ? le collier dont je suis attaché,
De ce que vous voiez est peutétre la cause.
Attaché ? dit le Loup: Vous ne courez donc pas
Où vous voulez ? Pas toujours, mais qu'importe ?
Il importe si bien, que de tous vos repas
   Je ne veux en aucune sorte;
Et ne voudrois pas meme à ce prix un tresor.
Celà dit, maitre Loup s'enfuit, & court encor.

D'UN LOUP, ET D'UNE TRUIE.

UNe Truie voulant cochoner, il survint un Loup qui s'ofrit de la soulager dans son travail, &

d'avoir un soin particulier de sa portée. La Truie toute émue de la presence de son enemi & encore plus de ses ofres, lui témoigna qu'elle n'avoit pas besoin de son secours, & que le plus grand service qu'il pouroit lui faire, étoit de se retirer d'auprez d'elle, le plus loin & le plus promptement qu'il pouroit.

Les méchans ne peuvent obliger plus sensiblement les honetes gens, qu'en s'éloignant d'eux.

La France a presenté son secours à Cologne, & à Liege, & l'une, & l'autre l'a remercié bien humblement.

L'Agneau, et ses Freres.

Autrefois naquit un Agneau,
 Plus digne d'étre un Louveteau,
Que d'avoir Moutonne origine.
 Il crioit sans cesse famine,
 A tous les Agneaux du troupeau.
Sa Mere, disoit-il, étoit presque tarie,
 Il remplissoit d'un plaintif beêlement,
 Paturages, & Bergerie,
 Et voiez la friponnerie!
Sa Mere avoit du lait, plus que suffisamment;
Mais outre qu'il étoit d'un naturel gourmand,
Il s'étoit apperçu que Bergers & Bergeres,
De Bétail bien nourri font toujours plus de cas,
 Que de Bétail qui ne profite pas.
Le voilà donc gueusant du lait, à tous ses freres.
 Hé! leur disoit-il, par pitié
 Souffrez que je tette vos Meres,
Elles ont trop de lait pour vous de la moitié:
Et moi pauvre Agnelet, natif de même Etable,

Qui nuit & jour, tire la mienne en vain,
    Je serois déja mort de faim,
Si je n'avois trouvé quelqu'Agneau secourable.
    Jamais la feinte, avant ce jour,
Chez les simples Agneaux, ne fut mise en pratique,
Ceux-ci croiant aux dits, du rusé famelique,
Lui cedoient bonnement, leur place tour à tour.
Il profite à gogo de cette complaisance,
    Il croit, il devient grasselet,
Au lieu que les Agneaux, qu'il tenoit au filet,
    Jeunant de son trop d'abondance,
    Auprez de lui ne sembloient qu'avortons.
    Arrive un Marchand de Moutons.
    On lui fait voir la Peuplade nouvelle,
    A peine il jette l'œil sur elle,
Qu'il croit que les Sorciers, ont maudit le Troupeau;
Où mene-t-on, dit-il, ces pauvres Brebis paitre ?
    Leurs petits n'ont que les os & la peau.
Gardez-les pour peupler, Monsieur, dit-il au Maitre,
    Car de les vendre en cet état,
Vous n'en tirerez pas seulement une obole.
    En prononçant cette parole
    Il mit la main sur notre Selerat.
    Ho, ho, dit-il, je taste un drôle,
    Qui s'est sauvé du Magique attentat,
Il l'achete, on lui livre, il fait le meilleur Plat,
    De la prochaine Hotellerie,
Pendant que les Agneaux, qu'il a mis aux abois,
    Bondissent sur l'herbe fleurie,
    Ou ruminent en paix à l'ombrage des bois.
    Je n'expliquerai point ma Fable.
    Tout convoiteux du bien d'autrui,
    Tout Parasite insaciable,
Bref tout humain, du siecle d'aujourd'hui,

EN BELLE HUMEUR.

Qui d'être mon Agneau, se sentira capable,
Saura bien que je parle à lui.

D'UN TAUREAU, ET D'UN RAT.

UN Taureau aiant été mordu d'un Rat, qui se retira aussitôt dans un trou, mugissoit épouventablement, & cherchoit avec fureur les moiens de le tuer. Ce petit animal qui se vid en sureté, lui reprocha hardiment qu'il pouvoit bien voir que ses cornes, qui lui donnoient l'insolence d'ataquer tous les jours les autres animaux, ne lui servoient de guere contre lui, qui étoit infiniment leur inferieur en force, & en courage, & qui avoit pû & ozé le blesser, sans craindre ni sa colere ni ses cornes.

Nôtre puissance ne nous doit pas porter legerement à ofenser ceux qui sont au dessous de nous; car il se trouve tous les jours des ocasions où ils peuvent se vanger.

Liege aiant été maltraité de la France, la morgue à son tour.

ESOPE
LA JEUNE VEUVE AMOUREUSE,
OU LA PAIX DE LA MAISON.

CE n'est point chose nouvelle,
De voir que nous allions tous
Sous la tombe, pêle mêle,
Geans, Nains, riches, gueux, jeunes, vieux, sages, foux.
La Mort, tête sans cervelle,
Les yeux fermez tire sur nous
Par le plus rude de ses coups.
Une femme encor jeune & belle
Avoit perdu son cher Epoux,
Encor plus jeune, & plus beau qu'Elle.
Et jamais on ne vit la camarde cruelle
Rompre des nœuds si fors, ni si beaux, ni si doux
Ils s'aimoient d'une amour extrême,
Et de se caresser ils n'étoient jamais sous,
Miracle ! Pour fort que l'on s'aime.
Enfin cet Epoux fortuné,
Et cette Epouse fortunée
Avoient toujours chanté, rit, sauté, badiné,
Et sans que l'un jamais ait l'autre chagriné
Un moment, durant mainte année.
C'étoit le vrai miroir de deux Amans parfais.
On ne peut l'être davantage.
La Mort, cette Gâte-menage,
Ne put être lontems sans troubler cette paix :
Toujours de l'union la Quinteuse jalouse
Frape un matin l'Epoux dans les bras de l'Epouse
Du plus aceré de ses trais,
Et les separe pour jamais.
Je vous laisse à penser la douloureuse peine.
Elle lui ravit, l'inhumaine,
Tout ce que cette vie a pour elle d'attrais.

C'est ainsi que deux Tourterelles
Sur le Mirte amoureux se baisant tour à tour,
Goutent les douceurs, que l'Amour
Prodigue à ses Amans fideles,
Quand l'avide & sanglant Autour,
Venant fondre en traitre sur elles,
N'en laisse échaper qu'une à ses serres mortelles,
Dont il déchire l'autre, & la prive du jour.
Aprez quelque tems de constance
Dans une amere doleance,
La Veuve dans son cœur sentit se ralumer
Les desirs Innocens, qui l'avoient fait aimer.
Mais songeant à l'amour parfaite,
Dont le pauvre defunt l'aimoit,
Elle devoit, à ce qu'elle estimoit,
Faire du monde une honête retraite.
Mais elle étoit encor belle, jeune, & bienfaite,
Et l'Himen encor la charmoit.
Le delectable ainsi l'emporta sur l'honête,
Ou plutot elle sut, par son Esprit acort,
Mettre le delectable & l'honête d'acort.
Voici la ruse qu'elle invente ;
Son cher Epoux à son deceds
Avoit laissé quatre procez,
Quelques heritages en vente,
D'autres à passer par decrets,
Arrerages de mainte rente,
De fiefs alienez, trois ou quatre retrais,
De promesses, & de billets,
Quantité ; bref, que je ne mente,
De quoi donner câroffe à cinq ou six Rolets.*
Elle commence donc à dire à ses Comeres,
Que veuve plus lontems elle ne peut rester ;

* Rolet, c'est un Procureur du Parlement de Paris.

Que n'entendant point ses affaires,
Il lui faut un Epoux, à les solliciter.
Une prude repond ; ô la belle defaite !
    A quoi sert un Solliciteur ?
Lui ? dit une Plaideuse, on sait comme il nous traite.
Lui ? souvent du bon droit le secret corupteur ?
Lui ? qui de sa partie est souvent la secrette ?
   Fou, qui se fie à ce Judas maudit.
    Le Proverbe a raison qui dit,
   Qu'il n'est que d'être à son bled moudre.
Elle fut applaudie. Et voulant en decoudre,
Notre Veuve à sa Tante alla conter comment
Ses affaires alloient tellement quellement ;
    Qu'elle n'i pouvoit plus suffire ;
   Que franchement elle venoit lui dire,
   De lui trouver un Epoux au plutot ;
    Que c'étoit un faire le faut ;
Mais qu'elle ne crut point que l'amoureux martire
   La travaillat d'une nouvelle ardeur ;
Qu'elle avoit pour ce fait, les hommes en horreur.
    La Tante se prit à sourire,
    Et lisant au fond de son cœur
   Le lui promit. La Niece se retire.
    Environ quatre jours aprez,
    La Tante lui rend sa visite,
Et lui dit, que le Ciel pour elle a fait exprez
L'homme, qu'elle a trouvé. Qu'il court ; qu'il sollicite ;
Qu'il tourne comme il veut Clercs , Procureurs,
    Greffiers,
Presidens, Conseillers, Avocats, & Huissiers ;
Que menant au Bareau P. Fournier par la Nuque,
Il gaigne Principal, Interêts, & dépens,
Et qu'il le fait plaider enfin, malgré ses dens.
Qu'il est comme il lui faut du reste, étant Eunuque.

EN BELLE HUMEUR.

Eunuque? dit la Niece, hé fi! Pourquoi celà?
Dit la gaillarde Tante, en quoi vous fais-je injure?
Vous n'aimez point les hommes, & ceux-là
　　N'en ont du tout que la figure.
　　Ma Tante vous avez raison
　　De ce côté là, répond-elle,
　Mais quand nous serons en querelle,
Qui fera, dites-moi, la paix de la maison?

D'un Loup, et d'une Brebi.

UN vieux Loup se couvrit d'une peau de Brebi, & il se mêla adroitement dans un troupeau de moutons, sans que le Berger s'en aperçut, ni d'où lui venoit la perte qu'il faisoit tous les jours ; Ne sachant à qui s'en prendre, il se mit en embuscade derriere un grand arbre, d'où il lui fut facile de voir ce vieux coquin de Loup qui devoroit encore un de ses moutons. Aussitot il appella les autres Bergers à son secours, Ces Bergers prirent le Loup, & il le pendirent à un arbre avec sa casaque de fausses couleurs.

Il ne faut pas s'arreter à l'exterieur des hommes, mais seulement à leur conduite, & à leurs actions.

Un Violon devenu Hermite prez de Valencienne contrefait Baudouin Comte de Flandre, & il est pendu à Lille.

LE LIEVRE, LE CHEVAL, LE CERF,

L'ANE, LA TAUPE, OU LES ENVIEUX.

LE Lievre, le Cheval, le Cerf, l'Ane & la Taupe,
Causant ensemble un jour, à ce que dit Esope,
Ou quelqu'autre conteur de Fable, il ne m'en chaut,
Faisoient un humble aveu chacun de son defaut,
Il n'est si bon Cheval, comme on dit, qui ne chope;
Dit le Cheval au Cerf, tes jambes, qu'il me faut,
 Feroient monter mon prix bien haut.
 Moi, si j'avois ta longue queue,
Dit le Cerf écourté, je serois sans égal,
 Et me ferois voir d'une lieue.
Ton bois, dit le Baudet, ne me sieroit pas mal,
 Pour mettre à l'ombre mes oreilles.
On me mettroit, sans doute au rang des sept merveilles.
Toi! si j'avois tes yeux, seroit-il animal
Plus parfait, dit le Lievre à la courte visiere,
Je n'aurois point les chiens de si prez au derriere;
 De cent pas les apercevant,
 Que je leur jetterois aux yeux de la poussiere!
 Et comme je fendrois le vent!
L'Aveugle Taupe dit; je serois sans seconde,
 Si j'avois tes yeux, tels qu'ils sont.
 Et c'est ainsi que va le monde.
 Jamais contens des biens qu'ils ont,
Les uns portent toujours envie aux biens des autres.
Toujours les maux d'autrui sont moindres que les nôtres.

D'un

EN BELLE HUMEUR.

D'un Beuf, et d'une Vache.

UN Païsan avoit un Beuf, qu'il faisoit labourer incessamment, & une Vache qu'il engraissoit avec plaisir. Cette insolente insultoit le pauvre Beuf sur sa maigreur, & sur son travail. Mais quelque tems aprez, cette miserable étant devenue grasse, le Païsan la mena à la boucherie, & il donna lieu au Beuf de lui reprocher, que sa graisse, & son embonpoint, qui la rendoient autrefois si fiere, ne lui servoient alors qu'à lui procurer la mort.

Ceux qui dans leurs prosperitez insultent les autres, ne trouvent guere de gens qui les consolent dans leurs aversitez.

Si Fargue n'avoit pas eté si riche, il n'auroit pas eté pendu à Abbeville.

La Priere indiscrette, ou le jeune Laboureur.

Souvent un Laboureur s'étoit plaint à Cerés,
Que moissonnant ses bleds dans ses vastes gueréts,

La barbe des épics piquoit ses mains douillettes;
Et Cerés, qui pour nous a des bontez parfaites,
De ce fol importun lontems se défendit;
  Mais enfin elle se rendit
  A ses prieres indiscrettes:
  Va, mon ami, dorenavant,
Lui ditelle, ils seront comme tu les souhaites.
Sans barbe les épics vinrent l'Eté suivant,
Abandonnez, sans défense, au pillage
De ces Bandis de l'air, qui n'ont ni feu ni lieu,
D'un peuple vagabond, que le seul brigandage
  Fait vivre comme il plait à Dieu.
Le Laboureur ravi, que ses moissons dorées
  Soient pour ses tendres mains
  Ainsi qu'il les a desirées,
Prepare ses greniers, pour i serrer ses grains;
Aiguise sa faucille, & rince sa bouteille;
Racoutre sa besace; & quand son coq l'éveille,
  C'estàdire de bon matin,
  Déniche son valet Lubin,
Le prend, & de son champ va faire la tournée.
Lubin moralisant tout le long du chemin
  Disoit, vraiment, Maitre Dandin,
  Vôtre maison est fortunée,
Et Cerés prend le soin d'en bannir tout chagrin.
Mais les Dieux, comme nous, ont leur coup de
  Merlin;
Et souvent nous voions en moins d'une journée,
Leur plus grand favori traitté comme un faquin.
De vous jusqu'aujourd'hui Cerés embeguinée
Vous nomme son Pitaut; tenez, la main tournée,
  Vous ne serez qu'un chien demain.
Je ne m'i firois pas, & pour le plus certain,
Je voudrois qu'avec vous, elle fut abonnée.
        Tai

Taitoi, répond le Maitre, en lui ferrant la main,
 Tant qu'on verra le genre humain
Offrir d'un cœur fincere aux Dieux des Sacrifices,
Leurs bontez à nos vœux feront toujours propices.
C'eſt un coup feur par là ; dit Lubin, & vous fin.
 Entre nous les Dieux & les hommes
Ne donnent rien pour rien dans le fiecle où nous
  fommes ;
Chacun veut fa chandele, & pour tout dire enfin,
A force de victime on fait venir du pain.
Ainfi Dandin croiant fa fortune aſſurée,
Et content de Cerés, aproche de fes bleds :
 Mais fon ame eſt outrée,
 Et fes fens font troublez,
Voiant par efcadrons les Oifeaux aſſemblez
 Prefque de toute la contrée,
Faire de fes bleds meurs une ample picorée ;
Mais fur tous, les Moineaux, troupe defeſperée,
Et pires que Dragons, tant ils font endiablez,
 Semblent avoir fa ruine jurée.
C'eſt en vain que Lubin & ce blond Laboureur,
Par des épouventails veulent leur faire peur ;
Qu'ils veulent les chaſſer par cent gaules ruées,
 Et par cent tonantes huées.
Lubin eſtil ici ? Dandin à l'autre bout ?
Ces Picoreurs ailez, intrepides à tout,
 Fondent au milieu de plus belle.
I vient-on les fronder ? foudain à tire d'aile,
En deux gros bataillons tout le corps partagé,
Aux deux extremitez fe trouve mieux logé.
 Le Valet en creve de rire ;
 Le Maitre en pleure comme un veau,
Et veut battre Lubin : mais Lubin fe retire,
 Et lui dit, otant fon chapeau ;

Doucement, nôtre Maitre: ô çà vous savez lire?
    Moi je ne sai ni A, ni Bé,
Mais avant vous servir, je servois un Abbé,
    A qui j'entendois souvent dire,
Qu'on fuit un petit mal, pour tomber dans un pire,
    Et justement vous i voilà tombé.
Nous sommes, poursuitil, Enfans de Zebedée,
Nous ne savons souvent ce que nous demandons:
Vous aurez, comme moi, la main dure & ridée,
Si par elle en vos chams la charrue est guidée;
Si vous en arrachez & ronces & chardons,
Au lieu de l'amolir en lardant vos dindons:
Alors cueillant vos bleds sans crainte de piqure,
    Vous n'en craindrez que la double moiture,
Quand au moulin .... Helas! Lubin, il est bien tems
De faire, dit Dandin, si longue parabole;
    Qui reçoit le fouet à l'Ecole,
    En revient sage à ses dépens.
Belle & sage Uranie, en vain dans un Prologue,
    Qui me tint lieu d'un compliment,
    Je dirois, que cet Apologue
    Ne vous regarde nullement.
    Tout Paris sait en quelle vogue
Vous étes à la Cour, où l'on dit hautement,
Que vous ne dites point à la façon des autres,
    Le FIAT de vos Patenôtres.
    Vous le dites sans interet;
Ainsi le Ciel toujours agit comme il vous plait.
    De vôtre raison toute pure
Nul accident jamais n'altere la droiture.
Cette Fille du Ciel, cette Mere des FORTS,
Dont vous portez le nom, est sans doute la vôtre,
Et de vous seule un jour on verra des efforts.

EN BELLE HUMEUR.

Par qui le foible Sexe effacera le nôtre.
　　Mais loin d'en faire vanité,
D'une ILLUSTRE PRINCESSE avouez la bonté,
Qui se fait un plaisir de vous former sur elle.
Le Sang dont vous sortez est le Sang des Heros;
　　Mais enfin sans ce grand modele,
Ce Sang dans vôtre sexe auroit quelques defauts.

D'UNE BREBI, ET D'UN LOUP.

UN Loup revetu d'une peau de mouton; demanda à une Brebi qu'il trouva dans une bergerie, si elle vouloit venir aux chams avec lui. J'irois volontiers, lui répondit-elle, si tu pouvois te transformer en Loup, pour me défendre de mes enemis. Le Loup se dépouilla aussitot, & il lui dit; Je suis donc celui que tu demandes. Je m'en doutois bien, dit la Brebi, en appellant les chiens du troupeau, il est bien juste que je recouoisse les bons offices que tu voulois me rendre. Ce qui obligea le Loup à se retirer au plus vite.

　Il faut bien prendre garde avec qui on s'associe,

car bien souvent on est trompé par les fausses aparences d'une amitié dissimulée.

 Vincent de Paul Fondateur des Missionaires, se detacha de Saint-Ciran, dez qu'il lui entendit dire que le Concile de Trente n'étoit qu'une assemblée de Moines.

Le Rat de Ville, et le Rat des Champs.

Autrefois le Rat de ville
Invita le Rat des chams,
D'une façon fort civile,
A des reliefs d'Ortolans.
Sur un tapis de Turquie
Le couvert se trouva mis.
Je laisse à penser la vie
Que firent ces deux amis.
Le regal fut fort honnete:
Rien ne maquoit au festin;
Mais quelqu'un troubla la fête
Pendant qu'ils étoient en train.
A la porte de la sale
Ils entendirent du bruit.
Le Rat de la ville détale,
Son camarade le suit,
Le bruit cesse, on se retire:
Rats en campagne aussitôt:
Et le Citadin de dire,
Achevons tout notre rot.
C'est assez, dit le Rustique;
Demain vous viendrez chez moi:
Ce n'est pas que je me pique
De tous vos festins de Roi.

Mais

EN BELLE HUMEUR. 167

Mais rien ne vient m'interrompre,
Je mange tout à loisir.
Adieu donc: si du plaisir
Que la crainte peut corrompre.

D'UN BELIER, ET D'UN TAUREAU.

UN Belier bien armé de cornes, s'imagina sotement, qu'il devoit exiger des autres animaux, un respect pareil à celui, qu'il se faisoit rendre par les Brebis de son troupeau. Par malheur pour lui, il vid passer un Taureau qui ne lui rendit pas le salut. Cette incivilité pretendue le porta à un si grand excez de colere, qu'il le fut ataquer sur le champ. Mais il paia d'une mort violente, la presompcion ridicule, & temeraire qu'il avoit eue d'ofenser si injustement, & si mal à propos un enemi plus fort, & plus courageux que lui.

L'orgueil nous ôte la connoissance de nousmêmes, & il nous porte souvent à faire des actions qui nous perdent.

Les Alliez font l'office du Taureau, & la France fait la figure du Belier insolent.

L'HOM-

L'Homme, et son Image.

UN homme qui s'aimoit sans avoir de rivaux,
Passoit dans son esprit pour le plus beau du monde
Il accusoit toujours les miroirs d'étre faux;
Vivant plus que content dans son erreur profonde,
Afin de le guerir, le sort officieux
Presentoit par tout à ses yeux
Les Conseillers muets dont se servent nos Dames;
Miroirs dans les logis, miroirs chez les Marchands,
Miroirs aux poches des galans,
Miroirs aux ceintures des femmes.
Que fait nôtre Narcisse? il se va confiner
Aux lieux les plus cachez qu'il peut s'imaginer,
N'osant plus des miroirs éprouver l'avanture:
Mais un canal formé par une source pure
Se trouve en ces lieux écartez.
Il s'i voit: il se fache: & ses yeux irritez
Pensent apercevoir une chimere vaine.
Il fait tout ce qu'il peut pour éviter cette eau.
Mais quoi, le canal est si beau
Qu'il ne le quitte qu'avec peine.
On voit bien où je veux venir.
Je parle à tous; & cette erreur extrême
Est un mal que chacun se plait d'entretenir.
Nôtre ame c'est cét homme amoureux de luimême.
Tant de miroirs ce sont les sottises d'autrui;
Miroirs de nos defaux les Peintres legitimes.
Et quant au Canal, c'est celui
Que chacun sait, le Livre des Maximes.

D'un

EN BELLE HUMEUR. 169

D'UN CERF QUI SE PRENOIT DE VIN.

UN grand Seigneur avoit un Cerf, qui s'étoit insensiblement acoutumé à boire du vin, avec tant d'excez qu'il lui faisoit faire mille extravagances. Un jour qu'il en avoit pris plus qu'à l'ordinaire, il heurta si rudement contre un arbre, qu'il se cassa une cuisse. La vapeur du vin passée, se voiant dans le pitoiable état où son ivrognerie l'avoit mis, il fit un veu à Jupiter de n'en boire jamais, s'il en pouvoit guerir.

Rien de plus resolu qu'un homme qui aime passionément la boisson ; rien de plus abatu que lui quand il sent la goute ou les autres effets de l'intemperance : Il promet beaucoup alors, mais quand il guerit, il s'oublie des maux passez. Le diable étant malade, promit de se faire Hermite, quand il fut gueri, il demeura diable comme auparavant.

Un Batelier devant Ostende accueilli d'une tempete, promit un cierge pareil au mast de son Navire. Son garçon l'en blâma ; mais il lui dit tout bas qu'il ne s'en alarmat pas & qu'etant au port, tout iroit bien.

LE BAILLI,

OU LE PROCEZ DE LUBIN ET DU MEUNIER.

MEssire Jean Tibaut, Bailli de son village,
  Avoit un procez à juger,
Entre Pierrot Lubin, son paisible Berger,
Et le Meunier du lieu, tres-quinteux personage.
  Voici sur quoi l'on contestoit;
Sur la croupe d'un mont une Chevre broutoit.
Le Troupeau de Lubin, dont cette Chevre etoit,
Alloit paissant, au haut de la montagne,
Le long d'un clair Ruisseau, qui d'un Rocher sortoit,
Et coulant au doux bruit, qui toujours l'accompagne,
  A longs replis serpentoit,
  Dans une verte campagne.
Sur ses bors émaillez, Pierrot Lubin chantoit
Les tendresses d'Iris, sa fidele Compagne,
  Et de la Chevre s'écartoit.
Sa Musette charmoit. Le Ruisseau l'écoutoit,
  Et retenant sa course, de soi-même,
Sembloit à l'écouter prendre un plaisir extrême,
Accordant son murmure aux tons de l'instrument,
Et comme son Troupeau, le suivant lentement.
Un Loup battoit l'estrade en ces lieux sur la brune,
  Et cherchant sa bonne fortune,
  Il promenoit de toutes pars;
Certains faux jour sortant de ses brillans regars,
Et tel, qu'au crepuscule on void faire à la Lune,
Qui ne luit qu'au travers des nuages épars.
Sur sa route, à cent pas à la ronde éclairée,
Le Loup galope, court, trotte, monte, & décent,
S'arrête sur le cu, porte le nez au vent,

Prête

EN BELLE HUMEUR.

  Prête l'oreille, flaire, & fent
  La bête cornue égarée.
Il la voit ; & déjà fon avide appetit,
Auffi pront que fes yeux, la hape, & l'engloutit.
  Mais le Ciel, qui fur tout prefide,
   Et des foibles fe fait l'appui,
  Fait que fouvent Loup mache à vide,
   Et c'eft ce qu'il fait aujourd'hui,
   Rendant notre Chevre intrepide,
   Et plus Loup encore que lui.
Et c'eft ainfi qu'entre eux le combat fe decide ;
Comme elle fe void prife, & ne peut reculer,
Par une belle mort il nous faut fignaler,
Se dit-elle, aiguifant fes cornes contre terre,
  Et que fait-on fi le fort de la guerre,
Autant que fort du monde, un fort capricieux,
  Ne rendra point mon effort glorieux ?
N'eft-il point de Rocher, qui refifte au Tonnerre ?
  Et toujours le plus fort eft-il victorieux ?
Pour couper court, le Loup fond, la gueule béante,
  La Chevre ne s'en épouvante,
Mais d'un pié ferme, & fiché dans le mont,
L'attend. Baiffe la tête, & prefente le front.
  Le Loup la reçoit dans fa gueule,
Et croit broier fa tête en un feul tour de meule.
Mais le coup de Jarnac, un memorable coup,
L'eft moins que celui-ci, qui déconfit le Loup.
  Il s'attendoit à la parade,
Mais, comme je l'ai dit, la Chevre fans branler
  Bravement fe laiffe engouler,
  Et l'enferant d'une facade,
De part en part lui perce le Lampas.
Le Loup contre la Chevre tire,
Et veut fe décrocher, mais il ne le peut pas,

Les Cornes sur le bout sont croches ; c'est tout dire
Qu'il lui cede, la fuit, & faisant un faux pas,
L'Entraine, & cu sur tête ils roulent jusqu'en bas.
Le Grison du Meunier au pié de la montagne
Se ragoutoit en paix sur un tas de Chardons,
      Justement sous nos Champions,
Qui tombent sur son dos aprez cinq ou six boüds,
Chacun de son côté lui donne des Talons.
L'Ane, de tels Piqueurs haté, galope, & gaigne
      A toutes jambes le Moulin.
      Figurez-vous voir le frere Didace
Le soir à son Couvent reporter sa Besace ;
Ainsi tout essouflé revient frere Martin.
Le Meunier les reçoit tous trois, avec grand joie,
Disant, honneur ! Messieurs ! Grace à qui vous
      envoie !
      Sur ses pas arrive Lubin,
   Qui toujours courant au Loup crie.
Lubin venant chercher sa Chevre si cherie,
      Lubin l'aimoit uniquement,
      Elle faisoit mainte plaisanterie,
   Dont il faisoit son divertissement,
Sur la pente du Mont accourt. Et justement
   Nos Animaux faisoient en ce moment
      Les sautereaux de Verberie.
   Lubin reclame & Chevre & Loup,
Disant que c'est sa Chevre, & qu'elle a fait le coup.
   Le Meunier allegue au contraire
   L'usage, & la regle ordinaire,
Que Loup jamais de Chevre ne fut pris ;
Que l'Ane a pris enfin & le Loup & la Chevre,
Ergo que l'un & l'autre à l'Ane etoit aquis.
L'Ane, fier d'un tel coup, leve au Soleil la levre ;
Entonne son triomfe, & l'Echo l'aplaudit.

                          Ven-

EN BELLE HUMEUR.

Ventrequié ; dit Lubin, il ne fera pas dit,
   Que ma Chevre auſſi te demeure.
Pour les Cornes, Lubin ! n'en te les baillera.
Oui ? dit Lubin, morguié ! J'allons voir toute à
     l'heure.
De Monſieur le Bailli la gueule en petera.
J'en appelle dit l'autre, & le prens à partie,
   Et d'abondant lui ſignifie,
   Que s'il paſſe outre, dez demain
   Dans un morceau de parchemin,
Portant ſon VIDIMUS, devant Monſieur le Juge,
Il verra ſon bec jaune, & dans notre grabüge
On ſaura que Tibaut, & ta femme . . . Lubin ?
Un Juge de Paris eſt une fine bête.
   Il ne fait que tâter ſa tête,
   Et fait comme eſt fait un Janin.
Comme toi, dit Lubin, qui n'és qu'un Jean farine.
T'en as manti, mordienne, & n'en connoit l'arine.
Là-deſſus le Meunier lui porte un coup de poin
Sur l'œil, & le Berger le lui rend ſur le groin.
   Le voiſin vient, & les ſepare.
Lubin court au Bailli, lui conte la bagare,
   Et l'inſolence du Meunier.
Le Bailli ſur le champ fait venir ſon Greffier.
   Plainte, Information, Sentence,
Par laquelle il eſt dit, qu'en toute diligence
Sera Chevre, Ane, & Loup porté dans ſa maiſon,
Pour leur être fait droit ainſi que de raiſon,
Et nonobſtant l'Appel Sentence executée.
Au Juge AD QUEM par le Meunier portée,
   Elle opere DE GALLICÒ,
   Contre ce petit Juge A QUO,
Une priſe à partie, & qu'à Tibaut l'on ſouſle.
   Mais Tibaut n'eſt pas ſi maroufle,

H 3   Qu'il

Qu'il ne s'en doute bien. Incontinent Tibaut
Vient à Paris, muni de pieces qu'il lui faut.
C'etoit Agneau, Chapon, Poulet, Coq-d'Inde, &
    Lievre.
      Lubin suivoit, menant la Chevre,
      Pour en faire à Madame un don,
      Comme malade du Poumon.
      C'etoit quelques jours aprez Pâque.
Et Tibaut savoit bien qu'en pareille saison,
Pour un tel mal, le lait de Chevre est bon.
A peine ontils passé la porte de saint Jaque,
Que 1. Miraut qui les suit, lors qu'il ne pense à rien,
    Void venir un Chien qui l'attaque,
Miraut va son chemin, & méprise ce Chien.
Ce Chien, qui le poursuit, en fait venir un autre;
Cet autre, son voisin; & ce voisin le nôtre,
      Et le notre, son compagnon;
Tellement que Miraut est à peine au 2. Cœur bon,
      Que voilà vingt Chiens qui l'aboient.
Le nombre croit toujours. Le mâtin étonné,
      Et craignant d'etre mal-mené,
      Les Esquive, & ses dens les choient.
Plus il fuit le combat, & plus on le poursuit.
Un embaras enfin l'arrête, & le reduit
Devant l'Ecu d'argent 3. à donner seul bataille,
Contre cette nombreuse & poltronne canaille.
Il lui montre les dens. Elle aussitôt s'enfuit.
      Voilà tout ainsi comme
      Autrefois on a vu
      Sur l'un des Ponts de Rome
      La valeur d'un seul 4. homme
      Tenir ses ennemis sur cu.
                              Voilà

1. Chien de Lubin. 2. Boutique fameuse d'un Libraire
de la rue S. Jaques. 3. Un Cabaret dans la meme rue.
4. Horace Cocles.

Voilà, Messieurs, dit un Gendarme
A d'autres qui sortoient avec lui de l'écu,
Comme quoi nous prenons l'alarme,
Et que qui doit vaincre est vaincu.
Plus le peril est grand, plus un noble courage
Se fait à la victoire un glorieux passage.
    Si vous fuiez, on vous poursuit.
    Si vous attaquez, on vous fuit.
Reste à dire comment le Juge de Village
    Sur le Meunier eut l'avantage.
Monsieur le Rapporteur rapportoit ses procez
    Dez le fin matin au Palais ;
Madame, outre son mal, sentant venir l'accez,
    Comme d'une petite fievre,
    Avoit fait savoir au Portier,
    Homme rebarbatif, & fier,
Qu'on ne lui parloit point, lors qu'arrive la Chevre,
Le Pis gros & trainant presque sur le pavé,
    L'œil alerte, & le nez levé,
    Et se glorifiant dans l'ame,
    D'etre Nourice de Madame.
    Lubin en lesse la menoit.
    Tibaut son Ane gourdinoit.
    Tous quatre arrivez à la porte,
    Tibaut frappe de bonne sorte.
    Le Portier de loin crie, hola !
    Quel est cet impertinent-là,
    Qui frappe à notre porte en maitre ?
    C'est-moi, dit le Bailli Champêtre,
Monsieur est-il ceans ? Non, peste du lourdaut !
    Lui repond-on par la lucarne.
    Tibaut sur la porte s'acharne,
Et frappe comme un Diable. On revient. C'est Tibaut,
    L'Ami ! de grace un petit mot !

Pourrions-nous parler à Madame ?
Non. Je suis son Fermier, & tu connois ma femme,
  Et sa Nourrice que voici
  Te salue, & notre Ane aussi,
  Disant en latin de village,
Pour un Ane, l'Ami, tres-sublime langage,
  O QUAM BENE VENERITIS,
  MESSIORES, QUI APORTATIS.
De cet APORTATIS l'Energie est si forte,
  Que les veroux de la gran-porte
S'ouvrent d'eux-mêmes tous, grans, moiens, & petis.
  Tibaut entre, & tire une toile,
  Qui sur le dos du Docteur voile
Lievre, Poulet, Agneau, Poulet-d'Inde, & Chapon.
Entrez compere ! Entrez. Hé ! Champagne ! Breton !
Petit Jean ! La Fleur ! Louis ! Guillaume !
  Menez.... Mais.... Menez, vous dit-on,
  A Madame cet honnête-homme.
Tibaut monte chargé ; fait crier un Poulet.
Lubin au pié du lit trait sa Chevre, & son lait,
Dont il emplit une Ecuele profonde,
Et qu'il fait boire à Madame d'un trait,
Tout chaud, à son poumon fait tout le bien du
  monde.
  Elle demande à Tibaut ce que c'est.
Au plus juste Tibaut lui conte son affaire.
N'est-ce que celà ? Non, Madame. Laisse faire,
Si demain au matin nous n'avons un Arrêt,
  Qui le condamne & te décharge....
  Adieu ! que ma femme de charge
  Ote d'ici tout ce taudis.
  Entens-tu ce que je te dis,
Païsan ! oüi Madame, & je vous remercie.
Souffrez qu'on mette aussi la Chevre à l'Ecurie !

Poursuit Tibaut, en tournant son chapeau,
Non. Madame ! je vous en prie.
Tenez : Elle & Monsieur, dont voilà le Tableau
Pendu là haut en effigie,
Se ressemblent, ma foi ! comme deux goutes d'eau.
Tibaut voiant qu'on rit de sa plaisanterie,
Sort baillant sa Chevre à la Brie,
Et tirant un long pié de Veau.
Le lendemain la cause est rapportée.
Comme une Conquerante est la Chevre vantée.
La prise à partie à neant ;
Et sur l'appel en emendant,
La Chambre le Meunier condamne,
Pour reparacion d'injure, & sa chicane
De Normant,
A laisser à Tibaut son Ane,
Si mieux n'aime donner à Tibaut trente frans,
Le Meunier consultant sur cette alternative,
Trouve par bons avis, qu'il vaut mieux qu'il se prive
De son Ane, vil animal ;
Que les frais excedoient trois fois le principal.
Ainsi Tibaut eut l'avantage,
De rentrer triomfant sur l'Ane en son village.
Lubin tenoit les Resnes du Coursier,
Et crioit à l'Ane ! au Meunier,
Qui les mains sur le cu, tête basse, & l'air triste,
D'un peu loin, en Captif, les suivoit à la piste.
C'est fait. En tire qui voudra
La Moralité qu'il pourra.
La matiere en est ample : Et l'on peut, ce me semble,
Juger, ou je n'i connois rien,
Que le Meunier, & le Loup, & le Chien,
Dans cette Fable, en sont bien trois ensemble.

D'UN CHIEN ENVIEUX, ET D'UN BEUF.

UN Chien couché sur un amas de foin, se mit en fureur, & il montra ses dents à un Beuf, qui aprocha pour en manger. Cet animal voiant cette brutalité, & cet emportement si deraisonable s'écria tout en colere, il faut que tu sois bien méchant, & miserable de ne vouloir pas souffrir que je mange du foin, toi qui n'en veux point manger.

Les envieux ne sauroient faire leur fortune, ni souffrir que les autres s'avancent.

La France empeche la semaizon au Trevirat & en Ardenne; elle ne veut ni i manger, ni i laisser manger.

LA GRENOUILLE QUI SE VEUT FAIRE AUSSI GROSSE QUE LE BEUF.

UNe Grenouille vid un Beuf,
  Qui lui sembla de belle taille.
Elle qui n'etoit pas grosse en tout comme un euf,
Envieuse s'étend, & s'enfle, & se travaille,
  Pour égaler l'animal en grosseur;

Di-

Difant, regardez bien ma sœur,
Est-ce assez? dites moi: N'i suis-je point encore?
Nenni. M'i voici donc? point du tout. M'i voilà?
Vous n'en approchez point. La chetive pecore
S'enfla si bien qu'elle creva.
Le monde est plein de gens qui ne sont pas plus sages:
Tout Bourgeois veut bâtir comme les grands Seigneurs;
Tout petit Prince a des Ambassadeurs;
Tout Marquis veut avoir des Pages.

D'UN VIEUX CHIEN, ET DE SON MAITRE.

UN Chien que la vieillesse empêchoit de courre le Cerf comme autrefois, se voiant maltraité, & qu'il ne recevoit que des coups de baton, au lieu des caresses que l'on lui faisoit quand il étoit jeune; prit la liberté de se plaindre à son maitre, & de lui remontrer que s'il vouloit que l'on crut dans le monde qu'il eut eu pour lui une véritable affexion, il devoit le traiter avec douceur à present qu'il étoit sur son retour, en lui tenant conte de ses services passez.

Les grands Seigneurs ne content souvent pour rien les services passez.

Un Ministre qui avoit uzé sa vie au prêche disoit depuis peu dans le coin d'une froide cuisine ce que le vieux Chien disoit à son Maitre.

LA HUPE ET L'AUTRUCHE

OU L'HEUREUSE APPARENCE.

L'Oiseau de Jupiter, & l'Oiseau de Junon,
 Contractoient ensemble alliance.
  A cette celebre union,
  Où l'on festina d'importance,
On n'invita qu'Oiseaux de consequence.
La Hupe en fut pour sa belle prestance,
Pour sa belle simare, & son beau cotillon,
  Quoique roturier Oisillon.
On laissa là l'Autruche, un Oiseau de renom,
  Mais dans la derniere indigence.
On lui voioit le cu, parlant par reverence.
Mais n'importe elle étoit de meilleure maison,
  Que la Hupe au brillant jupon.
  L'Oiseau méprisé s'en offense;
  Vient à la porte du Salon,
  Où se fait la rejouissance;
Gratte; frappe; se plaint; clabaude sa naissance,
Et met la Hupe en jeu. Le Suisse, un fier Griffon,
  La repousse, & point de raison,
  Point d'égard à sa remontrance.
  Alors déclamant sur un ton,
  Qui passe un peu la bienseance,
  On sort, & sur son croupion
  On décharge maint horion,
Lui criant; cu tout nud, point de comparaison.
          Elle

Elle s'obstine, on recommence.
Voiant que c'etoit tout de bon,
L'Autruche, sans plus de façon,
Gagne Vincenne en diligence,
Où l'on lui gardoit sa pitance.
Voilà le fruit de son grand Nom,
Chimere pure, sans chevance.
Vous donnez tout à l'apparence,
Badaux, voilà vôtre leçon.

D'UN LABOUREUR, ET DE SES CHIENS.

UN Laboureur pendant une grande famine, fut obligé pour se nourir de tuer les Beufs, dont il se servoit à labourer ses terres. Les Chiens de la ferme voiant ce massacre, tinrent conseil entre eux sur ce qu'ils devoient faire, qui fut d'abandonner au plutot leur maitre, de crainte qu'il ne leur en fit autant qu'aux Beufs, qui lui etoient beaucoup plus utils qu'eux.

La necessité contraint souvent à faire des choses dans un tems, à quoi l'on seroit bien fâché de penser seulement dans d'autres.

Quantité de peuples soûmis à la France se sont
soustraits de son obeïssance à la vûe du mauvais
traitement, qu'elle fait à ses sujets naturels.

Le Rat qui s'est retiré du Monde.

LEs Levantins en leur legende
Disent qu'un certain Rat las des soins d'ici bas,
    Dans un fromage de Hollande
    Se retira loin du tracas.
    La solitude étoit profonde,
    S'étendant par tout à la ronde.
Notre hermite nouveau subsistoit là-dedans.
    Il fit tant de pieds & de dents,
Qu'en peu de jours il eut au fond de l'hermitage
Le vivre & le couvert: que faut-il davantage?
Il devint gros & gras: Dieu prodigue ses biens
    A ceux qui font vœu d'être siens.
    Un jour au devot personnage
    Des deputés du peuple Rat
S'en vinrent demander quelque aumône legere:
    Ils alloient en terre étrangere
Chercher quelque secours contre le peuple chat:
    Ratopolis étoit bloquée:
On les avoit contraints de partir sans argent,
    Attendu l'état indigent
    De la Republique attaquée:
Ils demandoient fort peu, certains que le secours
    Seroit prêt dans quatre ou cinq jours.
    Mes amis, dit le Solitaire,
Les choses d'ici bas ne me regardent plus:
    En quoi peut un pauvre Reclus
    Vous assister? que peut il faire,
Que de prier le ciel qu'il vous aide en ceci?

J'espere qu'il aura de vous quelque souci.
    Aiant parlé de cette sorte,
    Le nouveau Saint ferma sa porte.
    Qui designai-je à votre avis
    Par ce Rat si peu secourable?
    Un Moine? non, mais un Dervis;
Je suppose qu'un Moine est toujours charitable.

D'UN CERF, ET D'UNE BREBI.

UN Cerf accusa une Brebi devant un Loup, de lui devoir un muid de froment, le Loup sans d'autres formalitez la condamna à paier au Cerf ce qu'il lui demandoit; elle promit d'executer la Sentence au jour marqué. La veille, le Cerf lui fit savoir l'écheance du terme, & la Brebi, qu'elle ne le paieroit pas, protestant que la seule crainte du Loup son ennemi declaré, lui avoit fait promettre de paier, ce qu'elle ne devoit pas.

L'on n'est pas obligé de tenir sa parole, quand on exige de nous des choses injustes.

La Republique de Gene se peut maintenant servir de cette maxime au sujet de la France.

ESOPE

LES SAISONS.

L'Une aprez l'autre elles roulent sans cesse;
Du gai Printems l'amoureuse richesse
Consiste en fleurs, les Bledz ne sont produits
Que dans l'Eté, l'Automne a soin des fruits,
Et de l'Année acomplit la promesse.
L'Hiver arrive engourdi de paresse;
Tel fut des Dieux l'ordre plein de sagesse,
Et les Saisons furent toûjours depuis,
  L'une aprez l'autre.
Ainsi va l'homme, il a de la foiblesse
Pendant l'enfance, aprez par la jeunesse
Vers les plaisirs tous ses pas sont conduits,
De là ce feu se rallentit, & puis,
Vient l'âge meur, en suite la vieillesse,
  L'une aprez l'autre.

D'UN CHAT, ET D'UN COQ.

UN Chat se jetta sur un Coq, sous pretexte qu'il empéchoit de dormir tout le monde par son chant, Le Coq en s'excusant, lui remontra qu'il
n'e-

n'etoit pas incomode, & qu'au contraire il etoit d'un grand secours, & d'une grande utilité pour les voiageurs, en leur marquant precisément les heures de la nuit. Ces raisons, quoi que bonnes, furent si peu goutées du Chat qu'elles ne l'empécherent pas de manger le Coq, sans vouloir l'entendre davantage.

La malice fait souvent passer pour des crimes, les actions les plus innocentes.

Les Jansenistes, pour se defaire de ceux qui sont incomodes à leurs dogmes, subornent des filles ou simples ou malicieuses pour les calomnier sous des pretextes de consience.

LES NOUVELLISTES,

OU LE REMEDE PIS QUE LE MAL.

Quelques curieux Faineans,
 De fausses nouvelles frians,
  Et reglant tout sur leur caprice,
Parloient au Luxembourg des affaires du tems.
On avoit pris d'assaut Mastric, & sa Milice
 Avoit passé sous le fer des Flamans;
 Calvo n'etoit encore qu'un Novice,
Et le Prince d'Orange, un Achille, un Ulisse,
  Qui se retranchoit jusqu'aux dens.
  Sans doute Condé, Bouchain, Aire
N'eussent point eté pris, si l'on l'eut laissé faire,
  Et sur une bute monté,
   S'en rendant témoin oculaire,
Il fit connoitre assez son intrepidité.
Le Chapitre à la fin tombant sur la Police,
  Juste Ciel! dit l'un, quel supplice,
De marcher à Paris! qu'ont fait ses Habitans,
Pour se voir en tous lieux au ventre, au dos, aux flancs.

Caroſſes allans, & venans ?
Quand donc pour ces maudits traitans
Viendra la Chambre de Juſtice ?
Un Barbon, grand Lecteur des Auteurs anciens,
Et qui paſſoit pour le plus veritable,
Aiant ſe diſoit-il, d'un Grand toujours la table,
Interromt, & leur dit un jour aux Samiens
Eſope à ce propos raconta cette Fable;
Mais il faut etre ici Pitagoriciens,
A mon ſens elle eſt admirable.
A ces mots, tout le Peloton
L'œil fixe, & la bouche béante,
Attend la Fable du Barbon,
Comme une Fable ſucculente.
Es ce grave Druide auſſitot prend ſon ton,
Et repond de la ſorte, à leur avide attente;
Un Renard, paſſant un Torrent,
Fut emporté par le courant,
Et jetté dans un trou profond, & plein de fange,
Le Bouc paſſa par là, ſe ſouvenant du Puis,
Où ſon dos ſottement ſervit de Pont-Levis
Au Renard; qui l'avoit ſeduit par ſes beaux-dis,
Quelle douceur, quand on ſe vange !
Dans ſa barbe riant, de le voir ſi bien pris,
Le Bouc lui dit, aprez quelque devis;
Quoi tu ne peux ſortir ? Helas ! non, je ne puis,
Et je ſouffre une peine étrange,
D'un Tas de mouches qui me mange.
O Toi ! qui fus toujours de mes meilleurs amis,
Si tu voulois venir les chaſſer ? Encor pis,
Dit le Bouc, lui donnant le change,
Ceux-là de ton ſang ſont remplis.
De Nouveaux alterez le ſuceront, ſans doute,
Juſques à la derniere goute.

Celà dit, il tire Païs,
Et par tout le contant, en fait une risée.
Le Renard reconnut, que le Bouc disoit vrai,
Mais aiant une autre visée,
S'il trouva l'avis à son gré,
La Bête lui parut un peu trop avisée.
Ainsi finit la Fable. Et la Troupe applaudit
Au Barbon, d'avoir si bien dit.

D'UN CHAT, ET DES SOURIS.

UN Chat que la vieillesse empechoit de chasser les souris de la maison de son maitre, qui menaçoit tous les jours de le tuer, se trouvant beaucoup incommodé de cette vermine, s'avisa de se cacher dans un coffre où l'on mettoit la farine, & où les souris faisoient le plus de ravage. Cette invencion lui reüssit heureusement, car il les prit toutes, & il regagna par ce moien les bonnes graces de son maitre.

Ognate se fit volontairement prizonier à Ostende pour atraper le Marechal d'Aumont, & les François qui i furent pris au Guichet.

LA NOMPAREILLE.

CEtte graine si douce, & si bien parfumée,
Est, à ce que l'on croit, d'un Berger d'autrefois,
Qui remplit de son nom, pareil au nom des Rois,
Les bouches de la Gloire, & de la Renomée.

La prompte & triste mort d'une Sœur bien aimée,
De regret & d'ennui l'étouffa dans un bois:
L'Amour en vain pleura, le voiant aux abois:
Son Ame ne fut pas de ces pleurs rallumée.

On dit que sur le Mort le Dieu mena grand deuil:
Et que pour l'assoupir, du corps mis au cercueil,
Il se fit des Pavots par la vertu de Flore.

Sa douleur s'i rendit, il dormit sur ces fleurs:
Et de là sont venus, ces grains qui sont encore,
Musquez de ses soupirs, & sucrez de ses pleurs.

D'UN SINGE, ET D'UN CHAT.

UN Singe voulant manger des marons qu'il voioit rotir sous une braise ardente, ne savoit comment faire pour les avoir. Il s'avisa enfin aprez i avoir bien pensé, de prendre la pate d'un Chat pour les tirer, sans qu'il put etre touché des cris de ce miserable animal, ne songeant seulement qu'à se contenter.

Les grands sacrifient tout pour se satisfaire.

La France s'est servi d'un Prince Anglois pour assouvir son ambicion ; la France a trouvé son conte, & le pauvre Anglois s'est echaudé.

La Chauvesouris et les deux Belettes.

Une Chauvesouris donna tête baissée
Dans un nid de Belette; & sitot qu'elle i fut,
L'autre envers les souris de lontems courroucée
    Pour la devorer accourut.
Quoi vous osez, dit-elle, à mes yeux vous produire,
Aprez que vôtre race à taché de me nuire !
N'etesvous pas Souris ? parlez sans fixion.
Oui vous l'etes, ou bien je ne suis pas Belette.
    Pardonnezmoi, dit la Pauvrette,
    Ce n'est pas ma profession.
Moi Souris ? des méchans vous ont dit ces nouvelles.
    Grace à l'Auteur de l'univers,
    Je suis oiseau ; voiez mes ailes :
    Vive la gent qui fend les airs.
    Sa raison plut, & sembla bonne.
    Elle fait si bien qu'on lui donne
    Liberté de se retirer.
    Deux jours aprez notre étourdie
    Aveuglément se va fourrer
Chez une autre Belette aux oiseaux ennemie.
La voilà derechef en danger de sa vie.
La Dame du logis avec son long museau,
S'en alloit la croquer en qualité d'oiseau,

Quand

Quand elle protesta qu'on lui faisoit outrage.
Moi pour telle passer! vous n'i regardez pas:
  Qui fait l'oiseau? c'est le plumage:
  Je suis Souris; vivent les Rats;
  Jupiter confonde les Chats.
  Par cette adroite repartie
  Elle sauva deux fois sa vie.
Plusieurs se sont trouvez, qui d'écharpe changeant,
Aux dangers, ainsi qu'elle, ont souvent fait la figue.
  Le Sage dit selon les gens,
  Vive le Roi, vive la ligue.

DES SINGES.

UN joueur d'instrumens, avoit apris deux Singes à danser au son d'une musette. Il arriva dans une assemblée qu'un de ses animaux aperçut une femme qui avoit des noix dans son tablier; l'envi le prit aussitôt de les avoir, & il le porta à se jetter à corps perdu sur elle. La femme ne s'atendant nullement à cette éfronterie, en fut si surprise, & si émue, qu'elle fournit pendant un lontems au divertissement à la compagnie.

Nous changeons bien dificilement les inclinacions, que la nature nous donne.

On void Furstenberg sous un habit rouge tel qu'il etoit sous un habit noir.

Le Curé et le Mort.

UN mort s'en alloit tristement
S'emparer de son dernier gite;
Un Curé s'en alloit gaiment
Enterrer ce mort au plus vite,
Notre defunt etoit en carosse porté,
Bien & dûment empaqueté,
Et vêtu d'une robe, helas! qu'on nomme biere,
Robe d'Hyver, robe d'Eté,
Que les morts ne depouillent guere.
Le Pasteur etoit à coté,
Et recitoit à l'ordinaire
Maintes devotes oraisons,
Et des pseaumes, & des leçons,
Et des versets, & des reponds:
Monsieur le Mort, laissez-nous faire,
On vous en donnera de toutes les façons;
Il ne s'agit que du salaire.
Messire Jean Chouart couvoit des yeux son mort,
Comme si l'on eut du lui ravir ce tresor;
Et des regards sembloit lui dire:
Monsieur le mort j'aurai de vous,
Tant en argent, & tant en cire,
Et tant en autres menus cousts.
Il fondoit là dessus l'achat d'une feuillette;
Du meilleur vin des environs;
Certaine niece assez propette,
Et sa chambriere Paquette

Devoient avoir des cottillons.
Sur cette agreable pensée
Un heurt survient, adieu le chat.
Voilà Messire Jean Chouart.
Qui du choc de son mort a la tête cassée:
Le Paroissien en plomb entraîne son Pasteur;
Nôtre Curé suit son Seigneur;
Tous deux s'en vont de compagnie.
Proprement toute notre vie;
Est le Curé Chouart qui sur son mort contoit,
Et la fable du Pot au lait.

D'UN SINGE, ET DE SES DEUX PETITS.

UN Singe avoit deux petits gemeaux, il en aimoit un avec autant d'excez, qu'il avoit l'autre en horreur. Il arriva que celui qu'il cherissoit, & qui ne craignoit nullement ses correxions, se rompit une pate, en dansant, & en sautant inconsiderément d'arbre, en arbre; le pere survint à ses cris, & il fut si touché de cet accident, qu'emporté d'amour, & de tendresse, il l'étouffa entre ses pates, à force de l'embrasser.

Les

Les tendresses mal reglées des peres, & des meres causent bien souvent, la perte de leurs enfans.

Les fils d'Heli, & l'enfant prodigue en sont de bonnes caucions.

L'ORANGER.

MElocrise qui de son âge,
Fut le sujet de mille vœux,
Montre encore aujourd'hui les feux,
Qu'elle eut autrefois pour le Tage.
Cent fois le jour elle i prenoit
Un gravier d'or, dont elle ornoit,
Les belles ondes de ses tresses :
Et cent fois on lui vid chercher,
D'éteindre en ces moetes richesses,
L'ardeur qui la faisoit secher.
Mais cette avare infortunée,
Tombant au lit de son Amant,
I trouva malheureusement,
La Mort au lieu de l'Himenée.
Le Fleuve eut beau pour la sauver,
La defendre & la soulever,
Ses assistances furent vaines.
L'Amour qui vouloit se venger,
Avoit déjà mis dans ses veines,
La semence d'un Oranger.
Sitot qu'elle fut au rivage,
Sur son corps, d'écorce couvert,
De ses tresses teintes en verd,
Il se fit un soudain feuillage :
La terre lui serra les pieds :
Sur ses longs bras multipliez,
Il vint des pommes parfumées :

194   ESOPE
Et ces pommes gardent encor,
Des gouttes d'ambre renfermées,
Avecque de la graine d'or.

DES LIEVRES, ET DES GRENOUILLES.

LEs arbres d'une forêt, furent si fort agitez des vents, & ils firent tant de bruit, que les lievres en prirent l'épouvente, & qu'ils se mirent à fuir avec tant de crainte, qu'ils alloient se jetter dans un marais avec les grenouilles, à qui ils communiquerent une partie de leur terreur panique, si le plus ancien de leur troupe ne les eut arrêtez tout court, en leur remontrant qu'ils avoient peur aussi mal à propos du vent, que les Grenouilles en avoient d'eux, qui ne leur vouloient point de mal.

Les lâches ont toujours peur de leur ombre.

Témoin Furstenberg qui s'est sauvé dernierement de Bon, & de Rome.

Certaine Armée se mit en ordonnance de bataille comme pour recevoir son enemi, & elle ne vid ensuite qu'une troupe de païzans qui conduisoient une Mariée au son des Tambours.

LE CHARLATAN.

LE monde n'a jamais manqué de Charlatans,
 Cette sience de tout tems
 Fut en professeurs tres-fertile.
Tantôt l'un en teatre affronte l'Acheron,
 Et l'autre affiche par la ville
 Qu'il est un Passe-Ciceron.
 Un des derniers se vantoit d'etre
 En eloquence si grand maitre,
 Qu'il rendroit disert un badaut,
 Un manant, un rustre, un lourdaut.
Oui Messieurs, un lourdaut, un animal, un ane;
Que l'on m'ameine un ane, un ane renforcé;
 Je le rendrai maitre passé;
 Et veux qu'il porte la soutane.
Le Prince sut la chose; il manda le Reteur.
 J'ai, dit-il, en mon écurie
 Un fort beau roussin d'Arcadie:
 J'en voudrois faire un orateur.
Sire vous pouvez tout, reprit d'abord notre homme.
 On lui donna certaine somme.
 Il devoit au bout de dix ans
 Mettre son ane sur les bancs:
Sinon, il consentoit d'etre en place publique
Guindé la hare au cou, étranglé court & net,
 Aiant au dos sa Retorique,
 Et les oreilles d'un baudet.
Quelqu'un des courtisans lui dit qu'à la potence
Il vouloit l'aller voir, & que pour un pendu
Il auroit bonne grace & beaucoup de prestance:
Sur tout qu'il se souvint de faire à l'assistance
Un discours où son art fut au long etendu;

Un discours patetique ; & dont le formulaire
   Servit à certains Cicerons.
   Vulgairement nommez larrons.
   L'autre reprit : Avant l'affaire
   Le Roi, l'ane, ou moi nous mourrons.
   Il avoit raison. C'est folie
   De conter sur dix ans de vie.
   Soions bien buvans, bien mangeans,
Nous devons à la mort de trois l'un en dix ans.

D'UN LIEVRE, ET D'UNE TORTUE.

UN Lievre insulta une Tortue, sur sa pezanteur, qui l'empêchoit d'avoir aucun commerce avec les autres animaux. La Tortue lui repartit, qu'elle etoit sure de le vaincre à la course, lui qui mettoit toute sa gloire dans son agilité. Le Lievre accepta le défi avec dedain, lui laissant le choix du lieu où ils devoient aller. La Tortue se mit en chemin, & le Lievre se mit à dormir, croiant avoir assez de tems de sommeiller, & d'atteindre encore le but avant elle. Mais il fut bien surpris aprez son sommeil de voir la Tortue victorieuse, & qu'il servoit de raillerie aux autres animaux.

Crequi devant Treve se moquoit des Alemans & il disoit, laissonsles passer, plus il en passera plus nous en tuerons; mais il perdit luimeme la bataille, la ville & sa liberté.

L'AUBE'PINE.

UNe jalouse maladie,
A fait un buisson dans ces bois,
D'Acante qui fut autrefois,
Des plus aimables d'Arcadie.
Au plus beau de ses jeunes ans,
Ses cheveux en devinrent blancs,
Elle en fut toujours traversée :
Et par un prodige nouveau,
Chaque souci de sa pensée,
Devint une épine en sa peau.

D'UN RAT, ET D'UNE HUITRE.

UN Rat plain de viandes, & de bonne chere,
voulut, pour se degraisser manger du poisson.
Il alla sur le bord de la Mer, où il trouva une Hui-

tre ouverte, qu'il voulut ronger. Ce petit animal se sentant mordre par ce glouton se renferma aussitôt dans ses écailles avec tant de force & de violence, qu'il lui écrasa la tête.

Les François du Duc d'Alanson voulurent surprendre Anvers en 1583, mais ils trouverent dans cette ville le sort que le Rat vient de trouver entre les Coquilles de l'Huitre.

L'AMOUR PICQUÉ D'UNE ABEILLE.

L'Amour qui cherche ses plaisirs
Etant un jour entre les roses,
Cueilloit ces belles fleurs écloses
Pour satisfaire à ses desirs :
Alors une abeille insolente,
Qui reposoit dessus ces fleurs,
D'une maniere violente
Le piquant à la main lui fit mille douleurs.
 Aussitôt le petit Amour
Ressentant ces rudes allarmes,
Se mit à répandre des larmes,
Et devenir triste à son tour :
Il courut vite vers sa mere,
Il lui montra sa blanche main,
Et dit que sa piqure amere
Lui faisoit endurer un tourment inhumain.
 Helas ! disoit-il, je me meurs
Ma chere mammam je me pâme,
Voilà que je vai rendre l'ame
Si vous n'appaisez mes douleurs ;
Un serpenteau qu'on nomme abeille
M'a piqué si violemment,
Que d'une douleur nompareille

EN BELLE HUMEUR. 199

Je sens que je me meurs de moment en moment.
 Alors la charmante Cipris
Voiant qu'il souffroit tant de peine,
Lui dit d'une voix plus qu'humaine
Avec un aimable souris :
Puis qu'une petite piqure
Cause à la main tant de douleur,
Que ne fait pas cette blessure
Que tes traits Cupidon, font au milieu d'un cœur ?

D'UN RAT DE VILLE, ET D'UN RAT DE VILLAGE.

UN Rat de ville, fut voir un Rat de Village de ses anciens amis, qui ne le regala que de racines. Aprez le repas il prit congé de son hote, qui promit de lüi rendre sa visite. Il n'i manqua pas. Il fut traité magnifiquement. Mais par malheur ils etoient interrompus par les valets de la maison, qui alloient & qui venoient incessamment, & qui lui causerent tant de fraieur, qu'il fut obligé de dire au Rat de ville ; en verité mon compere, j'aime beaucoup mieux ma pauvreté sans crainte, que votre abondance plaine d'inquietudes, & de dangers.

I 4 Une

Une vie privée, est beaucoup plus tranquille, que celle qui est engagée dans les embaras de la Cour.

Fouquet n'a jamais eté plus heureux qu'à Pignerol, ni le Cardinal de Bouillon qu'à Cluni.

Conseil tenu par les Rats.

Un Chat nommé Rodilardus,
Faisoit de Rats telle déconfiture,
Que l'on n'en voioit presque plus,
Tant il en avoit mis dedans la sepulture.
Le peu qu'il en restoit n'osant quiter son trou,
Ne trouvoit à manger que le quart de son sou;
Et Rodilard passoit chez la gent miserable,
Non pour un chat, mais pour un diable.
Or un jour qu'au haut & au loin
Le galant alla chercher femme;
Pendant tout le sabat qu'il fit avec sa Dame,
Le demeurant des Rats tint chapitre en un coin
Sur la necessité presente.
Dez l'abord leur Doien, personne fort prudente,
Opina qu'il faloit, & plutot que plus tard,
Attacher un grelot au cou de Rodilard;
Qu'ainsi quand il iroit en guerre.
De sa marche avertis ils s'enfuiroient sous terre:
Qu'il n'i savoit que ce moien.
Chacun fut de l'avis de Monsieur le Doien;
Chose ne leur parut à tous plus salutaire:
La difficulté fut d'attacher le grelot.
L'un dit: Je n'i vas point, je ne suis pas si sot:
L'autre, Je ne saurois; si bien que sans rien faire
On se quitta. J'ai maints chapitres vus,
Qui pour neant se sont ainsi tenus:
Chapitres, non de Rats, mais Chapitres de Moines,
Voire

Voire Chapitres de Chanoines.
Ne faut-il que deliberer?
La Cour en Conseillers foisonne:
Est-il besoin d'executer?
L'on ne rencontre plus personne.

D'UN HERISSON, ET D'UN SERPENT.

UN Herisson pria un Serpent de le retirer dans sa caverne pendant les rigueurs d'un hiver. Le Serpent lui acorda sa demande, & il en partagea les commoditez avec lui ; quelque tems aprez le Herisson prit sa figure ronde, & en se tournant de tous les cotez, il piqua le Serpent si sensiblement, qu'il l'obligea de le prier de vouloir bien se retirer. Mais cet ingrat lui repartit avec insolence qu'il pouvoit lui-meme s'en aller où bon lui sembleroit, s'il ne se trouvoit pas bien.

Les François entrerent en 1689 à Maience, sous des pretextes specieux durant la Treve ; ils i firent ensuite les maitres, & ils repondirent à l'Electeur, que s'il ne s'i trouvoit pas bien, il n'avoit qu'à se retirer, ce que ce Prince fut obligé de faire.

PANDORE.

Dans une Boëte un tresor odieux
Fut renfermé par le vouloir des Dieux,
Pandore en fut seule depositaire,
Ce n'etoit pas une Beauté vulgaire,
Les premiers cœurs cederent à ses yeux.
   Aiant en main ce Bijou precieux
Elle s'alla promener en tous lieux,
Quand on est belle on ne demeure guere :
      Dans une Boëte.
Quelqu'un lui plut, ce quelqu'un curieux
Ouvrit enfin ce qu'elle aimoit le mieux,
Il n'en sortit que peine, & que misere,
Dont les humains, helas! n'avoient que faire,
Et ce fut là ce qui nous vint des Cieux.
      Dans une Boëte.

D'UN DRAGON, ET D'UN ELEFANT.

UN Dragon, attaqua un Elefant. Le combat dura lontems, & il fut des plus opiniâtrez. Le Dragon desesperant de remporter la victoire, s'élança au cou de l'Elefant, & il lui fuça une fi grande quantité de fang, que lui aiánt fait perdre toutes fes forces, il l'obligea de tomber à terre. Mais la chute de l'Elefant fut fatale au Dragon, puis qu'il fe trouva écrafé de fa pezanteur ; ce qui lui ôta au memetems, & la victoire, & la vie.

La France épuize fes peuples ; aprez qu'elle en aura fucé toute la fubftance, elle fe trouvéra elle-meme accablée fous fes ruines.

L'ELOGE DE LA FABLE,

OU LA NATURE PLUS ELOQUENTE QUE L'ART.

UN Orateur Atenien,
   Non Orateur à la douzaine,
Qui vous entonne à gorge pleine
Un grand tantarare, & puis rien :
Mais un autre Ifocrate, un autre Demofténe
Faifoit harangue au Peuple, & le haranguoit bien.
   En vain l'Orateur fe travaille,
Pour fe faire préter la moindre attencion ;
   Chacun s'endort, ou caufe, ou baille,
Comme fi l'Orateur ne leur dit rien qui vaille :
Lui, fans en témoigner la moindre emocion,
S'arrête, & dit ; Meffieurs, écoutez cette Fable,
Elle eft plaifante, & d'un fel admirable.
   Chacun à cette fixion
Leve le nez, préte un profond filence :
   L'Orateur fe mouche & commence.
Cerés trouvant un jour l'Anguille en fon chemin,
   Caufoit en marchant avec elle,
   Et voiant paffer l'Hirondelle,
Cerés l'arrête, & dit ; nous irons meme train,

Je veux vous dire une nouvelle.
L'Hirondelle les joint. Cerés entre en difcours,
  Et les conduit marchant toujours
  A vingt pas d'un prochain village;
Là trouvant un torrent creux, d'un rapide cours,
L'Oifeau pour le paffer vole, & l'Anguille nage.
  Il ne leur dit rien davantage.
Et Cerés? lui dit-on; & Ceres, répond-il,
  Se plaint de vous, qu'un conte puetil,
  Qui tient fi fort du badinage,
  Attache plus qu'un difcours fin, fubtil,
Dont vous pouvez tirer un plus grand avantage.
  Le rouge leur monte au vifage;
  Lui le prenant pour un fur témoignage,
  Que fon auditoire incivil,
Par ce reproche adroit eft devenu plus fage,
  De fon difcours reprend le fil.
Le peuple baille encor & frotte fon fourcil,
  Et dit trouvant le cas étrange,
  Que l'Orateur avoit raifon,
Et cependant fe leve, & gagne la maifon.
Fedre! Efope! ces Vers font à votre louange;
La nature, qui parle, eft pure dans l'Oifon,
Dans l'homme la raifon n'eft guere fans mélange:
  La Nature va pas à pas,
On la fuit, & fouvent on perd l'autre de vue.
  Un difcours fimple infinue
  Une penfée ingenue,
  Le fublime ne plait pas,
  Qui la guinde dans la nue;
  La Verité toute nue
  A pour l'homme mille appas.

EN BELLE HUMEUR. 203

DE JUPITER, ET D'UN SERPENT.

Jupiter voulant regaler magnifiquement sa Cour, il le fit savoir à tous les animaux, & il ordonna à chacun d'eux de lui aporter quelque present pour orner sa table. Le Serpent lui voulut donner des marques de son zele, & de sa diligence, & il ofrit le premier une fort belle rose. Jupiter la refusa en s'écriant, qu'il tenoit pour suspect tout ce qui venoit des méchans comme lui.

L'Espagne a dernierement refusé une Princesse Roiale que la France lui a presentée.

SIRINX EN ROSEAU.

A Quelque usage où soit mis l'amour meme
Il a souvent une amertume extreme.
A ses plaisirs Pan un peu trop enclin
Avec Sirinx veut unir son destin,
Et quiteroit pour elle un diadéme.
Elle le fuit, elle en est séche, & bléme,
Lui pour la vaincre use de stratagéme,

Elle

Elle est adroite, & du monde malin.
   A quelque usage.
N'en pouvant plus, par la Bonté supréme
Elle est changée en roseau, Pan blasféme,
De ce roseau delicat, tendre, & fin
Il fait sa flute ; & n'est-ce rien enfin
Que de pouvoir emploier ce qu'on aime.
   A quelque usage ?

D'UN DRAGON, ET D'UNE BELETE.

UN Dragon d'une efroiable grandeur, triomfoit de tous les animaux. Une seule belete s'etoit derobée à ses conquetes. Ce monstre plein de colere se tenoit avec opiniatreté dans sa taniere, devant laquelle il faloit absolument que la belete passat pour se sauver. Mais ce petit animal méprisant également la precaution, & la fureur du Dragon s'attacha au tour du corps un rameau de rue, pour laquelle le Dragon a une aversion naturelle, & il l'obligea par cette ruse, non seulement à lui laisser le passage libre, mais encore à lui ceder l'honneur de la victoire, par une retraite honteuse, & precipitée.
               Sous

Sous Filipe le Bon Duc de Bourgogne quelques Valons se trouvant investis de toutes parts, un d'eux donna un coup de siflet ; les enemis l'entendant, crurent qu'il en apelloit d'autres ; ils quiterent la partie, & ces Valons revinrent glorieux à Courtrai.

Le Loup et le Chien, ou la bonne Chere.

UN Loup, passant un jour le long d'une Prairie,
Vid loin de leurs Troupeaux sur l'herbette fleurie
Bergeres & Bergers en fête, & banquettants ;
    Ici dançans ; là coquettants ;
    Ici relevant mangerie,
    Aux depens de leur Bergerie.
Le Loup autour du Pré rodant à pas de Loup,
    Esperant qu'il feroit son coup,
    Sur quelque Brebis égarée.
    Il en rencontre une, alterée,
    Qui buvoit au prochain ruisseau
    Dés qu'elle le void, effarée,
    Elle regagne son Troupeau,
Lui donnant une peur à la sienne pareille.
    Le Troupeau se reserre & fuit.
    En fuiant, il fait un grand bruit.
Loin des autres Guillot dormoit dans un reduit.
    A ce bruit Guillot se reveille,
Et son Chien, qui dormoit aussi, sans Loup sentir,
Las, comme son Berger, d'avoir fait la debauche.
Guillot, depeur, que le Loup ne l'acroche
    Gagne aux piés pour s'en garantir,
Mais pour Miraut, bon sang ne peut mentir,
    Il court, il affronte la Bête,
    Qui le voiant si resolu,
    A peur à son tour, & s'arrête,
Et pour fuir le combat, se mettant sur le cu,

Lui dit, à qui diable en as-tu ?
N'oſeroit-on voir cette fête ?
J'ai fais aujourd'hui longue traite.
Plus grande reſte à faire. Un peu de pauſe ici,
Et foi de Loup, je fais retraite.
En ce cas, voilà la Paix faite,
Dit Miraut, touche-là ! le Loup touche. Eſt-ce ainſi,
Dit-il, que chez-vous l'on ſe traite ?
Miraut repond, bon ? Tu ne vois-là rien.
C'eſt au Hameau bien autre chere.
Le Loup lui repartit, ſe levant de colere,
Si quelqu'un d'entre-nous en oſoit autant faire,
Quelle plainte en feroient tous vos Bergers ?
Fort bien ;
Repond Miraut, en bon ſens pas tant chien,
Vous ne vivez que de rapine.
Autant qu'il vous plaira, faites groſſe cuiſine,
Mais faites-là de vôtre bien.

Des deux Voiageurs.

Deux Marchands voiageant enſemble, aperçurent un Ours qui venoit à eux. La peur les prit,
&

EN BELLE HUMEUR. 169

& les obligea à se sauver. Il i en eut un qui monta sur un arbre, & l'autre moins leger demeura exposé. Comme ce tardif etoit prudent, & sage, il se jetta à terre & il contrefit si bien le mort, en retenant son haleine, qu'il obligea l'Ours à passer sans lui faire de mal. Les voiageurs se remirent de leur crainte, & en continuant leur chemin, celui qui avoit monté sur l'arbre, demanda à l'autre ce que l'Ours lui avoit dit à l'oreille? il m'a dit, répondit-il de ne tenir jamais pour mon ami celui qui m'abandonnoit au besoin.

L'amitié ne consiste pas dans les paroles, mais dans les efets.

Un Espagnol répond presentement à un Anglois du parti de Charle II & de Jaque II, ce que le voiageur vient de répondre à son camarade, savoir qu'il ne faut pas se fier aux amis qui nous abandouent au bezoin.

L'ILE DU PLAISIR.

Sous un climat etrange, où sept fois tous les jours,
La Mer change d'assiete, & la vague de cours :
Il se void sur les eaux, une Ile vagabonde,
Qui flote sans arrêt au mouvement de l'onde.
Comme un navire errant, que le Fare & le Nort,
Auroient abandonné, loin de rade & de port.
Sur ses bords jour & nuit, des troupes de Sirenes,
Flateuses de la voix, & de cœur inhumaines :
Font de leurs doux attraits des pieges aux passans,
Plus cruels à l'Esprit, qu'agreables aux sens :
Corrompent la raison par la vue ebloüie :
Empoizonnent le cœur, du plaisir de l'ouïe :
Et par un rare effet de leurs malins accords,
Mettent de la discorde entre l'ame & le corps.

Un

Un Printems eternel, qui sa rive environne,
De mirte & de palmiers lui fait une couronne.
Là des essains d'Amour sur les branches perchez,
A des jeux innocens paroissent empéchez.
De nœuds & de festons, les uns par couples lient
Les palmes qui sous eux, de respect s'humilient:
Et par les doux transports de leurs ames de bois,
Soupirent sans esprit, & se parlent sans voix.
D'autres jettent des fleurs d'épines desarmées,
Et d'un ambre incarnat teintes & parfumées,
Qui semblent faire en l'air de leur pure couleur,
Un nuage innocent de flames sans chaleur.
Mais de ces vains jouets la montre peu fidele,
De loin est agreable, & de prez est cruelle:
Et les infortunez qui suivent ces appas,
Sous un plaisir trompeur, trouvent un vrai trépas.

D'UN OURS, ET DES MOUCHES A MIEL.

UN Ours que la faim pressoit, a la lecher le miel de quelque ruche. Une Abeille qui le vid, lui piqua l'oreille si cruellement, que de colere il les renversa toutes. Cette brutalité lui atira toutes les abeilles

les sur le corps, qui lui firent verser beaucoup de sang, & qui l'obligerent à songer à la retraite plus vite qu'il n'eut souhaité, en detestant son emportement, qui lui avoit suscité tant d'enemis à la fois.

Charle le Guerrier Duc de Bourgogne, s'etant voulu vanger excessivement des Suisses qui avoient decapité leur Gouverneur trop violent, emuta cette nacion ; & il en fut luimeme la victime.

LE MEURIER.

DES arbres cet arbre est le More;
Les fruits en sont noirs & halez :
Sur ses bras autrefois brulez,
Les charbons paroissent encore.
C'est celui qui pensa mourir,
Lors que jadis il vid perir,
Tisbé sur le corps de Pirame :
Son tronc s'en ouvrit de douleur,
Et les pleurs qu'en versa son ame,
De son deuil prirent la couleur.
  Soit que dans les tragiques peines,
Qu'eut ce beau couple d'Amitié,
Son cœur alteré de pitié,
Altera l'humeur de ses veines.
Soit que la flame qui vola,
Du feu dont l'amour les brula,
Se fut à ses bras allumée :
Son fruit qui jadis etoit blanc,
N'a plus qu'une peau de fumée,
Et n'est plus qu'un bouton de sang.

D'une Tigresse, et d'un Cavalier.

UNe Tigresse aiant aperçu un Cavalier, qui venoit de lui enlever ses petis, le pourfuivit d'une grande viteſſe. Le Chaſſeur qui s'i etoit bien atendu, avoit fait provifion de miroirs, qu'il laiſſa tomber à terre. La tigreſſe les trouvant dans ſon paſſage s'ocupa lontems à ſe regarder dans ces glaces, qui la ſurprirent ſi à propos, qu'elle donna un moien ſur, au cavalier de ſe ſauver avec ſa proie.

L'Archeveque d'Ambrun entretenoit de belles paroles le Reine Regente à Madrit, tandis que le Roi de France prenoit Tournai.

La Mouche et la Fourmi.

LA Mouche & la Fourmi conteſtoient de leur prix.
 O Jupiter! dit la premiere,
Faut-il que l'amour propre aveugle les eſprits
 D'une ſi terrible maniere,
  Qu'un vil & rampant animal
A la fille de l'air oſe ſe dire égal!

Je

Je hante les palais ; je m'affiez à ta table :
Si l'on t'immole un beuf, j'en goute devant toi :
Pendant que celle-ci chetive & miserable
Vit trois jours d'un festu qu'elle a trainé chez soi.
  Mais ma mignone, dites-moi,
Vous campez-vous jamais sur la tête d'un Roi,
   D'un Empereur, ou d'une belle ?
Je le sais, & je baise un beau sein quand je veux :
  Je me joüe entre des cheveux :
Je rehausse d'un teint la blancheur naturelle :
Et la derniere main que met à sa beauté
  Une femme allant en conquête,
C'est un ajustement des Mouches emprunté.
  Puis allez-moi rompre la tête
  De vos greniers. Avez vous dit ?
  Lui repliqua la ménagere.
Vous hantez les palais ; mais on vous i maudit.
  Et quant à gouter la premiere
  De ce qu'on sert devant les Dieux,
  Croiez-vous qu'il en vaille mieux ?
Si vous entrez par tout, aussi font les profanes.
Sur la tête des Rois & sur celle des Anes
Vous allez vous planter ; je n'en disconviens pas ;
  Et je fai que d'un promt trepas
Cette importunité bien souvent est punie.
Certain ajustement, ditez-vous, rend jolie.
J'en conviens : il est noir ainsi que vous & moi.
Je veux qu'il ait nom Mouche, est-ce un sujet pourquoi
  Vous fassiez sonner vos merites ?
Nomme-t-on pas aussi Mouches les Parasites ?
Cessez donc de tenir un langage si vain :
  N'aiez plus ces hautes pensées :
  Les Mouches de cour sont chassées :
Les Mouchars sont pendus : & vous mourrez de faim,

De

De froid, de langueur, de misere,
Quand Fébus regnera sur un autre hemisfere.
Alors je jouirai du fruit de mes travaux:
    Je n'irai par monts ni par vaux
    M'expofer au vent, à la pluie:
    Je vivrai fans melancolie.
Le foin que j'aurai pris, de foin m'exemtera:
    Je vous enfeignerai par là
Ce que c'eft qu'une fauffe ou veritable gloire.
Adieu; je perds le tems: laiffez moi travailler.
    Ni mon grenier ni mon armoire
    Ne fe remplit à babiller.

D'UN LÉOPARD, ET D'UN LIEVRE.

UN Leopard aperçut un Lievre au travers des paliffades d'un parc. Il regardoit les moiens de l'avoir. Le Lievre qui comprit fon inquietude, & qui croioit etre en fureté de fes griffes, fe mit à l'infulter. Cette infolence échauffa fi fort la bile du Leopard, qu'il s'élança tout à coup au deffus de la paliffade, & qu'il le devora, aprez lui avoir reproché que s'il favoit bien courir, le Leopard favoit encore mieux fauter.

Mar-

Marnix se moquoit du Duc de Parme en le voiant devant Anvers, mais il fut luimeme moqué quand il vid ce Heros trionfant dans la Ville.

LE TRESOR, ET LES DEUX HOMMES.

UN homme n'aiant plus ni credit, ni resource,
Et logeant le Diable en sa bourse,
 C'est à dire, n'i logeant rien,
 S'imagina qu'il feroit bien
De se pendre, & finir lui-même sa misere;
Puis qu'aussi bien sans lui la faim le viendroit faire,
 Genre de mort qui ne duit pas
A gens peu curieux de gouter le trépas.
Dans cette intention une vieille mazure
Fut la sene où devoit se passer l'aventure.
Il i porte une corde, & veut avec un clou
Au haut d'un certain mur attacher le licou.
 La muraille vieille & peu forte,
S'ébranle aux premiers cous, tombe avec un tresor.
Notre desesperé le ramasse, & l'emporte;
Laisse là le licou, s'en retourne avec l'or;
Sans conter: ronde ou non, la somme plut au sire.
Tandis que le galant à grands pas se retire,
L'homme au tresor arrive & trouve son argent
   Absent.
Quoi, dit-il, sans mourir je perdrai cette somme?
Je ne me pendrai pas! & vraiment si ferai,
 Ou de corde je manquerai.
Le lacs étoit tout prêt, il n'i manquoit qu'un homme:
Celui-ci se l'attache, & se pend bien & beau.
 Ce qui le consola peutetre,
Fut qu'un autre eut pour lui fait les frais du cordeau.
Aussi-bien que l'argent le licou trouva maitre.

L'a-

L'avare rarement finit ses jours sans pleurs.
Il a le moins de part au tresor qu'il enserre,
    Tresaurizant pour les voleurs,
    Pour ses parens, ou pour la terre.
Mais que dire du troc que la fortune fit ?
Ce sont là de ses traits ; elle s'en divertit.
Plus le tour est bizarre, & plus elle est contente.
    Cette Déesse inconstante
    Se mit alors en l'esprit
    De voir un homme se pendre ;
    Et celui qui se pendit
    S'i devoit le moins attendre.

D'UN BUFLE, ET D'UN PAÏSAN.

UN Bufle, qui mouroit de faim dans une foret, pendant un rude hiver, cherchoit à manger de tous les cotez. Un Païsan qui l'aperçut, lui demanda s'il vouloit bien le servir ; le Bufle consentit à la charge qu'il lui donneroit suffisamment dequoi se nourrir. Le Païsan qui ne demandoit pas mieux, lui promit tout ce qu'il voulut, & il lui passa aussitôt un anneau dans les narines, se rendant

dant par ce moien le maitre d'un animal si farouche, & si dificile à donter.

Les Messinois en 1678 implorerent le secours de la France pour avoir des provizions; ils en eurent, mais au meme tems, ils se virent les esclaves de ces beaux liberateurs. Les François pourtant se retirerent depeur que les Vepres ne fussent suivies des Complies.

LE CHARDONNERET, OU L'ESCLAVE FAVORI.

UN jeune Abbé, qui n'avoit rien à faire,
  Faisoit sa capitale affaire;
De nourrir des Oiseaux de toutes les façons.
Dans une ample voliere il avoit deux Pinçons,
  Quatre Serains de Canarie,
  Trois Allouettes, une Pie,
  Six Rossignols, un Peroquet,
Dans une cage à part certain Chardonneret,
Qu'il aimoit, & pour qui son soin étoit extrême.
  Il les nourrissoit tous lui-meme,
  Mais c'etoit fait d'un tour de main,
  Et toujours le meme ordinaire,
  D'un coté, de l'Eau toute claire,
  Et de l'autre, rien que du grain.
Mais l'Oiseau favori faisoit meilleure chere,
Ne mangeant que biscuit, ne buvant qu'Hipocras,
Et regulierement l'Abbé lui faisoit faire
  Tous les jours ses quatre repas.
  Il etoit luisant, gros, & gras,
  Comme un Deputé des Etats.
  Sa Cage etoit ample & jolie.
  Mais enfin, sa Prison l'ennuie.
Et c'est ainsi que vont les plaisirs d'ici-bas.

Toujours de quelqu'ennui leur douceur est suivie.
  Sa chere liberté ravie,
  Et sa Captivité d'un an
Lui font envisager l'Abbé, comme un Tiran.
  Là-dessus, d'un prochain bocage
  Viennent les libres habitans
  Voltiger au tour de sa Cage.
  L'un debute par le beau-tems.
L'autre, par les beautez dont pare le Printems
Bois, prés, ruisseaux, chams, clos, jardins du voisinage.
L'autre vante la Paix de leurs charmans dezers,
  L'autre, leurs rustiques concers.
  L'autre oppose à la tirannie
  De sa prison & de ses fers,
  Les vastes campagnes des airs,
Patrie, & liberté, deux biens qui sont si chers,
Et s'étonne de voir, que sa gorge est jaunie,
De mille ennuis secrets, que son ame a souffers,
Depuis que pour jamais elle s'en void bannie.
Un autre alloit parler. Mais on entend du bruit,
  Et de peur de quelque avannie,
  L'esclave favori soudain les éconduit.
  L'Abbé vient apportant bouteille
De Vin Muscat, dragée en nompareille
  Plein une boëte, un gros biscuit,
  Lardé de mainte noix confite.
C'etoit l'heure à peu prez de la colacion.
L'Abbé se fait honneur de sa profuzion,
Mais l'Oiseau, que l'amour du païs sollicite,
  Contre l'Abbé conçoit l'averfion
  Qu'a le Forçat pour son Comite.
La contrainte opposée à tant d'affexion
Par un effet contraire & l'indigne, & l'irrite.
Liberté ! liberté ! se dit-il en secret,
         Hé !

EN BELLE HUMEUR.

Hé! le cruel croit-il paier ce que merite
Le bien qu'il me retient, par tous ceux qu'il me fait ?
C'est ainsi que l'Oiseau contre l'Abbé s'excite.
    Mais comme l'éclat le perdroit,
  Il se surmonte, & plus qu'il ne voudroit,
    Avec lui boit, mange, & folatre.
    L'Abbé folet, qui l'idolatre,
  Avec lui boit, mange, & folatre aussi,
    L'un, non de bon cœur, l'autre, si.
    Sou de manger & rire,
    De son coté chacun tire ;
    L'Abbé, pour écrire, ou lire,
    Monte en sa chambre tout droit,
    Ou Barbedor l'attendoit.
    Notre songe creux se retire
En un coin de sa cage un peu sombre, & là void
    Quel stratagême, ou quel endroit
    Lui facilitera sa fuite,
    Mais voiant sa Cage construite
  D'un fil d'Archal, & si gros, & si dru,
Que la tête passée i laisseroit le cu,
La force n'i peut rien ? usons de stratagême,
    Dit-il, je sai que l'Abbé m'aime ;
    Faisons si bien par nos beaux dis
    Qu'il nous fasse tous les Jeudis
    Avec lui manger à sa table
Et quand l'occasion nous sera favorable,
    Par la fenêtre adieu vous dis.
Il avoit du credit sur l'esprit de son maitre,
Et sur sa table alors on ouvroit la fenêtre.
    L'Histoire positivement
    Marque, que c'etoit justement
    Dans le fort de la Canicule.
Jusqu'au premier Jeudi le captif dissimule.

ESOPE

Ce Jeudi, l'Abbé vient au Regale, & l'Oiseau
　　　Dit qu'il n'est pas bien dans sa peau
L'Abbé pâle & transi veut en savoir la cause,
　　　Il n'est pas bon pour la santé
　　De vivre en cage toujours close,
　　　Lui repond notre Oiseau futé,
　　　Si vous aviez pour agreable,
　　Que les Jeudis sur votre Table
J'allasse, poursuit-il, bequeter votre Pain ;
Dans votre Gobelet tater de votre vin,
　　Et grignoter sur votre assiete !
Je jouirois toujours d'une santé parfaite.
　　　L'Abbé donne dans le panneau ;
　　　Ouvre la Porte de la cage ;
　　　En tire bonnement l'Oiseau ;
　　Le porte à table, où le Potage
　　　Déja les attendoit tous deux.
Là l'Oiseau se gorgeant de ses mets savoureux,
　　　Afin d'avoir meilleur courage
　　D'executer son dessein hazardeux,
　　Et pour le cacher davantage,
Lui fait interrompant à tout coup son ramage,
　　　Cent petits contes croustilleux,
　　　En cent petits sauts perilleux
　　Entre la poire & le fromage,
Tantot sur son épaule, & tantot sur son doigt.
　　　Enfin prenant le tems qu'il boit,
　　Il prend l'essor & gagne la fenêtre ;
　　　En vous remerciant mon maitre.
　　　A ces mots, le Maitre interdit
　　　D'une voix flatteuse l'appelle.
　　Mais serviteur. Point de nouvelle,
　　　Dit l'Oiseau, ce n'est plus le tems.
　　　Tout va chez vous par Ecuëlle,

Et

Et tous vos mets sont frians;
Vous m'aimez; mais bagatelle,
Il n'est que la clef des chams.
Non, non: Ce n'est point-là la raison singuliere
Qui te fait me quitter ainsi,
Petit ingrat! repart l'Abbé transi,
Et d'un ton radouci,
Pour l'amuser, tandis que la Bruiere,
Son Valet, est allé le prendre par derriere.
Monsieur, repond l'Oiseau, non, je ne sors d'ici,
Que pour la raison que voici;
Vous vivez à votre maniere;
Je veux vivre à la mienne aussi.
Ainsi dit, ainsi fait, & gile.
Le Valet se donnoit une peine inutile.
L'Oiseau s'en defioit, & pendant son discours,
Comme on dit, il avoit toujours
Un œil au Champ, l'autre à la Ville.
Si quelque demi-fat, ou demi-bel esprit
Soutient, pour se mettre en credit,
Que le masque de cette Fable
Cache une histoire veritable,
La chose, à dire vrai, n'est pas insoutenable,
C'est ce que de tout tems l'on fit.
Mais aussi s'il n'est vrai, qu'à cause qu'il le dit,
Et que la chose est vrai-semblable,
C'est un fondement fort petit,
Pour la tenir incontestable.
Pour vous, dont le bon sens est du tout impeccable,
Ce que vous en diriez seroit sans contredit.
La Princesse la dit, diroit-on, il suffit.
Mais il m'importe peu si le peuple i souscrit;
Qu'il en juge à son gré, j'i consens, si ma Fable
Lui profite, & vous divertit.

D'un Crocodile, et d'un Rat d'Egipte.

UN Rat aiant aperçu au bord du Nil un Crocodile, contre qui il avoit du chagrin, il l'aborda, & il s'offrit de lui netoier ses dents, & de lui oter quelque piece de chair qui pouvoit l'incomoder. Le Crocodile, qui ne se doutoit de rien, i consentit, & il ouvrit sa gueule, dans laquelle ce petit animal s'élança aussitot, & il lui rongea si bien les entrailles, qu'il se vid plainement vangé des insultes qu'il en avoit autrefois reçues.

Il ne faut jamais trop se fier à un enemi reconcilié.

Charle le Guerrier Duc de Bourgogne perdit la journée & la vie devant Nanci, pour s'etre trop fié au Comte Nicolas Campobache Napolitain refugié qu'il avoit autrefois humilié.

Caliste en Ourse.

LA solitude, & l'ombrage des bois
Pour cette Nimfe etoient de doux endroits:
Comme elle i vient un jour toute endormie

Ju-

Jupiter prend la fifionomie,
L'air de Diane, & fa taille, & fa voix.
 Il s'en aproche, & met bas le carquois,
Cherchant, dit-il, ces lieux fombres, & cois,
Pour i pouvoir jouir de fon amie.
     La folitude.
Elle etoit chafte, & ceda toutefois,
Ce Dieu preffant l'aiant mife aux abois
De fa pudeur troubla l'économie,
Elle fut Ourfe aprez cette infamie.
Il n'eft pas mal de craindre quelquefois
     La folitude.

D'UN RINOCEROT, ET DES ELEFANS.

DEs Elefans s'etant atroupez, ataquerent un Rinocerot, qu'ils vinquirent aprez un long, & fanglant combat. Les Elefans lui demanderent, pourquoi il n'avoit pas pris la fuite, plutot que de s'etre expofé contre tant d'enemis à la fois? Fuir, leur dit-il? celà eft digne de vous, qui n'avez pas d'honneur, mais pour moi, j'aime beaucoup mieux mourir en combatant genereusement, que de sauver ma vie par une si lache action.

Il faut mépriser la vie, quand on ne la peut conserver, qu'au depens de son honneur.

Le Duc de Parme au Siege d'Audenarde, ne voulut jamais faire reculer sa table d'improviste dressée de Tambours, quoique toute ensanglantée de la mort des Assistans, pour ne pas donner aux Rebelles la gloire d'avoir fait retirer d'un pas un si grand General.

L'Alouette et ses petits, avec le Maitre d'un Champ.

NE t'attens qu'à toi seul, c'est un commun proverbe.
    Voici comme un Esope le mit
        En credit.
    Les Alouettes font leur nid
    Dans les bleds, quand ils sont en herbe:
    C'est à dire environ le tems
Que tout aime, & que tout pullule dans le monde;
    Monstres marins au fond de l'onde,
Tigres dans les forêts, Alouettes aux chams.
    Une pourtant de ces dernieres
Avoit laissé passer la moitié d'un printems,
Sans gouter le plaisir des amours printanieres.
A toute force enfin elle se resolut
D'imiter la nature, & d'etre mere encore.
Elle batit un nid, pond, couve, & fait éclorre;
A la haste; le tout alla du mieux qu'il put.
Les bleds d'alentour murs, avant que la nitée
    Se trouvat assez forte encor
    Pour voler & prendre l'essor,

De mille soins divers l'Alouette agitée
S'en va chercher pâture ; avertit ses enfans
D'etre toujours au guet & faire sentinelle.
  Si le possesseur de ces chams
Vient avecque son fils, comme il viendra, dit-elle,
  Ecoutez bien ; selon ce qu'il dira,
  Chacun de nous décampera.
Sitot que l'Alouette eut quitté sa famille,
Le possesseur du champ vient avecque son fils.
Ces bleds sont murs, dit-il, allez chez nos amis
Les prier que chacun apportant sa faucille
Nous vienne aider demain dez la pointe du jour.
  Notre Alouette de retour
  Trouve en alarme sa couvée.
L'un commence : Il a dit que l'Aurore levée
L'on fit venir demain ses amis pour l'aider.
S'il n'a dit que cela, repartit l'Alouette,
Rien ne nous presse encor de changer de retraite :
Mais c'est demain qu'il faut tout de bon écouter.
Cependant soiez gais ; voilà dequoi manger.
Eux repus, tout s'endort ; les petits & la mere.
L'aube du jour arrive ; & d'amis point du tout.
L'Alouette a l'essor, le maitre s'en vient faire
  Sa ronde ainsi qu'à l'ordinaire.
Ces bleds ne devroient pas, dit-il, etre debout.
Nos amis ont grand tort, & tort qui se repose
  Sur des amis si negligens,
  Mon fils, allez chez nos parens
  Les prier de la même chose
L'épouvante est au nid plus forte que jamais.
Il a dit ses parens, mere, c'est à cette heure...
  Non mes enfans, dormez en paix :
  Ne bougeons de notre demeure.
L'Alouette eut raison, car personne ne vint.

Pour la troisiéme fois le maitre se souvint
De visiter ses bleds. Notre erreur est extrême,
Dit-il, de nous attendre à d'autres gens que nous.
Il n'est meilleur ami ni parent que soi-meme.
Retenez bien celà, mon fils, & savez-vous
Ce qu'il faut faire? Il faut qu'avec notre famille
Nous prenions dez demain chacun une faucille:
C'est là notre plus court; & nous acheverons
    Notre moisson quand nous pourrons.
Délors que ce dessein fut su de l'Alouette,
C'est ce coup qu'il est bon de partir, mes enfans.
    Et les petits en meme tems
    Voletans, se culebutans,
    Délogerent tous sans trompette.

D'un Chasseur, et d'un Chevreuil.

UN Chasseur aprez avoir lontems poursuivi un Chevreuil, le poussa enfin au somet d'une montagne, d'où il lui etoit impossible de se sauver. Cet animal se voiant reduit à cette extrèmité, demanda cartier au Chasseur, qui n'en voulut rien faire, le Chevreuil desesperé, se precipita aussitot sur cet inhumain, avec tant de violence, & d'impetuosité, qu'il le fit perir avec lui.

Il faut faire un pont d'or à son enemi, & ne le jamais trop pousser.

Les Messinois en 1282 poussez de Charle d'Anjou, demanderent à capituler. Charle n'i voulut pas entendre : mais il eut le loizir de s'en repentir, il fut obligé de lever le Siege aprez une sanglante perte & d'aller en France faire les obseques de ses sujets morts aux Vepres de la troisieme Paque.

LE GRENADIER.

Quel cœur, fut-ce le cœur d'un marbre,
Peut ouir nommer sans pitié,
Basilinde dont l'amitié,
Se conserve encor en cet arbre ?
Elle usa de tout pour mourir,
Elle essaia tout pour guerir,
Du trait dont elle fut atteinte :
Et jamais herbe, ni poizon,
Ne put accorder à sa plainte,
Ni la mort, ni la guerizon.

Ne sachant ni sort, ni dictame,
Qui put à son mal s'égaler ;
Elle prit du feu pour bruler,
La fleche qu'elle avoit dans l'ame.
Son corps en cet arbre changé,
D'un fruit couronné fut chargé,
Dont la fleur est encor ardente :
Et l'Amour qui se trouva là,
Y fit une graine éclatante,
Du feu que la Nimfe avala.

D'une Demoiselle, et d'une Civette.

UNe jeune Demoiselle nourriſſoit avec plaiſir, & faiſoit toutes ſes delices d'une Civette à qui elle donnoit une grande liberté. Il arriva qu'elle voulut paroître dans une aſſemblée, & qu'elle eut beſoin de muſc pour ſe parfumer, elle en demanda à cet animal ingrat & méconnoiſſant, qui lui en refuſa abſolument. Cette malhonneteté toucha cette Demoiſelle ſi ſenſiblement, qu'elle la fit enchaîner à l'heure même, & qu'elle l'obligea par ce mauvais traitement, à lui en donner plus qu'elle n'en voulut.

C'eſt etre bien ſage que d'accorder de bonne grace, ce qu'on peut nous oter par la force.

Filipe le Bon & Charlequint obligerent les Gantois à leur acorder de force, ce qu'ils avoient refuſé de leur acorder de bon gré.

Le Courbeau d'Apollon.

DE trop parler combien de maux on ſéme
En médiſance, en injure, en blaſfeme!

EN BELLE HUMEUR. 229

Sur le raport de ce méchant Oiseau
L'on vid perir un objet tendre & beau
Qu'aprez sa perte encore Apollon aime.
 Il decouvrit l'amoureux stratagême,
Et Coronis en parut toute blême,
Ce babillard la mit dans le tombeau.
  De trop parler.
Il etoit blanc, mais par l'ordre suprême
Il fut couvert d'une noirceur extrême
Qui de sa plume alla jusqu'à sa peau.
L'on croid souvent comme fit le Corbeau
Noircir autrui qu'on se noircit soi meme.
  De trop parler.

D'UNE LICORNE, ET D'UNE HUPE.

UNe Licorne vantoit à une Hupe, l'estime que tous les grands Seigneurs faisoient de sa blancheur, & de la beauté de sa corne, qu'ils plaçoient dans leurs tresors; la Hupe en convint, mais non pas pour celà, qu'elle voulut lui ceder; puis que tous ces avantages de la nature, dont elle faisoit tant de vanité, ne servoient qu'à lui procurer la mort, au
          lieu

lieu que la Hupe jouiſſoit d'une agreable liberté, qui n'étoit enviée de perſone.

Les riches craignent tout, & les pauvres ne craignent rien.

Un Janiſſaire etranglant un riche Baſſa, dont le Sultan ſe defaizoit afin de s'enrichir de ſes depouilles, dit à ce malheureux, que ſa vie auroit eté en plus grande aſſurance, s'il eut eté un pauvre Janiſſaire comme lui.

Le Chene et le Roseau.

LE Chene un jour dit au Roſeau:
Vous avez bien ſujet d'accuſer la nature.
Un Roitelet pour vous eſt un peſant fardeau.
    Le moindre vent qui d'aventure
    Fait rider la face de l'eau,
    Vous oblige à baiſſer la tête:
Cependant que mon front au Caucaſe pareil,
Non content d'arrêter les raions du Soleil,
    Brave l'effort de la tempête.
Tout vous eſt Aquilon; tout me ſemble Zefir.
Encor ſi vous naiſſiez à l'abri du feuillage
    Dont je couvre le voiſinage,
    Vous n'auriez pas tant à ſouffrir;
    Je vous defendrois de l'orage:
    Mais vous naiſſez le plus ſouvent
Sur les humides bords des roiaumes du vent.
La nature envers vous me ſemble bien injuſte.
Votre compaſſion, lui repondit l'Arbuſte,
Part d'un bon naturel; mais quittez ce ſouci;
    Les vents me ſont moins qu'à vous redoutables.
Je plie & ne romps pas; vous avez juſqu'ici
    Contre leurs coups épouvantables

Resisté sans courber le dos ?
Mais attendons la fin. Comme ils disoit ces mots,
Du bout de l'Orizon accourt avec furie
　　Le plus terrible des enfans
Que le Nort eut porté jusques-là dans ses flancs.
　　L'Arbre tient bon ; le roseau plie :
　　Le vent redouble ses efforts,
　　Et fait si bien qu'il deracine
Celui de qui la tête au ciel etoit voisine,
Et dont les pieds touchoient à l'empire des morts.

D'UNE GRENOUILLE, ET D'UN RAT.

Dans une sanglante guerre qu'eurent les Rats, & les Grenouilles, il i en eut une qui prit un Rat prisonier à qui elle promit bon cartier, & comme il faloit qu'elle passat une riviere pour rejoindre sa troupe, elle le chargea sur son dos, mais cette parjure ne fut pas plutot au milieu de l'eau, qu'elle se secoua avec beaucoup de violence, à dessein de neier le Rat, qui se tint si fort attaché à elle, qu'il lui fut impossible de s'en défaire. Cette resistance
donna

donna le tems à un Milan qui voioit de loin leur debat, de fondre sur eux & d'en faire curée.

Tandis que Jaque II s'atache à Louis XIV, Guillaume III monte sur le trône.

Le petit Poisson et le Pescheur.

Petit poisson deviendra grand,
 Pourvu que Dieu lui prête vie.
Mais le lâcher en attendant,
 Je tiens pour moi que c'est folie ;
Car de le ratraper il n'est pas trop certain.
Un carpeau qui n'etoit encore que fretin
Fut pris par un Pescheur au bord d'une riviere.
Tout fait nombre ; dit l'homme en voiant son butin;
Voilà commencement de chere & de festin ;
 Mettons-le en notre gibeciere.
Le pauvre carpillon lui dit à sa maniere :
Que ferez-vous de moi ? je ne saurois fournir
 Au plus qu'une demi bouchée.
 Laissez-moi carpe devenir :
 Je serai par vous repeschée.
Quelque gros Partisan m'achetera bien cher :
 Au lieu qu'il vous en faut chercher
 Peutetre encor cent de ma taille
Pour faire un plat : Quel plat ? croiez-moi, rien qui vaille.
Rien qui vaille & bien soit, repartit le Pescheur;
Poisson mon bel ami, qui faites le Prescheur,
Vous irez dans la poêsle ; & vous avez beau dire ;
 Dez ce soir on vous fera frire.
Un tien vaut, ce dit-on, mieux que deux tu l'auras;
 L'un est sur, l'autre ne l'est pas.

D'u-

D'UNE FOURMI, ET D'UNE CIGALE.

UNe Cigale voiant en hiver une fourmi, qui avoit bonne provizion de vivres, s'aprocha d'elle, & elle lui demanda quelques grains de bled. La Fourmi dit, à la Cigale, qu'elle devoit en faire amas comme elle, pendant l'été. Je chante alors, répondit la Cigale, hé bien, fit la fourmi, si tu as chanté l'été, je te conseille de bien danser l'hiver.

Il faut travailler dans les beaux jours, si nous voulons eviter les incommoditez de l'arriere saison.

Une jeunesse faineante est d'ordinaire une vieillesse miserable.

Tandis que le Duc d'Alanson trenchoit du Duc de Brabant aux festins d'Anvers, le Duc de Parme reconqueroit la Belgique.

SEURS DE FAETON EN PEUPLIERS,

ET CIGNE EN CIGNE.

JUsqu'au tombeau celebré où tu fus mis,
Jeune emporté, quel devoir fut obmis?

Quel defefpoir de tes fœurs, quels vacarmes !
L'ambre depuis fe forma de leurs larmes,
Cigne te vid tant qu'il lui fut permis.
    Ce Roi t'aimoit, il te l'avoit promis,
Et te voiant où tu t'etois commis,
Il eut pour toi de mortelles allarmes.
       Jufqu'au tombeau.
De ton malheur il ne s'eft point remis,
Sous fon plumage il hait tes ennemis,
De Jupiter il detefte les armes,
Les feules eaux ont pour lui quelques charmes,
Quand on eft tendre on aime fes amis.
       Jufqu'au tombeau.

D'UNE FOURMI ET D'UNE MOUCHE.

UNe Mouche infulta une Fourmi, fur fa maniere de vivre baffe, & ranpante, pendant qu'elle etoit chez les Rois, & dans tous les plus magnifiques repas. La Fourmi répondit à tous fes reproches, qu'elle etoit contente de fon fort, qu'une démeure fure, & arretée lui plaifoit mieux qu'une vie inconftante, & vagabonde, & que les grains de bled, & l'eau des fontaines, lui sembloient d'aussi bon gout que les mets les plus delicieux. Que la Fourmi n'etoit redevable qu'à son travail, au lieu que la Mouche etoit incommode à tout le monde.

Une fortune mediocre, & bien reglée, est preferable à une abondance inquiete, & sujete à mile dangers.

LE TORRENT,

OU L'HUMEUR MELANCOLIQUE, ET LA GAILLARDE.

IL avoit plu toute la nuit,
Et d'une prochaine montagne
La pluie, en tombant à grand bruit,
Avoit fait d'un ruisseau rodant par la campagne,
Un torrent, & ce qui s'ensuit.
C'est à dire, qu'en son ravage,
Ce torrent, n'aguere ruisseau,
Avoit mis le Pont à-vau-l'eau,
Qui d'un village, à l'autre etoit le seul passage.
Tibaut prié de noce au village voisin,
On i marioit son cousin,
Dez la pointe du jour deniche, marche, & treuve
En place du ruisseau, torrent, riviere, ou fleuve,
Point de pont, point d'endroit à le franchir d'un saut;
Donc, point de noce pour Tibaut.
Quoi? dit-il, en grattant sa tete,
Sans moi se passera la fete?
Et cependant par un torrent morgué
Je n'en verrai que la fumée?
Il en aura menti, morgué,
Et la fete sera chommée.
Ce dessein pris il cherche un gué.
Il falloit passer à la nage,

Ti-

Tibaut le pouvoit fans danger,
Dira quelqu'un, l'Auteur devoit bien i fonger.
    Auffi l'ai-je fait, mais l'adage,
Qu'il faut fuivre, m'apprend qu'il ne favoit nager
    Que dans la marre du village;
    Marchant donc le long du rivage,
    Il trouve un endroit où l'eau dort,
Où l'efpace eft étroit de l'un à l'autre bord.
    Eftimant cet endroit guéable,
Il fe déchauffe, entre, & le pauvre diable
    Au premier pas rencontre un trou,
    Et fe voit dans l'eau jufqu'au cou.
Un pas fi dangereux l'arrete, & l'intimide:
Il s'en tire, & plus bas trouvant un autre endroit,
    Le fonde d'un baton, & voit
    L'eau moins creufe, mais plus rapide,
Il s'enhardit, & fuit fon baton qui le guide,
    Et malgré la rapidité,
    Le voilà de l'autre coté,
    Sain & fauf, & Dieu fait la joie.
    Là rechauffant l'un de fes bas,
Ou d'un foulier chauffé referrant la coroie,
    On conte qu'il difoit tout bas;
Abime croupiffant! tu ne m'i retiens pas;
    L'endroit, où l'on fe noie,
Eft celui qui le moins menace du trepas.
    Vive l'humeur goguenarde,
    Il i fera toujours bon,
    Ne te fais point compagnon
    D'une humeur toujours fongearde,
    Qui te portera guignon.
Ainfi le gai Lubin fur cette molle herbette,
    Dance aux chanfons de ma mufette,
    Tandis que Guillot le fournois,

Au-

EN BELLE HUMEUR.

Autrement dit, la Lime-sourde,
Vient par derriere en tapinois
Boire tout le vin de ma gourde.
Selon mon sens, voici le fruit,
Qu'on peut tirer de cette Fable;
L'ennemi le plus redoutable
N'est pas toujours celui qui fait le plus de bruit.
Plut au Ciel, dit Cesar, que Brute & que Cassie,
Fussent ces deux gros gaillards-là,
Parlant d'Antoine & de Dolabella,
Je craindrois bien moins pour ma vie.

D'UNE POULE, ET D'UN MILAN.

UN Milan, qui avoit fait pendant sa vie une guerre mortele aux autres oiseaux, se sentant malade, reduit à la derniere extremité, appella une poule qu'il vid passer, & il la pria de vouloir aler demander aux dieux le retour de sa santé. J'irai bien plutot les prier qu'ils te donnent une pronte mort, répondit cet animal, puisque ma sureté, & celle de mes Poussins en dépendent entierement.

Ceux qui passent leur vie à persecuter le autres, trouvent peu d'amis, & de secours dans leurs besoins.

La France & le Turc le sentent presentement, il n'i a persone qui veut etre leur Mediateur.

Le Lievre et les Grenouilles.

Un Lievre en son gîte songeoit,
Car que faire en un gîte à moins que l'on ne songe?
Dans un profond ennui le Lievre se plongeoit:
Cet animal est triste, & la crainte le ronge.
  Les gens de naturel peureux
   Sont, disoit-il, bien malheureux:
Ils ne sauroient manger morceau qui leur profite;
Jamais un plaisir pur; toujours assauts divers.
Voilà comme je vis: cette crainte maudite
M'empesche de dormir sinon les yeux ouverts.
Corrigez-vous, dira quelque sage cervelle.
  Et la peur se corrige-t-elle?
  Je croi meme qu'en bonne foi
  Les hommes ont peur comme moi.
  Ainsi raisonnoit notre Lievre,
  Et cependant faisoit le guet.
  Il etoit douteux, inquiet;
Un soufle, une ombre, un rien, tout lui donnoit la
   fiévre.
  Le melancolique animal
  En révant à cette matiere
Entend un leger bruit: ce lui fut un signal
  Pour s'enfuïr devers sa taniere.
Il s'en alla passer sur le bord d'un étang:
Grenouilles, aussitot, de sauter dans les ondes;
Grenouilles de rentrer en leurs grottes profondes.
  Oh, dit-il, j'en fais faire autant

Qu'on

EN BELLE HUMEUR.

Qu'on m'en fait faire! ma presence
Effraie aussi les gens! je mets l'alarme au camp!
Et d'où me vient cette vaillance?
Comment des animaux qui tremblent devant moi!
Je suis donc un foudre de guerre.
Il n'est, je le voi bien, si poltron sur la terre,
Qui ne puisse trouver un plus poltron que soi.

D'UNE POULE, ET DE SES POUSSINS.

UNe poule aiant aperçu des oiseaux de proie, qui vouloient lui ravir ses poussins, elle les fit entrer le plus vite qu'elle put sous un grand pannier d'ozier qu'elle trouva à sa bienseance, leur commandant tresexpressément de n'en pas sortir; aprez quoi elle se mit de son coté en défense, & elle s'oposa avec tant de courage à la violence de ces oiseaux, qu'ils furent obligez de se retirer sans avoir pu emporter aucun de ses poussins.

La prudence & la sage conduite des peres & des meres, empechent bien souvent la perte de leurs enfans.

En la campagne de 1689 le Marechal d'Humiè-
res

res sembloit devoir engloutir le reste de la Belgique, mais les Aliez aprez l'avoir bien accommodé à Valcour, & aprez avoir forcé ses lignes, l'obligerent à se mettre sous l'affut de ses bonnes places.

L'Enfant et le Maitre d'Ecole.

Dans ce recit je pretens faire voir
D'un certain sot la remontrance vaine.
Un jeune enfant dans l'eau se laissa choir,
En badinant sur les bords de la Seine:
Le Ciel permit qu'un saule se trouva
Dont le branchage, aprez Dieu, le sauva.
S'etant pris, disje, aux branches de ce saule:
Par cet endroit passe un Maitre d'école.
L'Enfant lui crie, au secours, je peris.
Le Magister se tournant à ses cris,
D'un ton fort grave à contretems s'avise.
De le tancer. Ah le petit babouin !
Voiez, dit-il, où l'a mis sa sottise !
Et puis prenez de tels fripons le soin.
Que les parens sont malheureux, qu'il faille
Toujours veiller à semblable canaille !
Qu'ils ont de maux ! & que je plains leur sort !
Aiant tout dit il mit l'enfant à bort.
Je blame ici plus de gens qu'on ne pense.
Tout babillard, tout censeur, tout pedant,
Se peut connoitre au discours que j'avance:
Chacun des trois fait un peuple fort grand;
Le Createur en a beni l'engeance.
En toute affaire ils ne font que songer
   Aux moiens d'exercer leur langue.
Hé mon ami, tire-moi de danger;
   Tu feras aprez ta harangue.

D'UN

D'UN EPERVIER, ET D'UN ROSSIGNOL.

UN Rossignol ofrit à un Epervier qui venoit de le prendre, d'emploier entierement à son service, la vie qu'il lui demandoit. L'Epervier à ces ofres lâcha un peu ses serres, s'informant à quoi il pouvoit lui etre util ? Je sai, répondit le Rossignol, mile petites chansons, dont je te divertirai agreablement. Celà n'est pas pour le present de mon gout, s'ecria l'Epervier, en le déchirant par morceaux, car je n'aime la musique qu'aprez avoir bien mangé.

L'util est préferable au plaisir.

LA CIGALE ET LA FOURMI.

LA Cigale aiant chanté
     Tout l'Eté,
Se trouva fort depourvue
Quand la Bize fut venue.
Pas un seul petit morceau
De mouche ou de vermisseau.
Elle alla crier famine

Chez la Fourmi sa voisine ;
La priant de lui prêter
Quelque grain pour subsister
Jusqu'à la saison nouvelle.
Je vous paierai, lui ditelle,
Avant l'Oust, foi d'animal,
Interet & principal.
La Fourmi n'est pas préteuse :
C'est là son moindre defaut.
Que faisiezvous au tems chaud ?
Ditelle à cette emprunteuse.
Nuit & jour à tout venant
Je chantois, ne vous deplaise.
Vous chantiez ? j'en suis fort aise :
Et bien, dansez maintenant.

D'un Coq, et d'un Coq d'Inde.

UN Coq d'inde nouvellement debarqué dans une bassecour, épouventa les poules. Le Coq familier s'en émut & il vint l'ataquer sur le champ. Le Coq d'Inde lui remontra avec douceur, qu'il n'avoit eu aucun intencion de les insulter, & il lui de-

demanda son amitié. Cette maniere honete n'etoit guere du gout de ce brutal, & ce ne fut qu'aprez un lontems, & aprez beaucoup de prieres qu'il l'obligea de le laisser en repos.

Il i a plus de brutalité que de bravoure, à ofenser ceux qui n'ont aucun dessein de nous nuire.

L'Electeur Palatin entroit paiziblement dans ses Etats, lorsque la France l'en bannit & qu'elle mit le Palatinat au feu & à l'épée.

La Mort et le Bucheron.

UN pauvre Bucheron tout couvert de ramée,
 Sous le faix du fagot aussibien que des ans
Gemissant & courbé marchoit à pas pesans;
Et tachoit de gagner sa chaumine enfumée.
Enfin n'en pouvant plus d'effort & de douleur,
Il met bas son fagot, il songe à son malheur:
Quel plaisir a-t-il eu depuis qu'il est au monde?
En estil un plus pauvre en la machine ronde?
Point de pain quelquefois, & jamais de repos;
Sa femme, ses enfans, les soldats, les impots,
 Le creancier, & la corvée,
Lui font d'un malheureux la peinture achevée.
Il appelle la Mort; elle vient sans tarder;
 Lui demande ce qu'il faut faire.
 C'est, dit-il, afin de m'aider
A recharger ce bois; tu ne tarderas guere.
 Le trépas vient tout guerir;
 Mais ne bougeons d'où nous sommes:
 Plutot souffrir que mourir,
 C'est la devise des hommes.

D'un Corbeau, et d'un Scorpion.

UN Corbeau écraza un Scorpion, qu'il tenoit dans son bec, sans qu'il put etre porté par toutes ses remontrances, à lui laisser la vie. Le Scorpion le voiant inflexible, & qu'il faloit mourir, courba sa queue, & il piqua le Corbeau au cou si vivement, que le venin se repandant aussitot par toutes les parties de son corps, il fut contraint de tomber mort sur la place.

C'est etre bien temeraire, que d'attaquer un plus méchant que soi.

La France l'a experimenté, quand elle a osé attaquer les Algeriens.

Jupiter en Taureau.

Quand on est belle, on fait bien du fracas;
La jeûne Europe avoit beaucoup d'apas,
Et Jupiter de qui l'ame etoit tendre
Se void contraint pour elle se decendre
En Taureau blanc qui la suit pas à pas.

Elle

EN BELLE HUMEUR. 245

Elle s'i joue, elle i prend ses ébas,
Et met sur lui ses membres delicas:
Tout sied fort bien, quoi qu'on veuille entreprendre
    Quand on est belle.
Avec sa charge, & sans qu'il en soit las,
De la mer vaste il passe à nâge un bras,
Il ne faut plus songer à se defendre,
Il n'est plus tems de penser qu'à se rendre,
Quelle fortune aussi ne court on pas.
    Quand on est belle ?

DES COQS, ET D'UNE PERDRIX.

LEs Coqs d'une bassecour aiant aperçu une perdrix nouvellement venue, la bequeterent avec tant de fureur qu'ils la mirent au desespoir ; quelque tems aprez, ils s'entrequerelerent, & ils s'acharnerent si fortement les uns contre les autres, qu'ils se mirent tout en sang. Cette guerre domestique remit un peu la perdrix, voiant qu'ils n'avoient pas plus d'humanité entre eux, quoi qu'élevez ensemble, que pour elle qui etoit etrangere.

Tandis que les Vaudois retournent à leurs demeures, & que le Daufiné fe joint à eux, ceux que la France oprime, comencent à refpirer.

L'HIRONDELLE AMOUREUSE,
OU LE SYMBOLE DANS L'AMOUR.

ON me contoit un jour d'une jeune Hirondelle,
D'efprit & de corps auffi belle,
Qu'on puiffe jamais voir Oifeau,
Qu'elle aimoit un jeune Etourneau,
Beau de corps, & d'efprit comme elle.
Quoique leur amour fut nouveau,
Maint reteàtete, & maint Cadeau
Avoient fait en un mois, qu'une ardeur mutuelle
Bruloit les cœurs unis de ce couple fi beau,
Et l'Himen les preffoit d'allumer fon flambeau.
L'Hirondelle fage & fincere,
Et craignant de l'amour toujours quelque panneau,
Avant que de paffer à l'amoureux miftere,
Voulut prendre avis de fa mere,
Une mere avifée, & dont le jugement
Jamais en rien ne fe dement;
Une mere enfin fans feconde,
Pour confeiller, & connoitre fon monde.
Je ne demande pas mieux,
Repond cette fage mere,
Et je vois comme toi, que c'eft bien ton affaire;
Mais je ne te faurois taire
Un defaut qui me faute aux yeux;
Pour un jeune Etourneau, s'il eft fi ferieux,
Qu'en pretens-tu faire,
Quand il fera vieux?
Ma mere, un peu de fageffe,
Repond la fille, fied bien

A

EN BELLE HUMEUR.

A l'imprudente jeunesse
Et l'importun caquet de la froide vieillesse,
Qui n'aime qu'à dormir, & n'est plus bonne à rien,
Ne cause point un moment d'allegresse.
Defionsnous d'un feu, qui ne fait que de naitre,
Qui peut s'eteindre ainsi qu'il a pu s'allumer,
　　Repart la mere, il faut connoitre,
　　Comme on dit, avant que d'aimer.
Et pour t'instruire enfin de tout ce qui m'en semble,
Il n'aime que l'Hiver, tu n'aimes que l'Eté,
　　Dans cette contrarieté,
　　Vous rompriez bientot ensemble.
Mais enfin si tu viens à manquer l'Etourneau,
Le Hibou, le Plongeon, l'Epervier, le Corbeau
N'attendent que ton choix; quoi! le Hibou, ma mere?
Oui sans doute, ma fille, & tu ne peux mieux faire;
　　Jamais Oiseau ne sera mieux ton fait.
Aprez un long service, aprez vingt ans de peines,
　　Sur l'hotel de ville d'Atenes,
Tant qu'il vivra Pallas lui fait mille livres de rente.
　　Il a de plus mille écus d'argent net,
　　Trois bons emplois.... En eutil trente,
　　Helas! ma mere, il est si laid!
　　D'ailleurs, en puisje etre contente?
　　　Ne regardons point l'interet,
　　　J'ai vingt ans, il en a cinquante:
　　　Treve du Hibou, s'il vous plait:
Fi! d'un vilain Oiseau, dont la face épouvante:
Fi! d'un funebre Oiseau, que la mort toujours suit:
Fi! d'un lugubre Oiseau, qui transit quand il chante.
Fi! d'un Oiseau maudit, que nul Oiseau ne hante.
C'est un paisible Oiseau, qui n'aime point le bruit,
Repond la mere: & la fille replique,
　　Qui n'aime point d'Oiseau si pacifique;

Enfin de notre Himen quand verrions nous le fruit?
Jugez de nos humeurs quelle est la simpatie;
  Vous meme m'avez avertie
Qu'il en faut, avec lui je serois bien lottie,
Je vole tout le jour, & lui toute la nuit.
  Autre raison sans repartie;
  On m'a juré qu'on l'avoit vu
  Jadis dans Atenes vetu
  D'un justaucorps de couleur bleue,
  Et portant à Pallas la queue;
On jure que souvent en je ne sai quel lieu,
  Tandis qu'avec elle
  Je ne sai quel Dieu
Tetcàtete, & de nuit jouoit de la prunelle,
Le vigilant Oiseau faisoit la sentinelle.
  Voilà ce que me dit de lui
  L'autre jour notre ami sincere.
Tout celà, direzvous, n'est pas si grande affaire;
On n'i regarde pas de si prez aujourd'hui.
  Passons, lui repartit la mere;
Que dis-tu du Plongeon? sera-t-il éconduit?
Ma mere! En bonne foi vousvous moquez du monde.
Cet aquatique Oiseau nullement ne me duit.
Que faire d'un mari, dont l'humeur tient de l'onde,
  Qu'il habite, & qui l'a produit?
  Avec lui veuton prendre
  Quelque innocent deduit?
Se plongeant à tout coup, on ne sait où l'attendre,
  Et rarement on en jouit.
Au milieu de l'ardeur d'un amour le plus tendre,
  Le bizare s'évanouit.
Ainsi point de Plongeon. Une humeur si legere
  Ne me sera jamais de rien.
  Je m'en rapporte à vous, ma mere;

        Sans

Sans un fur ordinaire,
Le menage ne va pas bien.
Le Corbeau te plaira sans doute ?
Ma mere, volontiers je le vois & l'écoute,
Et j'aime affez son entretien ;
Mais autre Oiseau d'Hiver, & de qui la pitance
Semble ne se fonder que sur la Providence,
Dont son ventre souvent reçoit mortel échec.
De plus, Oiseau glouton, & qui ronge, & qui mange,
Jusqu'à mettre les os d'une charogne à sec ;
* A qui l'encens enfin d'une vaine louange
Feroit souvent tomber le fromage du bec.
Ainsi de vivre heureuse un jour, point d'assurance ;
Ainsi point de Corbeau. L'Epervier, que je pense.
N'est pas Oiseau, ma fille, assez hupé pour toi.
  Ah ! ma mere, pardonnezmoi.
  Avec tout Oiseau de rapine
  On fait toujours bonne cuisine.
  La conscience i trempe un peu ;
  Mais baste, pourvu que l'on fasse
  Toujours bonne chere, & grand feu.
  Nous irons tous deux à la chasse,
  Car tous deux nous chassons de race.
Il ira prendre aux chams Faisan, Caille & Perdrix,
Et moi je gauberai des mouches au logis.
En celà nos humeurs ont assez de simbole ;
  Tout autre interet est frivole.
  C'est le premier qu'il faut envisager.
Quand sous le joug d'Himen on veut nous engager,
Sans simbole d'humeur, ma mere ! quel menage ?
  Quel enfer, que notre maison ?
Sans simbole, en un mot, cordeau, hache & poizon,
  Chez nous sont bientot en usage.

L 5

* Fable du Corbeau & du Renard.

Sans doute, & ma fille a raison :
N'en parlons donc point davantage.
Ma fille ! tu le veux ainsi,
Et moi je le veux bien aussi.
A peu de jours de là l'Epervier eut la fille ;
Et consience à part, ce fut toujours entre eux
Une si grande paix, qu'en nulle autre famille
On ne remarquoit point de couple plus heureux.
Filles à marier ! voici votre leçon ;
Jamais vous n'en verrez une bien assortie,
Qui cherchera dans un garçon
Plus de bien, que de simpatie.

D'un Homme, et d'une Poule.

UN homme avoit une poule, qui lui pondoit chaque jour un œuf de fin or. Cet imprudent croiant de s'enrichir tout d'un coup, & de trouver dans le ventre de cette bête, une mine de ce precieux metal, s'avisa sotement de la tuer, il s'en repantit sur le champ, en voiant que par sa folie, & par son insaciable convoitise, il avoit perdu son bien, & ses esperances.

Pour

EN BELLE HUMEUR.

Pour trop vouloir, l'on perd bien souvent tout.

Mahomet IV perd son trone, pour avoir voulu monter sur celui de Leopold le Grand.

La France est à la veille de tout perdre, pour avoir voulu tout prendre.

LE SOUCI.

ON void le long de cette plaine,
D'autres celebres malheureux;
Qui portent encore sur eux,
L'empreinte & les traits de leur peine.
Là Clitie aux cheveux dorez,
Suit à pas lents & mesurez,
L'illustre Courier qui l'enflame;
Sans que de tant de beaux eforts,
Elle ait que le souci dans l'ame
Et la jaunisse sur le corps.

D'UNE CICOGNE, ET D'UN PAISAN.

UNe Cicogne donna malheureusement dans des filets qu'un païsan avoit tendus pour prendre des oiseaux, qui venoient ravager ses terres; se voiant prise elle demanda cartier au païsan ; en lui remontrant qu'elle n'etoit pas venue pour lui causer aucun domage, puisqu'elle ne mangeoit ni herbes ni grains. Le Laboureur plus sensible à sa perte, qu'aux raisons de cette miserable, lui ota la vie comme aux autres, sans vouloir l'entendre davantage.

Il est tresdangereux de se trouver en mauvaise compagnie.

La compagnie de Frangipani a perdu Nadasti & Cerin.

La Lice et sa Compagne.

UNe Lice etant sur son terme,
 Et ne sachant où mettre un fardeau si pressant,
Fait si bien qu'à la fin sa Compagne consent,
De lui preter sa hute, où la Lice s'enferme.
Au bout de quelque tems sa Compagne revient.
La Lice lui demande encore une quinzaine.
Ses petits ne marchoient, disoit-elle, qu'à peine.
 Pour faire court, elle l'obtient.
Ce second terme échû, l'autre lui redemande
 Sa maison, sa chambre, son lit.
La Lice cette fois montre les dents, & dit:
Je suis prete à sortir avec toute ma bande,
Si vous pouvez nous mettre hors.
 Ses enfans etoient déja forts.
Ce qu'on donne aux méchans, toujours on le regrette.
 Pour tirer d'eux ce qu'on leur prete,
  Il faut que l'on en vienne aux coups ;
  Il faut plaider, il faut combatre.
Laissez leur prendre un pied chez vous,
Ils en auront bientot pris quatre.

D'un Autruche, et d'un Rossignol.

UN Autruche, & un Rossignol s'etant rencontrez, tomberent aussitot sur les avantages qu'ils croioient avoir l'un sur l'autre. L'Autruche etala la beauté de son plumage, qui servoit à l'ornement, & à la magnificence des Rois. Le Rossignol en demeura bien d'acord, mais non pas pour celà, que ce plumage fut comparable à sa voix douce, & melodieuse, qui charmoit tout le monde. Aprez quoi elle s'envola, sans vouloir entendre plus lontems les impertinences de l'Autruche.

Les biens de l'esprit, sont preferables à ceux du corps ; le Cavalier qui vient de preferer une spirituelle à mille statues bien peintes ; la Demoizelle qui vient de preferer ce galant-homme à mille vaux-d'or, ont raizoné en Rossignols.

JUGEMENT DE TIRESIAS.

DEs deux cotez là haut chacun sa chaise,
Au serieux preferant la fadaise

Etoient assis Jupiter, & Junon
Pleins de nectar, disputant d'un doux ton
Savoir lequel etoit plus à son aise.
  C'est vous, ditil, mon cœur, quand je vous baise.
C'est vous, ditelle, en faisant la niaise,
Pour decider Tiresias fut bon.
    Des deux cotez.
Par cet expert la dispute s'apaise,
Il prononça sur la naïve thése,
Au gré de l'un il parla, ce diton,
Mais par malheur au gré de l'autre, non.
En bien jugeant le moien que l'on plaise.
    Des deux cotez ?

DE JUPITER, ET D'UNE ABEILLE.

UNE Abeille ofrit son miel à Jupiter. Jupiter lui promit pour reconoitre une action si pieuse, de lui acorder ce qu'elle souhaiteroit de juste, & de raisonable. La mouche lui demanda à l'heure meme, la force de blesser mortelement ceux qui ravageroient ses ruches. Jupiter lui fit voir qu'il ne pouvoit enteriner sa requete, sans qu'elle laissat son aiguillon dans le cors de ses enemis, ce qui seroit lui oter la vie, au lieu de la recompenser, & à lui, oter l'ocazion de rendre la justice qu'il devoit aux hommes.

La vengeance ne plait pas au Ciel, & c'est mal raisonner, que de vouloir le rendre complice, de nos mauvais desseins.

Salomon obtint du ciel la sagesse pour ne lui avoir pas demandé la force de se vanger de ses enemis.

La Tulippe.

Celle-là dont la couleur change,
Selon les jours qu'elle reçoit,
Fut autrefois, comme l'on croit,
Nimfe celebre vers le Gange:
Dez le premier feu qu'elle prit,
Le feu lui porta dans l'esprit,
Ses légeretez naturelles:
Et son cœur, que l'Amour blessa,
Ne se retint que les deux ailes,
Du trait volant qui le perça.
Le cœur ailé de l'Inconstante,
Vola si loin qu'il se perdit:
De son corps une fleur se fit,
Comme elle bizarre & changeante.
Sa nouvelle forme ravit,
Le premier Soleil qui la vit:
Elle fit envie à la Rose:
Et tous les œillets d'alentour,
Aussitot qu'elle fut eclose,
Lui presenterent leur amour.
Sous cette insensible figure,
Aussi bizarre que jamais,
Elle change encore de traits,

Com-

Comme elle change de teinture.
Ces diversitez de couleurs,
Ont perverti toutes les fleurs:
L'Anemone a changé comme elle:
Et les œillets, depuis ce tems,
Pour plaire à leur amour nouvelle,
Ont voulu paroitre inconstans.

D'UN PAISAN, ET DES SOURIS.

UN Païsan aiant pris du vin plus qu'à l'ordinaire, mit le feu dans sa maison. Les Souris de son domestique, qui vivoient assez tranquilement avec lui, voulurent se sauver de cet incendie. Le Païsan qui les aperçut, courut aprez tout ivre qu'il etoit, & les aiant attapées, il les jetta dans les flames, en leur disant, que lui aiant tenu compagnie dans sa bonne fortune, elles devoient bien en faire de meme dans son malheur.

C'est l'ordinaire des faux amis, que de suivre ceux qui sont dans la prosperité, & que de les abandonner dans la mauvaise fortune.

Lorsque Charle le Hardi fut tué devant Nanci, ses
plus

plus grans amis, & meme plusieurs Chevaliers de l'Ordre de la Toison d'or abandonnerent le parti de sa fille Marie de Bourgoigne, & ils prirent le parti de Louis XI, mais ils furent degradez par Maximilien I

LA CHATE METAMORPOSE'E EN FEMME.

UN homme cherissoit éperdument sa Chate,
Il la trouvoit mignonne, & belle, & delicate,
 Qui miauloit d'un ton fort doux :
 Il etoit plus fou que les foux.
Cet homme donc par prieres, par larmes,
 Par sortileges & par charmes,
 Fait tant qu'il obtient du destin,
 Que sa Chate en un beau matin
 Devient femme, & le matin meme
 Maitre sot en fait sa moitié.
 Le voilà fou d'amour extreme,
 De fou qu'il etoit d'amitié.
 Jamais la Dame la plus belle
 Ne charma tant son favori,
 Que fait cette epouse nouvelle
 Son hipocondre de mari.
 Il l'amadoue, elle le flate,
 Il n'i trouve plus rien de Chate :
 Et poussent l'erreur jusqu'au bout
 La croit femme en tout & par tout.
Lors que quelques Souris qui rongeoient de la natte
Troublerent le plaisir des nouveaux mariez.
 Aussitot la femme est sur piez :
 Elle manqua son avanture.
Souris de revenir, femme d'etre en posture.
Pour cette fois elle accourut à point ;
 Car aiant changé de figure

Les

Les Souris ne la craignoient point.
Ce lui fut toujours une amorce,
Tant le naturel a de force.
Il se moque de tout, certain age acompli.
Le Vase est imbibé, l'etoffe a pris son pli.
En vain de son train ordinaire
On le veut desacoutumer.
Quelque chose qu'on puisse faire,
On ne sauroit le reformer.
Coups de fourche ni d'étrivieres
Ne lui font changer de manieres;
Et, fussiez-vous embastonnez,
Jamais vous n'en serez les maitres.
Qu'on lui ferme la porte au nez,
Il reviendra par les fenétres.

DE DEUX ECREVICES.

UNe Ecrevice blamoit une de ses petites, & elle lui reprochoit de marcher si mal qu'elle ne faisoit aucun pas sans aler à droit & à gauche Ma mere, lui répondit la fille, montrez moi comment il faut que je fasse, & je suivrai votre exemple.

Il faut pratiquer soimeme, ce que l'on preche aux autres.

Un Ministre charletan, se vantoit d'avoir reçu un Louis d'or pour son sermon, & il ajoutoit qu'il ne voudroit pas pratiquer ce qu'il venoit de prêcher, pour mille écus.

LE CERF MALADE,

OU LA GRANDE ALLIANCE NUISIBLE.

UN jeune Cerf, non de race profane,
  Mais de la Biche, qu'autrefois
  On dit que l'Aulide en ses bois
Nourissoit, consacrée à la chaste Diane ;
Ce Cerf blessé d'un trait, & gisant dans son Fort,
  Mais gisant au lit de la mort,
Bramoit d'un ton lugubre. Un Daim du voisinage,
Qui l'ouit en passant, vint pour le secourir ;
  Le malade prêt à mourir
Par des accens coupez, & d'un triste langage,
Lui dit, qu'il voudroit bien, avant que de partir,
Prendre congé de tout son parentage.
Le Daim d'un pied leger part, & court avertir
Tout ce qu'en ses forets la sauvage contrée
Nourrit de Biche, & de Cerf, & de Daim.
  Le bruit d'un trépas si soudain
  Vole de futaie en futaie.
Par troupeau la famille i vient le lendemain,
Chacun court au remede, & sur tout au dictame :
  Bref tous en ont un si grand soin,
Qu'en deux jours le choiant jusqu'au moindre besoin,
Dans une saine assiete ils remettent son ame.
Quand on est jeune on revient de bien loin.
Mais en moins de deux jours les plus vertes campagns,

Prez

ESOPE
    Prez, Valons, & Montagnes
Manquent à ce grand peuple, & n'offrent à sa faim
Non plus de vert, qu'on en voit sur ma main
    Cette famine generale
    Fait que chez soi chacun detale,
    Et le foible convalescent,
  Ne trouve plus à mettre sous sa dent
Pas le moindre brin d'herbe, ou la moindre broutille;
Si bien que retombant à quelques jours de là,
Et maudissant cent fois sa nombreuse famille,
    De ce bas monde il s'en alla.
    Une trop grande alliance
    Est nuisible quelque fois,
    Et toujours son assistance
    Cesse avec notre finance?
  Qu'en pensez-vous, mes Franſois?

D'UNE SIRENE.

UNe Sirene aiant découvert un jeunehomme, qui se promenoit sur le bord de la mer chanta aussitot, & elle fit tous ses eforts pour le faire aprocher d'elle. Mais ce jeune garçon qui etoit bien averti, & qui n'ignoroit pas le pouvoir de ses charmes trompeurs; se sauva le plus vite qu'il put en se bouchant les oreilles, pour ne la pas entendre.

Il faut fuir la compagnie des personnes vicieuses, & rejeter avec vigueur toutes leurs caresses, comme autant de pieges qu'ils nous tendent.

Les Polonois à présent bien intencionez ne veulent pas que les Agens de France, se trouvent à la Diete de Varsovie.

LE LAURIER-ROSE.

CE Laurier à roses sans armes,
Est d'un Berger, qui de son tems,
Fut par sa lire & par ses chants,
Un excellent ouvrier de charmes.
Il aimoit par elexion :
L'honneur & la discrecion,
Le gouvernoient en toutes choses.
Et les chastes feux de son cœur,
N'etoient, non plus que ceux des roses,
Que de jour & de bonne odeur.
Le depit qu'il eut d'une injure,
L'aiant fait courir à la mort,
Le Dieu des vers changea son sort,
Et lui donna cette figure.
De ces beaux & pudiques feux,
Qui monterent à ses cheveux,
La flame le couronne encore :
Et ce sage & discret Amant,
Par là, tous les ans évapore,
Son innocent embrasement.

D'un

D'un Chene, et d'un Ormeau.

UN ormeau trop preffé, voulant fe mettre au large, fit tous fes eforts pour perfuader au chene qui eft le Roi des forets, de faire couper tous les autres arbres, qui etoient autour de lui. Le chene fit le fourd pendant quelque tems. Mais enfin fe vojant importuné plus qu'à l'ordinaire, il dit à cet ormeau, quand je les aurai fait abatre, qui me defendra contre les vents, & contre les tempetes; fi tu m'en parles davantage, je commencerai par toi.

Les bons Princes, en confervant leurs fujets, fe confervent euxmemes.

Charle Quint aiant fubjugé les Gantois rebelles, au lieu de les punir felon leur merite, leur a donné une amniftie generale.

Le Corbeau et le Renard.

Maitre Corbeau fur un arbre perché,
 Tenoit en fon bec un fromage.
Maitre Renard par l'odeur alleché,

EN BELLE HUMEUR.

Lui tint à peu prez ce langage :
Et bon jour, Monsieur du Corbeau :
Que vous etes joli ! que vous me semblez beau !
Sans mentir si votre ramage
Se rapporte à votre plumage,
Vous etes le Fenix des hotes de ces bois.
A ces mots le Corbeau ne se sent pas de joie :
Et pour montrer sa belle voix,
Il ouvre un large bec, laisse tomber sa proie,
Le Renard s'en saisit, & dit ; mon bon Monsieur,
Apprenez que tout flateur
Vit aux depens de celui qui l'écoute.
Cette leçon vaut bien un fromage sans doute.
Le Corbeau honteux & confus
Jura, mais un peu tard, qu'on ne l'i prendroit plus.

D'UN FRENE, ET D'UN ROSEAU.

UN frene vantoit sa fermeté, & il insultoit un roseau sur sa foiblesse, lui reprochant qu'il cedoit au moindre vent. A peine avoit-il parlé, qu'il survint un tourbillon, & une tempete si violente qu'ils qu'ils le deracinerent, & qu'ils le jetterent par terre. Le roseau de son coté plia adroitement ; l'orage passé, il se retourna vers le frene, & il lui dit qu'il pouvoit bien voir à ses dépens, qu'il étoit plus à propos de ceder à un enemi puissant, que de lui resister temerairement.

Il vaut mieux plier, que de rompre.
Maxime que l'Espagne a eté obligée de suivre aux trois derniers Traitez de Paix. La Turquie & la France la suivront aussi bientot si elles sont sages.

La Violete, et le Narcisse.

L'Humble & timide Violete,
Craint de montrer aux yeux du jour,
L'infortune de son amour,
Depuis la faute qu'elle a faite.
Sans ajustement & sans fard,
Elle n'emprunte rien de l'art:
Son habit est simple & modeste:
Et son visage sans couleur,
Dans le repentir qui lui reste,
En fait un voile à sa douleur.
La Narcisse plaint l'aventure,
Qui le brula dans un ruisseau ;
Où sans couleur & sans pinceau,
Il fit luimeme sa peinture.
Courbé sur ce flotant miroir,
Pour peu qu'il cesse de se voir,
Il perd le teint, & devient sombre:
Il hait la nuit & le sommeil:
Et de peur de perdre son ombre,
Il craint de quiter le Soleil.

EN BELLE HUMEUR.

D'UN OISELEUR, ET D'UN ROITELET.

UN oiseleur tendit ses filets de grand matin, pour faire quelque prise considerable. Neamoins il avoit déja passé presque le jour entier sans qu'il se fut presenté, que des petis oiseaux dont il se mit peu en peine. Mais quand il vid que le soleil baissoit, sans qu'il eut encore rien pris, il tira un roitelet qui fut toute sa chasse.

Tous les jours ne sont pas heureux, & il faut se contenter de ce que le Ciel nous envoie sans murmurer.

Charle le Guerrier Duc de Bourgogne refusa quantité de condicions tresavantageuses au siege de Nuits; à la fin, il fut bien aise de lever le siege, & de se contenter d'une proposicion qui n'égaloit pas celles qu'on lui avoit faites.

ECO EN VOIX.

Jusqu'à ce point est-on fourbe & hableuse!
Eco jadis Nimfe peu scrupuleuse

M   Trom-

Trompoit Junon d'un caquet assidu,
Lors qu'ici bas Jupiter decendu
Avoit en tete une intrigue amoureuse,
 A faire un conte elle etoit merveilleuse,
Pour amuser la Déesse ombrageuse,
Les plus adroits ne l'ont pas entendu.
  Jusqu'à ce point.
Qu'elle a changé, depuis la malheureuse
Va repetant dans une roche creuse
Les derniers mots d'un discours étendu.
A tel peché tel suplice etoit du,
Comment reduire une grande parleuse.
  Jusqu'à ce point!

D'UN CHASSEUR, ET D'UNE PERDRIX.

UNe Perdrix, qui venoit d'etre prise, ofrit au chasseur de lui amener des compagnies entieres d'autres Perdrix, s'il vouloit lui laisser la vie. Le chasseur ardent à la proie se laissoit presque persuader, quand tout à coup il fit reflexion que si elle etoit capable de tromper ses compagnes, elle pouroit bien le tromper luimeme; il s'écria, en lui

lui écrazant la tete, quel fond doit-on faire fur les promeſſes d'un traitre?

La politique ſoufre la trahizon, mais non pas les traitres.

Le Comte Henri de Berg aprez avoir fait le faux pas ſous l'Eſpagne, en faveur des Hollandois, fut mépriſé d'eux: Campobache aprez avoir trahi Charle le Guerrier à Nanci, fut abandonné de Louis XI Roi de France dont il avoit eté l'inſtrument, & ils moururent tous deux pauvres & miſerables.

LA GUERRE DE L'AIGLE ET DU LION,

OU LA BATAILLE DE S. GODART.

Conteuſe de fagot! Hola! Muſe follette!
Avezvous oublié que vous etes Clion?
  Voici matiere de Gazette,
Et Melpomene ici doit prendre la trompette,
Pour chanter les combats de l'Aigle & du Lion.
  Mais pourquoi quitter la muſette?
La Gazette ſouvent ſur la Fable empiéte,
  Donc par la Loi du Talion,
La Fable empietera ſur elle? Hé pourquoi non?
Pour un Poëme Epique, il ne ſeroit pas bon,
De le chanter comme une chanſonnette;
  Mais cette Fable un peu longuette
N'aiant au plus que l'air d'hiſtoriette,
Il ſuffit de monter la muſette d'un ton.
  L'Aigle, Roi des Peuples de l'air,
  Se divertiſſant à la chaſſe,
  Dans les plaines de Samotrace,
  Le long des cotes de la mer,
  Fit un effroiable carnage,

De maint Quadrupede sauvage.
Les Eperviers, Autours, Faucons, Milans, Laniers,
　　　Bref, toute sa Fauconnerie
　　Ne chassoit qu'aux Cerfs, qu'aux Sangliers,
　　Qu'aux Renards, & qu'aux Loups-serviers,
　　Mais chassoit de telle furie,
Que les Chasseurs de l'Ile, & les plus carnassiers
N'avoient fait jusqu'à lors une telle tuerie;
Meme le Grand Veneur & tous ses Officiers,
　　　Qui composoient la Venerie
Du Lion, qui du lieu tenoit la Seigneurie.
Le Tigre, Grand Veneur, & douze Leopars
Allant un jour chassant tout le long de ces plages,
Sont etonnez de voir de cent Betes sauvages
Les morceaux tout sanglans semez de toutes parts.
　　　Un vieil Renard dans sa taniere
　　　S'etant tenu clos & couvert,
Avoit vu par un trou, que la Gent Fauconniere
Se retiroit le soir dans un prochain dezert,
　　　Car i trouvant matiere encore
　　　A ses heroiques deduis,
　　　Elle couchoit sur le païs,
　　　Et se levoit avec l'Aurore.
　　　Le Renard n'aiant plus de peur,
　　　Voiant au champ le Grand Veneur,
Et sa Mute feroce, à qui rien ne resiste,
　　　Sort, accourt, & d'une voix triste
　　　Lui dit, que l'Aigle, ET CÆTERA,
　　　Est l'Auteur de tout ce ravage,
　　　Et que bientot il reviendra,
　　　Pour en faire encor davantage;
Qu'il est aprez un Ours, qui contre lui tiendra,
　　　Et qui, retranché dans ces roches,
　　　En Ours de cœur se defendra,

Mai

EN BELLE HUMEUR. 269

Mais qu'à la fin l'Aigle prendra,
Malgré ses griffes & ses broches.
Le Tigre, à ce recit, devenu furieux,
Fait venir au plus vite un renfort de Panteres,
Pour chasser l'Aigle de ces lieux.
Ils viennent. L'Aigle arrive, & ses mutes legeres,
Toutes ne demandant pas mieux,
Que de voir en champ de bataille
Le Tigre, & tous ses gens rangez par escadrons.
Qu'on fasse venir mes Griffons,
C'est assez pour cette canaille,
Dit l'Aigle fiérement aux siens.
Ils viennent accouplez comme lesses de chiens,
Lui servant de Relais de Chasse,
Mute des Chams Aëriens,
Qui toutes les autres surpasse,
Et qui jamais ne prend le change, ni se lasse.
Ils etoient environ deux cens,
C'est à dire deux contre quatre,
Ils enrageoient cependant de se batre.
Aussi l'Aigle leur Chef, & l'un des plus prudens,
Que l'on ait pu voir de son age,
Ne perdit point son avantage;
Il ne leur dit que ces deux mots; Enfans!
Donnez, & frappez au visage;
Parolles de Cesar, qu'autrefois il apprit
D'un vieil Autour, qui lui fit le recit
De la bataille de Farsale,
Où le grand Cesar déconfit
Le grand Pompée, & de tous ces gens fit
Une déroute generale,
Dont Vautours & Consorts firent ample regale.
Douze gros Peroquets savoient sonner du cor,
Mais beaucoup mieux de la trompette.

M 3　　　　Ils

Ils favoient tous jouer encor
Du Hautbois & de la Mufette.
Sur la cime d'un petit mont,
Entre les deux partis tous vont fonner la charge.
Par d'effroiables cris l'ennemi leur répond,
Et dans la plaine prend le large.
A la tete des fiens l'Aigle fier marche, & fond
Sur le Tigre, l'acroche au front,
Et lui pochant les yeux, les tire, & les avale.
Chacun fuit fon exemple, & chacun fe fignale,
Et tous, de leurs becs aquilins,
Font en moins d'un moment nombre de quinze-
vingts.
Le refte devant eux détale,
Des yeux du grand Veneur voiant le fang couler,
Et des yeux de leurs camarades,
Qui mordoient & faifoient ruades,
Mais qui ruant fur rien, & ne mordant que l'air,
Furent par nos Heros, à la griffe de fer,
Bientot mis en capilotades.
Le Lion informé de ces hoftilitez,
Contre notre Attila jure immortelle guerre,
Et voulant l'attaquer, & par Mer, & par Terre,
Affemble des Soldats; mande de tous cotez
Des Milices auxiliaires;
Dégarnit meme fes frontieres;
Met les poiffons de fon parti.
D'un fidele Efpion l'Aigle etant averti,
Que fon fier enemi s'apprete,
A lui venir donner le choc,
Et qu'il auroit puiffante armée en tete.
Affemble fon Confeil, & fon Confeil arreté,
Que fur le champ luimeme iroit trouver le Coq,
La terreur de fon Averfaire,

Et

EN BELLE HUMEUR.

Et qui sans coup ferir sait l'art de le defaire.
Il i va. L'Oiseau Franc lui promet son secours,
  Et d'etre en son Camp dans deux jours.
Il arrive à jour dit. Alors les trois Armées,
  L'une des Troupes Emplumées;
  L'autre des Gens d'Ecaille armez
De pied en cape; & l'autre, à la roide criniere,
  Aux dents faites en fourchesiere,
  Aux yeux de fureur allumez,
  Se virent bientot en presence,
  Et marchant en belle ordonnance.
L'Aigle avoit fait en l'air des siens trois Bataillons.
  A l'aile droite on voioit les Griffons,
  Et les Autours à l'aile gauche,
  Et toute volaille au Bec-croche.
Dans le Corps de reserve etoit le Coq François,
Et rien que sa Maison, dont un seul en vaut trois,
  Allant au choc, comme à la fete,
  Et donnant de cu & de tete,
Comme un Corbeau, quand il abbat des noix.
Sur une meme Ligne, & le long du rivage,
Le Lion avoit mis ses Troupes en deux parts;
D'un coté Tigres, Ours, Panteres, Leopars;
  De l'autre tout bêtail sauvage,
Soutenus tous les deux des Troupes de la Mer.
La harangue des Chefs fut tous les animer.
Les Peroquets sonnent la charge. On donne.
  La Fauve à l'Oiseau se crampone.
L'on n'entend que des cris, & des rugissemens.
  La Rive de pieté touchée
De se voir de corps morts en un moment jonchée,
Fait de ce bruit confus, de longs gemissemens.
Ici quatre Griffons renversent deux Panteres.
La quatre Leopars déchirent deux Autours.

M 4   Deux

Deux Aigles fondent fur deux Ours,
Et lui pochent les luminaires.
Le combat s'échauffe, & lontems,
Entre les deux partis la Victoire balance.
Le Lion fur l'Aigle s'élance.
L'Aigle fond fur fon dos, & lui ferrant les flancs,
Le déchire malgré fes dens,
Ses griffes & fa queue. Il faute, il le fecoue;
Mais l'Aigle fur fon dos de fes ferres fe cloue,
Et du fang ennemi la pouffiere rougit.
Le Lion en enrage, en écume, en rugit,
Appelle à fon fecours fon armée. Elle arrive.
De l'Aigle jufqu'alors l'arrieregarde oifive,
Conduite par le coq, vôle à fon General.
A coups d'ongle & de bec, pire que Durandal,
Rompt, perce, écarte, enfonce, abbat, & met en fuite
Tout ce que le Lion a de troupes d'élite.
Bref, il eft accablé du nombre, & de fon flanc
Sentant fortir fon ame fiere,
Qui jufqu'à la goute derniere,
A vendu cherement fon fang,
Jette un regard mourant fur la Troupe écaillée,
Qui pour le fecourir ne peut franchir fes bords.
D'un infolent vainqueur craignant d'etre raillée,
Ou plutot de tomber fous de fi grands efforts,
Car on alloit leur fondre fur la crête,
Elle délogea fans trompette;
Et fe plongeant au fond des eaux,
Laiffa le champ libre aux Oifeaux.
Le Lion connoiffant la faute qu'il a faite,
Et fe la reprochant mille fois en fecret,
Choque de defefpoir fa tete contre terre,
Et le dernier foupir qu'il fait,
Eft comme un long coup de tonnerre,

EN BELLE HUMEUR.

Qui porte dans le cœur de l'Aigle stupefait
  De la terreur & du regret,
  Pour un si grand foudre de guerre.
Ce déplorable Chef du parti le meilleur;
Que sa fortune lasse abandonne au malheur,
Nous montre à ses dépens, que tout Guerrier habile,
  Ne fait point de Ligue inutile.

DE LA MOUCHE, ET DU CHARIOT.

UNe Mouche s'etant arretée sur le Chariot de ceux qui couroient dans une lice, où la poussiere etoit grande, tant à cause des Chevaux qui l'émouvoient de leurs pieds, que du roulement des roues; O que je fai lever de poudre; s'écria-t'elle.

Bien des gens entestez de leur merite imaginaire, s'atribuent des efets où ils n'ont nulle part.

Un Cloutier de Liege entendant des etrangers qui louoient une orgue excellente, interompit la priere qu'il faisoit dans un coin de l'Eglise pour leur dire bien humblement; Messieurs c'est mon fils qui hausse les souflets de cette orgue.

ESOPE

L' Ó R.

DU plus bas étage du monde,
Je monte avec éclat sur la tete des Rois,
J'établis les Tirans, je renverse les loix,
 Je puis tout sur terre & sur l'onde,
  Je suis ce metail sans pareil,
  L'ouvrage achevé du Soleil,
L'ornement de la paix, & le nerf de la guerre,
Je ferme les enfers, je fais ouvrir les cieux,
Je commande aux mortels, je gouverne les Dieux,
Et avec tout celà ne suis qu'un peu de terre.
 Point de force qui ne me cede,
Nulles difficultez dont je ne vienne à bout,
Je force le destin, je suis maitre de tout,
  Et meme de qui me possede;
  L'amour, l'honneur sont sous ma loi,
  Rien n'est impenetrable à moi,
Je passerai par tout où passe le tonnerre,
Je n'ai pas tant de bruit, mais je fais plus d'effort,
Je fais perdre la vie, je sauve de la mort,
Et avec tout celà ne suis qu'un peu de terre.
 Sans aucun mouvement sans ame,
Je sai donner à tout & cœur & mouvement:
Beautez, qui vous croiez du monde l'ornement,
  Et qui remplissez tout de flame,
  Ne méprisez pas mon aloi,
  Rien n'est fidelle devant moi.
La plus illustre foi s'i casse comme un verre,
La plus chaste de vous me reçoit dans son sein,
Je rends beau le plus laid, le malade bien sain,
Et avec tout celà ne suis qu'un peu de terre.

DE LA PUCE, ET DE L'HOMME.

UN Homme se sentant mordre d'une Puce; Qu'est-ce qui me pique ici, dit-il, & il la prit au meme tems. La Puce voulut s'excuser, alleguant qu'elle etoit de ce genre d'animaux que la Nature avoit destiné à vivre de rapine ; surquoi elle le pria tresinstamment de la laisser, puis qu'aussibien elle ne pouvoit lui faire beaucoup de mal. L'Homme lui répondit ; & c'est pour celà meme que j'ai sujet de te vouloir tuer.

Il n'i a pas de petit ennemi.

La France le reconoit, elle qui essaie si passioné-ment de detacher le moindre des Alliez.

LE RENARD ANGLOIS:

A UNE DAME ANGLOISE.

LE bon cœur est chez vous compagnon du bon sens,
Avec cent qualitez trop longues à deduire,

Une

Une noblesse d'ame, un talent pour conduire
　　Et les affaires & les gens.
Une humeur franche & libre, & le don d'etre amie
Malgré Jupiter meme, & les tems orageux.
Tout celà meritoit un eloge pompeux ;
Il en eut été moins selon votre genie ;
La pompe vous déplait, l'eloge vous ennuie :
J'ai donc fait celuici court & simple, je veux,
　　I coudre encore un mot ou deux
　　En faveur de votre Patrie :
Vous l'aimez. Les Anglois pensent profondement,
Leur esprit en celà suit leur tempérement.
Creuzant dans les sujets, & forts d'experiences,
Ils étendent par tout l'empire des Siences.
Je ne dis point ceci pour vous faire ma Cour.
Vos gens à penetrer l'emportent sur les autres :
　　Meme les Chiens de leur sejour
　　Ont meilleur nez que n'ont les nôtres.
Vos Renards sont plus fins. Je m'en va le prouver
　　Par un d'eux qui pour se sauver
　　Mit en usage un stratagéme
Non encor pratiqué ; des mieux imaginez.
Le scelerat réduit en un peril extréme,
Et presque mis à bout par ces Chiens au bon nez,
　　Passa prez d'un patibulaire.
　　Là des animaux ravissans,
Blereaux, Renards, Hiboux, race encline à mal-
　　faire,
Pour l'exemple pendus instruisoient les passans.
Leur confrere aux abois entre ces morts s'arrange.
Je crois voir Annibal qui pressé des Romains
Met leurs Chefs en défaut, ou leur donne le change,
Et fait en vieux Renard s'échaper de leurs mains.
　　Les Clefs de mute parvenues

A l'endroit où pour mort le traitre se pendit,
Remplirent l'air de cris, leur maitre les rompit,
bien que de leurs abois ils perçassent les nues.
Il ne peut soupçonner ce tour assez plaisant.
Quelque terrier, dit-il, a sauvé mon galant.
Mes Chiens n'appellent point au delà des colonnes
  Où sont tant d'honetes persones.
Il i viendra le drôle. Il i vint, à son dam ;
  Voilà maint basset clabaudant ;
Voilà nôtre Renard au charnier se guindant.
Maitre pendu croioit qu'il en iroit de meme
Que le jour qu'il tendit de semblables panneaux ;
Mais le pauvret ce coup i laissa ses houzeaux ;
Tant il est vrai qu'il faut changer de stratagéme.
Le Chasseur, pour trouver sa propre sureté
N'auroit pas cependant un tel tour inventé ;
Non point par peu d'esprit ; est-il quelqu'un qui nie
Que tout Anglois n'en ait bonne provizion ?
  Mais le peu d'amour pour la vie
  Leur nuit en mainte occasion.
  Je reviens à vous, non pour dire
  D'autres traits sur vôtre sujet ;
  Tout long eloge est un projet
  Peu favorable pour ma Lire :
  Peu de nos chants, peu de nos vers
Par un encens flateur amusent l'Univers ;
Et se font écouter des Nacions étranges :
  Vôtre Prince vous dit un jour,
  Qu'il aimoit mieux un trait d'amour
  Que quatre pages de louanges.
Agréez seulement le don que je vous fais
  Des derniers efforts de ma Muse :
  C'est peu de chose ; elle est confuse
  De ces ouvrages imparfaits.

Cependant ne pourriez-vous faire
Que le meme hommage pût plaire
A celle qui remplit vos climats d'habitans
Tirez de l'Ile de Cithere?
Vous voiez par là que j'entens
Mazarin des Amours Déesse tutelaire.

Du Renard, et du Loup.

LE Renard tombé dans un pui, se voiant en danger d'etre noié, pria le Loup qui etoit en haut, de lui jetter une corde, pour le tirer de ce peril. Le Loup lui répondit, comment t'es-tu laissé tomber? Ce n'est pas maintenant le tems de jazer, repliqua le Renard: quand tu m'auras tiré d'ici, je te raconterai par ordre toute mon avanture.

Des François fuiant à la vue des Espagnols en 1690, se jeterent dans la Sambre à Florifou prez de Namur. Il crierent assistance du fond du goufre; leurs camarades qui avoient heureusement passé le gué, les gronderent, & ils leur demanderent pourquoi, ils ne les avoient pas suivis? ces naufrages leur promirent d'avouer leur faute dez qu'ils feroient à Dinant.

LA ROSE.

LA belle & perfide Rodante,
Depuis quelle manqua de foi,
Aporte toujours avec foi,
Un feu vivant qui la tourmente.
Pour l'éteindre en vain les zefirs,
I renouvellent leurs soupirs,
La flame en est trop ostinée:
Et par un juste jugement,
Cette agreable Infortunée,
N'est jamais sans embrazement.

DU DIEU MERCURE, ET D'UN CHARPENTIER.

UN Charpentier coupoit du bois prez d'une riviere, consacrée au Dieu Mercure, quand il arriva par mégarde, que sa coignée tomba dans l'eau. Bien affligé de cet accident, il s'assid sur le bord du fleuve, pour se consoler de cette perte. Mercure emû

emu de pitié lui aparut, & il s'enquit de la cause de
sa plainte; l'aiant connue, il lui montra une coignée
d'or, & il lui demanda si c'etoit là la sienne? Le
pauvre Homme aiant répondu franchement que ce
ne l'etoit pas, Mercure lui en apporta une d'argent,
qu'il confessa pareillement n'etre pas à lui. A la fin
le meme Dieu lui en fit voir une emmanchée de bois,
que le Charpentier reconnut pour celle qu'il avoit
perdue. Alors Mercure jugeant de sa probité par une
si libre declaration, les lui donna toutes trois. Le
Charpentier extrémement aise d'une si bonne Fortune, s'en alla trouver ses compagnons, & il leur raconta tout ce qui s'etoit passé. Ce recit fit prendre fantaisie à l'un d'entr'eux d'éprouver une pareille avanture. Il s'en alla donc pour cet effet
prez de la meme riviere, & il jetta sa coignée
en l'eau, puis il s'assid sur le bord, & il fit semblant de pleurer. Mercure accourut incontinent avec
une coignée d'or; & connoissant l'hipocrisie de ce
galand, il lui demanda si c'etoit là la sienne? C'est
ellememe, lui répondit l'Imposteur. Mercure voulant le punir de son impudence, & de son menson-
ge, ne lui donna, ni la coignée d'or, ni celle que
cet Artificieux avoit tout exprez jettée dans la riviere.

La sincerité atire les faveurs du Ciel, l'hipocrisie
deplait à Dieu & aux hommes.

Mineïdes en Chauvesouris.

Presque toujours des Filles de Minée
Heureuse avoit eté la destinée,
Elles faisoient des ouvrages de prix,
Tout alloit bien, n'eut eté le mepris
Qu'elles avoient des Fetes de l'année.

Il

EN BELLE HUMEUR.

Il n'etoit point pour les Dieux de journée,
Et la plus fainte en etoit profanée,
L'impieté perd les jeunes efprits.
    Prefque toujours.
Le Ciel punit leur malice oftinée,
Et les voilà prez de leur himenée
Par un beau foir toutes Chauvefouris,
Car ce n'eft rien de l'etre en cheveux gris,
On le devient quand on eft furannée.
    Prefque toujours.

DU LOUP, ET DES CHIENS.

LE Loup contemploit du haut d'un Rocher deux Chiens, qui au lieu de fe tenir en paix prez du troupeau qu'ils avoient en garde, fe déchiroient à belles dents. Cette guerre inteftine entre ces deux ennemis, fit efperer au Loup qu'il lui feroit facile de s'en aller aſſaillir les Brebis, fans courre aucun danger. Il s'i en alla donc prontement, & il ravit une des plus graſſes du troupeau, puis il fe mit à prendre la fuite. Les Chiens le voiant, laiſſerent leur querelle particuliere, & ils furent fi bien courir aprez le Loup, que l'aiant atteint, ils faillirent à le tuer, à force de morsures qu'ils lui firent. Comme il s'en retournoit, il rencontra un de ses Compagnons, qui lui demanda, comment il avoit osé lui seul assaillir un Troupeau, où il i avoit tant de valereux Guerriers? Je l'ai fait, répondit le Loup, pour m'etre laissé tromper à leur differend particulier.

Il i a quelques années que la France se servit du Danois pour prendre Hambourg, tandis que cette ville etoit brouillée avec la maizon de Lunebourg. Mais dez que les Lunebourgeois sentirent cette ruze, ils s'acomoderent avec Hambourg, & de concert, ils obligerent les François-Danois de lever honteusement le piquet.

La Lionne et l'Ourse.

Mere Lionne avoit perdu son fan.
Un Chasseur l'avoit pris. La pauvre infortunée
  Poussoit un tel rugissement
Que toute la Forest étoit importunée.
   La nuit ni son obscurité,
  Son silence & ses autres charmes,
De la Reine des bois n'arretoit les vacarmes.
Nul animal n'etoit du sommeil visité.
  L'Ourse enfin lui dit: ma commere,
   Un mot sans plus; tous les enfans
   Qui sont passez entre vos dents,
   N'avoient-ils ni pere ni mere?
   Ils en avoient. S'il est ainsi,
Et qu'aucun de leur mort n'ait nos tetes rompues,
   Si tant de meres se sont tues,
   Que ne vous taisez-vous aussi?
          Moi

EN BELLE HUMEUR.

  Moi me taire ? moi malheureuſe !
Ah j'ai perdu mon fils ! il me faudra trainer
  Une vieilleſſe douloureuſe.
Dites-moi, qui vous force à vous i condamner ?
Helas ! c'eſt le deſtin qui me haït. Ces parolles
Ont eté de tout tems en la bouche de tous.
Miſerables humains, ceci s'adreſſe à vous :
Je n'entens reſonner que des plaintes frivoles :
Quiconque en pareil cas ſe croit haï des Cieux,
Qu'il conſidere Hecube, il rendra grace aux Dieux.

D'UN TAUREAU, ET D'UN RENARD.

UN Taureau ſauvage, ordonna à un Renard de lui amener tous les animaux pour lui rendre l'homage qu'ils lui devoient comme à leur Roi. Le Lion i acourut, & tout tranſporté de colere contre cet uſurpateur de ſa roiauté, il ſe jetta ſur lui avec tant de fureur qu'il le mit en pieces ſur le champ.

  Les rebelles à leurs ſouverains, ont toujours un mauvais ſort.

  Tomas Agnello ou Maſaniello & Fargues tren-choient du petit Roi à Naple & à Hedin, mais ils
            paie-

paierent tous deux de leurs tetes la peine de leur arogance.

Le Renard, et les Poulets d'Inde.

Contre les affauts d'un Renard
Un arbre à des Dindons fervoit de citadelle.
Le perfide aiant fait tout le tour du rempart
  Et vu chacun en fentinelle,
S'écria : quoi ces gens fe moqueront de moi !
Eux feuls feront exemts de la commune loi ?
Non, par tous les Dieux, non. Il accomplit fon
   dire.
La Lune alors luifant fembloit contre le Sire
Vouloir favorifer la Dindonniere gent.
Lui qui n'etoit novice au metier d'affiegeant
Eut recours à fon fac de rufes felerates :
Feignit vouloir gravir, fe guinda fur fes pattes,
Puis contrefit le mort, puis le reffufcité.
  Harlequin n'eut executé
  Tant de differens perfonages.
Il elevoit fa queue, il la faifoit briller,
  Et cent mille autres badinages,
Pendant quoi nul Dindon n'eut ofé fommeiller.
L'ennemi les laiffoit en leur tenant la vue
  Sur meme objet toujours tendue.
Les pauvres gens etant à la longue eblouis,
Toujours il en tomboit quelqu'un ; autant de pris ;
Autant de mis à part ; prez de moitié fuccombe.
Le Compagnon les porte en fon garde-manger.
Le trop d'attencion qu'on a pour le danger
  Fait le plus fouvent qu'on i tombe.

DE LA MOUCHE.

UNe Mouche tomba dans une marmite pleine de chair, & voiant que le bouillon l'étouffoit; Voilà ce que c'est, dit-elle, j'ai tant bu & tant mangé, & je me suis si bien plongée dans le pot, que je meurs soule de potage.

Les conquetes & les usurpacions de la France ont ouvert les yeux aux Alliez, & ce pauvre Roiaume fait presentement la lamentacion de la Mouche en son naufrage bouillant.

L'INGRATITUDE ET L'INJUSTICE DES HOMMES ENVERS LA FORTUNE.

UN traficant sur mer par bonheur s'enrichit.
Il triomfa des vents pendant plus d'un voiage,
Goufre, banc, ni rocher, n'exigea de peage
D'aucun de ses balots; le sort l'en affranchit.
Sur tous ses compagnons Atropos & Neptune
Recueillirent leur droit, tandis que la Fortune
Prenoit soin d'amener son marchand à bon port.

Fa-

Facteurs, associez, chacun lui fut fidele.
Il vendit son tabac, son sucre, sa canele
  Ce qu'il voulut, sa porcelaine encor,
Le luxe & la folie enflerent son tresor;
  Bref il plut dans son escarcelle.
On ne parloit chez lui que par doubles ducats.
Et mon homme d'avoir chiens, chevaux, & carosses.
  Ses jours de jeune etoient des noces.
Son bon ami voiant ces somtueux repas,
Lui dit; & d'où vient donc un si bon ordinaire?
Et d'où me viendroitil que de mon savoir faire?
Je n'en dois rien qu'à moi, qu'à mes soins, qu'au talent
De risquer à propos, & bien placer l'argent.
Le profit lui semblant une fort douce chose,
Il risqua de nouveau le gain qu'il avoit fait:
Mais rien pour cette fois ne lui vint à souhait.
  Son imprudence en fut la cause.
Un vaisseau mal freté perit au premier vent.
Un autre mal pourvu des armes necessaires
  Fut enlevé par les Corsaires.
  Un troisieme au port arrivant,
Rien n'eut cours ni debit. Le luxe & la folie
  N'etoient plus tels qu'auparavant.
  Enfin ses facteurs le trompant,
Et luimeme aiant fait grand fracas, chere lie,
Mis beaucoup en plaisirs, en batimens beaucoup,
  Il devint pauvre tout d'un coup,
Son ami le voiant en mauvais equipage,
Lui dit; d'où vient cela; de la fortune, helas!
Consolezvous, dit l'autre, & s'il ne lui plait pas
Que vous soiez heureux; tout au moins soiez sage.
  Je ne sais s'il crut ce conseil;
Mais je sais que chacun impute en cas pareil

        Son

EN BELLE HUMEUR. 287

Son bonheur à son industrie,
Et si de quelque échec notre faute est suivie,
Nous disons injures au sort.
Chose n'est ici plus commune :
Le bien nous le faisons, le mal c'est la fortune,
On a toujours raison, le destin toujours tort.

D'UN HOMME QUI AVOIT DEUX FEMMES.

EN la belle saizon du Printems, un Homme élevé dans les delices, & qui n'etoit ni trop jeune, ni trop vieux, & à qui les cheveux ne commençoient qu'à grizoner, épouza deux Femmes, dont l'une etoit assez agée, & l'autre etoit assez jeune. Comme ils demeuroient tous ensemble dans une meme maizon, la vieille voulant atirer son mari à l'aimer, lui arrachoit autant de cheveux noirs qu'elle en rencontroit. La jeune, qui n'etoit pas moins soigneuse de son coté de ce qui là regardoit, lui tiroit aussi les blancs ; De sorte qu'à force de continuer, elles lui arracherent si bien le poil, qu'il en devint chauve ; & qu'il fut moqué de tout le monde.

Les Ligeois dupez de Furstenberg ne voulurent pas

se declarer pour leur Souverain. Ils furent plumez des François, des Holandois, & des Alemans, qui leur enleverent chacun leur piece. Les Liegeois sont devenus & plus sages & plus heureux.

Le Filosofe Scite.

UN Filosofe austere, & né dans la Scitie,
　　Se proposant de suivre une plus douce vie,
Voiagea chez les Grecs, & vid en certains lieux
Un Sage assez semblable au vieillard de Virgile,
Homme egalant les Rois, homme approchant des
　　　　　　Dieux,
Et comme ces derniers satisfait & tranquile.
Son bonheur consistoit aux beautez d'un Jardin.
Le Scite l'i trouva, qui la serpe à la main
De ses arbres à fruit retranchoit l'inutile,
Ebranchoit, émondoit, otoit ceci, celà,
　　　Corrigeant par tout la Nature
Excessive à paier ses soins avec usure.
　　　Le Scite alors lui demanda
Pourquoi cette ruine: Etoitil d'homme sage
De mutiler ainsi ces pauvres habitans?
Quittez moi votre serpe, instrument de dommage.
　　　Laissez agir la fau du tems:
Ils iront assez-tot border le noir rivage.
J'ote le superflu, dit l'autre, & l'abatant
　　　Le reste en profite d'autant.
Le Scite retourné dans sa triste demeure
Prend la serpe à son tour, coupe & taille à toute heure;
Conseille à ses voisins, prescrit à ses amis
　　　Un universel abatis.
Il ote de chez lui les branches les plus belles,
Il tronque son Verger contre toute raison,

Sans observer tems ni saison,
Lunes ni vieilles ni nouvelles.
Tout languit & tout meurt. Ce Scite exprime bien
Un indiferet Stoicien.
Celuici retranche de l'ame
Desirs & passions, le bon & le mauvais,
Jusqu'aux plus innocens souhaits.
Contre de telles gens, quant à moi je reclame.
Ils otent à nos cœurs le principal ressort
Ils font cesser de vivre avant que l'on soit mort.

D'UN LABOUREUR, ET DE SES ENFANS.

UN Laboureur avoit plusieurs enfans, qui ne pouvoient aucunement s'accorder ensemble, & qui ne tenoient conte des remontrances de leur Pere. Ce bon homme commanda qu'on lui aportat un faiceau de baguetes, & il leur dit, qu'ils eussent à rompre le faiceau entier ; ils essaierent de toute leur force, mais ils ne purent le faire. Le Pere voulut qu'ils le déliassent, & que chacun prit sa part, afin de la rompre; de quoi ils vinrent à bout aisément. Mes chers Enfans, leur dit-il ensuite, tant que vous ferez ainsi unis de volonté & d'affexion, vous ne pourrez etre vaincus de vos Enemis ; Comme au contraire, si vous fomentez entre vous des inimitiez & des divizions, quiconque entreprendra de vous perdre, il le fera facilement.

La Holande a pour devize, l'UNION AUGMENTE LES PETITS COMENCEMENS. Sa majestueuse abondance fait voir la verité de cete maxime.

La desunion perd la Turquie, elle va perdre la Suisse & la France.

LE MEDECIN MASSON.

Dans Florence jadis vivoit un Medecin,
Savant hâbleur, dit-on, & celebre assassin.
Lui seul i fit lontems la publique misere.
Là le fils orfelin lui redemande un Pere.
Ici le Frere pleure un Frere empoizonné.
L'un meurt vide de sang, l'autre plein de sené.
Le rume à son aspect se change en Pleuresie ;
Et par lui la migraine est bientot Frenesie.
Il quitte enfin la ville en tous lieux detesté.
De tous ses Amis morts un seul Ami resté
Le mene en sa maison de superbe structure ;
C'etoit un riche Abbé fou de l'Architecture :
Le Medecin d'abord semble né dans cet art :
Dejà de batimens parle comme Mansard :
D'un salon qu'on eleve il condamne la face :
Au vestibule obscur, il marque une autre place :
Approuve l'escalier tourné d'autre façon.
Son Ami le conçoit & mande son Masson.
Le Masson vient, écoute, approuve & se corrige ;
Enfin, pour abreger un si plaisant prodige,
Notre Assassin renonce à son art inhumain,

Et deformais la regle & l'équierre à la main,
Laiſſant de Galien la ſience ſuſpecte,
De mechant Medecin devient bon Architecte.
Son exemple eſt pour nous un precepte excellent.
Soiez plutot Maſſon, ſi c'eſt votre talent,
Ouvrier eſtimé dans un art neceſſaire,
Qu'Ecrivain du commun & Poëte vulgaire.

DE LA NOURICE, ET DU LOUP.

UNe Nourice voiant pleurer ſon Enfant, le menaça de le faire manger au Loup. Le Loup qui l'ouit, eſperant de trouver quelque butin, s'approcha de la porte du logis ; Mais il fut contraint de s'en retourner au bois à jeun, parce qu'à la fin l'Enfant s'endormit. La Louve le voiant de retour, lui demanda où etoit la proie ? Il n'i en a point, répondit le Loup extremement triſte, car la nourice qui promettoit de livrer ſon enfant, s'il pleuroit, ne m'a donné que des paroles.

La France en 1683, menaçoit de laiſſer en proie l'Alemagne ; Cara Muſtafa vint à Vienne, mais n'i voiant pas les choſes auſſi diſpozées que la France le lui avoit fait croire, il s'en retourna à sa courte honte, & il reçut un Licou pour la recompense de sa credulité.

L'Ivrogne et sa Femme.

Chacun a son defaut où toujours il revient:
 Honte ni peur n'i remedie.
Sur ce propos d'un conte il me souvient:
  Je ne dis rien que je n'appuie
De quelque exemple. Un suppot de Bacchus
Alteroit sa santé, son esprit & sa bourse.
Telles gens n'ont pas fait la moitié de leur course,
  Qu'ils sont au bout de leurs ecus.
Un jour que celui-ci plein du jus de la treille,
Avoit laissé ses sens au fond d'une bouteille,
Sa femme l'enferma dans un certain tombeau.
  Là les vapeurs du vin nouveau
Cuverent à loisir. A son reveil il treuve
L'attirail de la mort à l'entour de son corps,
Un luminaire, un drap des morts.
Oh! dit-il, qu'est ceci? ma femme est-elle veuve!
Là-dessus son Epouse en habit d'Alecton,
Masquée, & de sa voix contre-faisant le ton,
Vient au pretendu mort; approche de sa biere;
Lui presente un chaudeau propre pour Lucifer.
L'Epoux alors ne doute en aucune maniere
  Qu'il ne soit citoien d'enfer.
Quelle personne es-tu? dit-il à ce fantôme.
  La celeriere du Roiaume
De Satan, reprit-elle; & je porte à manger
 A ceux qu'enclot la tombe noire.
  Le Mari repart sans songer;
  Tu ne leur portes point à boire?

DU LABOUREUR, ET DU SERPENT.

UN Laboureur fâché contre un Serpent qu'il nourrissoit, prit une coignée en main, & il se mit à le poursuivre. Mais le Serpent s'échapa, non toutefois sans etre blessé. Il arriva depuis que le Laboureur etant devenu fort pauvre, & imputant la cause de ce malheur à l'offence qu'il avoit faite au Serpent, s'en alla vers lui, pour le prier de s'en revenir à son logis. Pardonne-moi, lui repondit le Serpent, si je n'i puis retourner : car il n'est pas possible que je sois jamais en sureté avec toi, tant que tu auras une telle coignée en ta maison. D'ailleurs, bien qu'il n'i ait plus de meurtrissure à ma plaie, si est-ce que le souvenir m'en reste encore.

Le Duc de Schomberg solicité à retourner en France, s'est servi de la reponce du Serpent pour se defaire des solicitacions importunes.

LA JUSTICE JUGESSE.

UN jour, dit un Auteur, n'importe en quel Chapitre,
Deux Voiageurs à jeun rencontrerent une huitre,
Tous deux la contestoient : lors que dans leur chemin
La Justice passa, la balance à la main.
Devant elle à grand bruit ils expliquent la chose.
Tous deux avec depens veulent gagner leur cause.
La Justice pezant ce droit litigieux
Demande l'huitre, l'ouvre, & l'avale à leurs yeux,
Et par ce bel arret terminant la bataille :
Tenez voilà, ditelle, à chacun une ecaille.
Des sottises d'autrui nous vivons au Palais :
Messieurs, l'huitre etoit bonne. Adieu. Vivez en paix.

DE LA GRENOUILLE, ET DU RENARD.

LA Grenouille sortie de son Marecage, s'en alla dans les Forets, où devant les Betes sauvages, elle voulut faire profession de Medecine, se vantant que ni Hipocrate ni Galien n'en savoient pas davantage qu'elle. Les autres Betes la crurent d'abord, hormis
le

le Renard, qui se moquant d'elle, lui dit ; Comment se peut-il faire, que cette vilaine, qui a la bouche si pale & si livide, sache des remedes aux maladies ? si celà est, pourquoi ne se guerit-elle pas ellememe ?

La France promet de delivrer les Irlandois de la force de Schomberg ; les Irlandois s'en devroient moquer, puis que la France n'etant pas en etat de se defendre, ne l'est guere de garantir les Irlandois ses uniques Alliez.

LE RAT, LE CORBEAU, LA GAZELLE, ET LA TORTUE.

LA Gazelle, le Rat, le Corbeau, la Tortue
Vivoient ensemble unis ; douce societé.
Le choix d'une demeure aux humains inconnue
  Assuroit leur felicité.
Mais quoi l'homme decouvre enfin toutes retraites.
  Soiez au milieu des dezerts,
  Au fonds des eaux, au haut des airs,
Vous n'eviterez point ses embuches secretes.
La Gazelle s'alloit ebatre innocemment ;
  Quand un chien, maudit instrument
  Du plaisir barbare des hommes,
Vint sur l'herbe eventer les traces de ses pas.
Elle fuit, & le Rat à l'heure du repas
Dit aux amis restans, d'où vient que nous ne sommes
  Aujourd'hui que trois conviez ?
La Gazelle dejà nous a-t-elle oubliez ?
  A ces parolles la Tortue
S'ecrie, & dit, ah si j'etois
  Comme un Corbeau d'ailes pourvue,
  Tout de ce pas je m'en irois
  Aprendre au moins quelle contrée,
  Quel accident tient aretée

Notre compagne au pied leger ;
Car à l'egard du cœur il en faut mieux juger.
    Le Corbeau part à tire d'aile.
Il aperçoit de loin l'imprudente Gazelle
    Prife au piege & fe tourmentant.
Il retourne avertir les autres à l'inftant.
Car de lui demander quand, pourquoi, ni comment,
Et perdre en vains difcours maint utile moment,
    Comme eut fait un Maitre d'ecole,
    Il avoit trop de jugement.
    Le Corbeau donc vole & revole.
    Sur fon raport les trois amis
    Tiennent confeil. Deux font d'avis
    De fe tranfporter fans remife
    Aux lieux où la Gazelle eft prife.
L'autre, dit le Corbeau, gardera le logis.
Avec fa pezanteur quand arriveroit-t-elle :
    Aprez la mort de la Gazelle.
Ces mots à peine dits ils s'en vont fecourir
    Leur chere & fidele compagne
    Pauvre Chevrette de montagne.
    La Tortue i voulut courir.
    La voilà comme eux en campagne,
Maudiffant fes pieds courts avec jufte raifon,
Et la neceffité de porter fa maifon.
Rongemaille (le Rat eut à bon droit ce nom)
Coupe les nœuds du lacs : on peut penfer la joie.
Le Chaffeur vient, & dit : qui m'a ravi ma proie ?
Rongemaille à ces mots fe retire en un trou,
Le Corbeau fur un arbre, en un bois la Gazelle :
    Et le Chaffeur à demi fou
    De n'en avoir nulle nouvelle
Apperçoit la Tortue : il dit, confolonsnous :
Nous fouperons malgré que Jupiter en aie.

EN BELLE HUMEUR.

Je pretens qu'aujourd'hui celleci me defraie.
Il la mit dans son sac. Elle eut paié pour tous,
Si le Corbeau n'en eut averti la Chevrete.
  Celleci quittant sa retraite,
Contrefait la boiteuse & vient se presenter.
 L'homme de suivre, & de jetter
Tout ce qui lui pezoit ; si bien que Rongemaille
Autour des nœuds du sac tant opere & travaille
  Qu'il delivre encor l'autre sœur
Sur qui s'etoit fondé le soupé du Chasseur.
 Pilpai conte qu'ainsi la chose s'est passée.
Pour peu que je voulusse invoquer Apollon,
J'en ferois pour vous plaire un ouvrage aussi long
  Que l'Iliade ou l'Odissée.
Rongemaille seroit le principal Heros.
Quoi qu'à vrai dire ici chacun soit necessaire,
Portemaison l'Infante i tient de tels propos
  Que Monsieur du Corbeau va faire
Office d'Espion, & puis de Messager.
La Gazelle a d'ailleurs l'adresse d'engager
Le Chasseur a donner du tems à Rongemaille.
  Ainsi chacun en son endroit
  S'entremet, agit, & travaille.
A qui donner le prix ? Au cœur si l'on m'en croit.
 Que n'ose & que ne peut l'amitié violente !
Cet autre sentiment que l'on appelle Amour
Merite moins d'honeurs ; cependant chaque jour
  Je le celebre, & je le chante.
Helas ! il n'en rend pas mon ame plus contente.
Vous protegez sa sœur, il suffit, & mes vers
Vont s'engager pour elle à des tons tout divers.
Mon maitre etoit l'Amour ; j'en vais servir un autre ;
  Et porter par tout l'Univers
  Sa gloire aussibien que la votre.

DE DEUX POTS FLOTANT SUR L'EAU.

Deux Pots, dont l'un etoit de terre, & l'autre de fer, furent laiſſez fortuitement ſur le bord d'une riviere, & ils furent emportez par la violence de l'eau. Le pot de terre aprehendant d'etre caſſé dit au pot de fer; je ſaurai bien empecher que celà ne nous arrive, car ſi je viens à me brizer contre toi, ou par l'impetuoſité de l'eau, ou autrement, celà ne ſe poura faire qu'il n'i aille toujours du mien, voilà pourquoi il vaut mieux que je mette ma ſureté en me ſeparant de toi.

Les pauvres Irlandois ont fait Ligue avec la France, ils comencent dejá à ſentir le ſort du pot de terre; car les François ces pots de fer, ſont deja les maitres.

UN FOU ET UN SAGE.

Certain Fou pourſuivoit à coups de pierre un Sage.
Le Sage ſe retourne, & lui dit: mon ami,
C'eſt fort bien fait à toi, reçoi cet écu ci:
Tu fatigues aſſez pour gagner davantage.

EN BELLE HUMEUR.

Toute peine, dit-on, eſt digne de loier.
Voi cet homme qui paſſe; il a dequoi paier;
Adreſſe lui tes dons; ils auront leur ſalaire.
Amorcé par le gain notre Fou s'en va faire
  Meme inſulte à l'autre. Bourgeois.
On ne le paia pas en argent cete fois.
Maint Eſtafier accourt: on vous happe notre homme,
  On vous l'échine, on vous l'aſſomme.
Auprez des Rois il eſt de pareils Fous.
A vos depens ils font rire le Maitre.
Pour reprimer leur babil irezvous
Les maltraiter? vous n'etes pas peutetre
Aſſez puiſſant. Il faut les engager
A s'adreſſer à qui peut ſe vanger.

Du Paon, et de la Grue.

LE Paon etoit à ſouper avec la Grue; il la mépriſoit d'une étrange ſorte, & il ſe vantoit fort, en lui faiſant montre de ſes belles plumes. Mais la Grue ne pouvant ſouffrir ſes vanitez, lui dit: Je confeſſe qu'il ne ſe peut rien ajouter à la beauté de ton plumage, pourvu que tu m'avoues auſſi, que tu as bien de la peine à voler fur les maizons ; au lieu que d'un vol courageux je perce les nues.

Une belle mais grossiere Demoiselle insultoit une spirituelle, mais pauvre Demoiselle. La pauvre spirituelle répondit à la belle ignorante ce que la grue répondit au Paon.

L'Elefant et le Singe de Jupiter.

AUtrefois l'Elefant & le Rinoceros
En dispute du pas & des droits de l'Empire,
Voulurent terminer la querelle en champ clos.
Le jour en étoit pris, quand quelqu'un vint leur dire
    Que le Singe de Jupiter
Portant un Caducée, avoit paru dans l'air.
Ce Singe avoit nom Gille, à ce que dit l'Histoire.
    Aussitôt l'Elefant de croire
    Qu'en qualité d'Ambassadeur
    Il venoit trouver sa grandeur.
    Tout fier de ce sujet de gloire,
Il attend maître Gille, & le trouve un peu lent
    A lui presenter sa créance.
    Maitre Gillé enfin en passant
    Va saluer son Excellence.
L'autre étoit preparé sur la legation ;
    Mais pas un mot ; l'attention
Qu'il croioit que les Dieux eussent à sa querelle
N'agitoit pas encor chez eux cette nouvelle.
    Qu'importe à ceux du firmament
    Qu'on soit Mouche ou bien Elefant ?
Il se vid donc reduit à commencer lui-même.
Mon cousin Jupiter, dit-il, verra dans peu
Un assez beau combat de son Trône supreme.
    Toute sa Cour verra beau jeu.

Quel

Quel combat? dit le Singe avec un front fevere.
L'Elefant repartit; Quoi vous ne savez pas
Que le Rinoceros me dispute le pas?
Qu'Elefantide a guerre avec la Rinocere?
Vous connoissez ces lieux, ils ont quelque renom.
Vraiment je suis ravi d'en aprendre le nom,
Repartit Maitre Gille, on ne s'entretient guere
De semblables sujets dans nos vastes Lambris.
  L'Elefant honteux & surpris.
Lui dit: & parmi nous que venez vous donc faire?
Partager un brin d'herbe entre quelques Fourmis.
Nous avons soin de tout: Et quant à votre affaire,
On n'en dit rien encor dans le conseil des Dieux.
Les petits & les grands sont égaux à leurs yeux.

Du Pescheur, et d'un Petit Poisson.

UN petit Poisson se voiant pris par un Pescheur, le prioit instamment de le rejetter dans l'eau, lui remontrant, qu'il ne faisoit que sortir du ventre de sa mere: qu'etant si peu de chose, il ne pouvoit pas beaucoup lui profiter, & que quand il seroit plus grand, il reviendroit à l'Hameçon de lui-meme, le

Pescheur lui répondit ; mon ami, je ne suis pas d'avis de me laisser échaper des mains une proie assurée, quelque petite qu'elle puisse etre. Je sai ce que j'ai, mais je ne sai pas ce que je dois avoir, & je n'achepte jamais l'esperance à prix d'argent.

La seconde fois que Charleroi fut assiegé, Charle II Roi d'Angleterre colludant avec la France, conseilla à l'Espagne d'en lever le siege, alleguant qu'elle auroit infailliblement cette place au traité de paix. L'Espagne devoit tousjours prendre Charleroi à bon conte, sans écouter les amuzemens de cet ami-enemi.

L'AVARE.

Sur des terres d'un bon raport,
Les bleds avoient multiplié si fort,
Qu'aiant du laboureur surpassé l'esperance,
Le maitre riche, & fort bon menager,
  Embarrassé de l'abondance,
 Ne savoit plus où les loger.
Quand il eut quelque tems resvé sur le remede ;
Mes greniers sont, dit-il', trop petits, & trop vieux,
  J'en vais bâtir de spacieux,
Pour mettre avec mes bleds, les biens que je possede ;
  Puis en repos j'en jouirai,
  Je rirai, boirai, mangerai,
  J'ai des richesses épargnées,
  Pour vivre bon nombre d'années.
Mais de ces beaux projets loin de cueillir le fruit,
  Lors que le moins il l'aprehende,
  La mort vient cette meme nuit,
  Qui son ame lui redemande :
  Sans qu'il ait loisir de penser

A l'heritier qu'il doit laisser.
Ainsi gardez-vous d'etre avare,
Tous les trezors que vous pourriez avoir,
De prolonger vos jours n'auront pas le pouvoir,
La mort d'avec eux vous separe.

DE L'ENVIEUX, ET DE L'AVARE.

JUpiter importuné par deux hommes, dont l'un etoit Avare, & l'autre Envieux, envoia vers eux Apollon, pour satisfaire à leurs communes prieres. Il leur permit de souhaiter tout ce qu'ils voudroient, à condicion que ce que l'un demanderoit, l'autre le recevroit doublement. L'Avare fut lontems irresolu, parcequ'il ne croioit pas qu'on lui en put jamais assez donner. Mais enfin, il demanda plusieurs choses que son Compagnon reçut au double. Ensuite dequoi l'Envieux requit que l'un des yeux lui fut araché, esperant par ce moien que l'Avare les perdroit tous deux.

La France au desespoir, est contente d'etre humiliée; mais elle pretend que l'Espagne le soit aussi.

fi. On ne croit pas qu'elle aura tout ce qu'elle s'est figurée ; ni tout ce qu'elle a souhaité.

REQUETE DES RATS
QUI DANSENT SUR LA CORDE,

AU ROI DE FRANCE.

Grand Roi, de qui la vigilance
S'aplique au bonheur de la France
Avec tant d'assiduité :
Nous prions votre Majesté,
D'interpozer chaque semaine
Ses affaires de longue haleine,
Pendant un moment de loisir,
Pour le nouveau mais grand plaisir
Que nous (Rats des Greniers de France)
Vous preparons par notre danse.
 Mais, Sire, votre Majesté,
Pour une entiere liberté
De tous nos tours de passe-passe.
Nous doit acorder une grace
Tres-necessaire assurément.
 Nous la supplions humblement,
De faire mettre à la Bastille,
Pour le bien de notre famille,
Tous chats, sans nulle excepcion,
D'âge, ni de condicion.
Autrement sautant sur la corde
Nous craindrons que quelqu'un nous morde,
Et n'etant pas en liberté
Notre metier seroit gaté.
 De plus que defenses soient faites,
De tenir en chambres secretes,

EN BELLE HUMEUR.

Caves, Cabinets ou greniers,
Certains inſtrumens meurtriers,
Que l'on apelle des ratieres,
Faites de certaines matieres,
Qui ſont en bonne verité
Nuiſibles à notre ſanté.

   Nous vous demandons encor, Sire,
Que dans les lieux de votre empire
On ne faſſe plus de trafic
De mort-aux-Rats ni d'arſenic,
Autrement, grand Prince, la vie
Nous feroit ſans doute ravie
Avant la fin du Carnaval,
Par ceux qui nous veulent du mal.

   Nous donnons de la jalouſie
Aux marionnettes d'Italie,
Et nous craignons avec raizon
De leur coté quelque poizon;
Car Dieu ſait comme en Italie
Le plus fin poizon ſe manie.

   Faites donc defenſes d'abord,
A peine d'exil, ou de mort,
D'atenter plus à notre vie,
A celui qui chaque jour crie,
La mort-aux-Rats & aux ſouris,
Sur votre Pont-neuf de Paris.

   Aboliſſez auſſi, de grace,
Le deshonneur de notre race,
Et que nos noms ne ſoient plus mis,
Comme ils ſont, par nos Ennemis,
En des proverbes ridicules
Dont on ne fait aucuns ſcrupules:
Car ſi quelqu'un n'eſt point renté,
Ou bien s'il ſe trouve endetté

Meme au-delà de la chemise,
On ledit gueux en rat d'Eglise :
Si quelqu'un vit commodement,
S'il aime son contentement,
S'il se plait à faire ripaille,
On dit qu'il est un Rat en paille :
Si quelqu'autre perd son procez,
Il s'en prend aux Rats du Palais.
Bref, en toute affaire du monde,
Si le bonheur ne la seconde,
Quand elle est en mauvais etat,
On dit qu'elle n'a pris qu'un Rat.
Retranchez donc cet idiome
Du langage de ce Roiaume,
Ordonez qu'on ne parle plus
Des Rats avec tant d'abus.

 Que votre bonté nous acorde
A nous Rats bons danseurs-de-corde,
Car nous l'avons bien merité,
Ici dans l'Université
Quelque grenier dans un College,
Dans lequel avec privilege
Nous puissions avoir des pedans
Pour l'instruxion de nos enfans,
Afin que toute notre race,
Instruite aux tours de passe-passe,
Aprene à bien gagner son pain
Dans la foire de Saint-Germain,
Et qu'enfin les Rats pleins de gloire
Trouvent quelque place en l'histoire,
Et là trouvent la qualité
De Rats de votre Majesté.

EN BELLE HUMEUR. 307

D'UN OISELEUR, ET D'UNE TOURTERELLE.

UN Oiseleur voulant tirer ses filets, fut piqué cruelement à la jambe par une couleuvre. La douleur qu'il en ressentit lui fit manquer son coup; une Tourterelle qui étoit prise, se sentant en liberté, se mit à lui reprocher, qu'il meritoit avec justice le mal qui venoit de lui arriver, puisqu'il passoit sa vie à persecuter ceux, qui menoient une vie innocente, & qui ne l'avoient jamais osensé.

Le ciel venge tôt ou tard, l'innocence oprimée.

Le Turc qui a injustement violé la Treve, en est un illustre témoignage. La France doit attendre le meme sort pour avoir oprimé Charle II Roi d'Espagne pendant sa minorité contre la foi des Traitez de Pirenées.

LA FRITURE, OU LES IMPRUDENS.

UN Cuisinier faisoit frire
Tout-vifs de petits Poissons.
L'un d'eux se prit à leur dire,

Fre-

Freres ! que nous patiſſons !
Cete mer brule, & petille,
Et nous ſommes frits dans peu.
A ces maux chacun fretile,
Et chacun ſi bien ſautille,
Qu'il tombe de la poile au feu.
Alors tout grille,
Et tout rotit.
Peſte ſoit de la ſotte engeance !
Dit-le Cuiſinier tout contrit,
Voiez un peu la belle avance !
Etre tout vif roti, grillé, fricaſſé, frit,
Eſt meme choſe, que je penſe.
Cete friture alloit pour ma pitance ;
C'eſt tout ce que pour moi j'avois pu menager ;
Pour moi, qui ne puis rien manger,
Et que de groſſes dents une incommode abſence
A reduit à gruger.
Morbleu ! devois-je pas ſonger,
Avant que de les frire, à leur ouvrir la panſe ?
Mais eux auſſi devoient-ils pas juger,
Qu'ils ſortoient d'un petit danger,
Pour dans un plus grand s'engager ?
Mais pourquoi me rompre la tete
A faire en vain le raizoneur ?
Ma foi ! comme eux, je ne ſuis qu'une bete
Et j'enrage aprez tout, qu'ils aient eu l'honneur,
De me faire diner par cœur.
Telle eſt des Imprudens la conduite ordinaire ;
Ils manquent de conſeil, quand ils en ont affaire.
Quand il n'en eſt point neceſſaire,
Ils en ont à foizon.
En un mot leur raizon
Toujours les éclaire
Hors de ſaizon.

D'un

D'UN RENARD, ET D'UN LION.

UN Renard qui n'avoit jamais vu de Lion, en eut une si grande fraieur la premiere fois qu'il en rencontra un, qu'il prit la fuite sans jamais ozer regarder derriere lui ; la deuxiéme fois il le considera sans trop le craindre : mais la troisiéme bien loin de le craindre, & de se retirer, il s'en aprocha de fort prez, & il contracta une tres-étroite amitié avec lui.

Le tems, & la societé civile, aprivoisent les esprits les plus contraires.

On void presentement les Alemans & les Hongrois, les Castillans & les Portugais, les Espagnols & les Hollandois en parfaite intelligence.

LE SOLEIL ET LES GRENOUILLES.

AUx noces d'un Tiran tout le Peuple en liesse
  Noioit son souci dans les pots.
Esope seul trouvoit que les gens etoient sots
  De temoigner tant d'allegresse.

Le Soleil, disoit-il, eut dessein autrefois
   De songer à l'Himenée.
Aussitot on ouit d'une commune voix
   Se plaindre de leur destinée
   Les Citoienes des étangs.
   Que ferons nous s'il lui vient des enfans?
Dirent-elles au Sort, un seul Soleil à peine
   Se peut souffrir. Une demi douzaine
Mettra la Mer à sec & tous ses habitans.
Adieu joncs & marests: Notre race & detruite.
   Bientot on la verra reduite
   A l'eau du Stix. Pour un pauvre animal,
Grenouilles à mon sens ne raizonoient pas mal.

D'UN BERGER, ET D'UN LOUP.

UN Berger pour se divertir, donnoit souvent de fausses alarmes aux autres Bergers, criant au Loup, quoi qu'il ne s'en presentat pas. Il arriva un jour qu'un Loup lui enleva veritablement une de ses Brebis, ce qui l'obligea de demander du secours à ses camarades, qui le lui refuserent, croiant qu'il se moquoit à son ordinaire, & qu'il vouloit encore
   leur

leur en donner à garder, laissant par ce moien échaper le Loup avec sa proie.

C'est mal rire, que de rire à ses depens.

La France en 1678 en prenant la Belgique, crioit par tout qu'elle ne vouloit pas de guerre. On l'en croit presentement, & c'est pour celà que persone ne songe à la secourir.

La Femme noie'e.

JE ne suis pas de ceux qui disent, ce n'est rien;
    C'est une femme qui se noie.
Je dis que c'est beaucoup; & ce sexe vaut bien
Que nous le regretions, puisqu'il fait notre joie.
Ce que j'avance ici n'est point hors de propos;
    Puisqu'il s'agit en cette Fable
    D'une femme qui dans les flots
Avoit fini ses jours par un sort deplorable.
    Son epoux en cherchoit le corps,
    Pour lui rendre en cette avanture
    Les honneurs de la sepulture.
    Il arriva que sur les bords
    Du fleuve auteur de sa disgrace
Des gens se promenoient ignorans l'accident.
    Ce mari donc leur demandant
S'ils n'avoient de sa femme apperçu nulle trace.
Nulle, reprit l'un d'eux, mais cherchez la plus bas;
    Suivez le fil de la riviere.
Un autre repartit: Non, ne le suivez pas;
    Rebroussez plutot en arriere.
Quelle que soit la pente & l'inclinacion
    Dont l'eau par sa course l'emporte,
    L'esprit de contradixion
    L'aura fait floter d'autre sorte.

Cet homme se railloit assez hors de saison.
>Quant à l'humeur contredisante,
Je ne sai s'il avoit raison.
Mais que cette humeur soit ou non
Le defaut du sexe & sa pente;
Quiconque avec elle naitra,
Sans faute avec elle mourra,
Et jusqu'au bout contredira,
Et, s'il peut, encor par de là.

D'UN BUCHERON, ET D'UNE FORET.

UN Bucheron avoit une cognée qui lui etoit inutile faute de manche ; celà l'obligea d'en demander un à une foret qui le lui acorda ; mais elle s'en repentit sur le champ: Car le Bucheron ne l'eut pas plutot, qu'il s'en servit à l'heure meme à abatre ses plus grands arbres, & qu'il la depouilla par ce moien de ses plus beaux ornemens, sans qu'elle put l'en empécher.

    La France a autrefois envoié tant de Louis d'or en Suede, en Danemarc, en Baviere, &c. elle s'en repent à l'heure qu'il est ; parce qu'elle void qu'elle leur a fourni des armes pour se faire battre.

EVE.

EN BELLE HUMEUR.

Eve.

Lors qu'Adam vid cette jeune beauté,
Faite pour lui d'une main immortelle,
S'il l'aima fort, Eve de son coté,
Dont bien nous prend ne fit pas la cruelle.
   Quoiqu'on en die, alors en verité,
Je croi qu'il fut une femme fidele
Mais comme quoi ne l'auroit elle eté,
Elle n'avoit qu'un seul homme avec elle.
   Or en celà nous nous trompons tous deux,
Car bien qu'Adam fut jeune & vigoureux,
Bien fait de corps, & d'esprit agreable,
   Eve aima mieux pour s'en faire conter,
Preter l'oreille aux fleurettes du diable,
Que d'etre femme & ne pas coqueter.

Du Soleil, et du Vent.

Le soleil, & le vent disputerent de leurs forces, & ils convinrent que celui, qui oteroit plutot le manteau du premier passant, seroit tenu pour le plus fort. Le vent soufla sur un voiageur qu'il découvrit, avec tant de violence, qu'il l'obligea à s'enveloper, & à lui resister davantage. Le soleil de son coté excita peu à peu une chaleur si grande sur un autre homme, qu'il le contraignit pour se soulager, d'oter son manteau de dessus ses épaules ; ce qui donna une victoire entiere au soleil.

Il vaut mieux emploier la douceur que la force, pour faire reussir les afaires.

Le voiageur qui se roidit contre le vent, est l'image d'un peuple irrité que la violence effarouche davantage. Le voiageur que le soleil depouille, est le portrait d'un misericordieux que la charité depouille de tout pour soulager les pauvres.

Les deux Taureaux et une Grenouille.

Deux Taureaux combatoient à qui possederoit
 Une Genisse avec l'empire.
 Une Grenouille en soupiroit.
 Qu'avezvous ? se mit à lui dire
 Quelqu'un du peuple croassant.
 Et ne voiezvous pas, dit-elle,
 Que la fin de cette querelle
Sera l'exil de l'un ; que l'autre le chassant
Le fera renoncer aux campagnes fleuries ?
Il ne regnera plus sur l'herbe des prairies,
Viendra dans nos marez regner sur les roseaux,
Et nous foulant aux pieds jusques au fond des eaux,
Tantot l'une, & puis l'autre ; il faudra qu'on patisse
Du combat qu'a causé Madame la Genisse.
 Cete crainte etoit de bon sens.
 L'un des Taureaux en leur demeure
 S'alla cacher à leurs dépens,

Il en écrazoit vingt par heure.
Helas on void que de tous tems
Les Petits ont pati des fottifes des Grands.

D'UN MALADE, ET D'UN MEDECIN.

UN Malade enquis par fon Medecin de l'etat de fa fanté; je brule, lui repondit le Malade, & je fuis tout en eau, à force d'avoir fué. Voilà qui eft bien, dit le Medecin, & là-deffus il fe retira. Le lendemain il le fut encore vifiter, & il lui demanda comment il s'etoit porté la nuit paffée? Helas! s'écria-t'il d'une voix debile, peu s'en eft falu que je ne fois mort de froid. Tant mieux, ajouta ce beau Docteur, c'eft bon figne. Enfuite de ceci, aprez que pour la troifiéme fois il lui eut fait la meme demande, & que ce pauvre homme lui eut répondu, qu'il n'en pouvoit plus, d'un flux de ventre; c'eft votre fanté, continua ce Charlatan. A la fin un de fes amis l'etant allé voir, pour aprendre s'ils ne fe trouvoit pas mieux que de coutume? Ah! mon ami, lui répondit-il, je me porte toujours bien, à ce qu'on me dit, & toutesfois je m'en va mourant.

Les flateurs prenent tous les vens; & c'est s'a-
muzer que de s'i fier.

LES DEUX AMIS.

DEux vrais amis vivoient au Monomotapa:
L'un ne possedoit rien qui n'apartint à l'autre:
 Les amis de ce païs-là,
 Valent bien dit-on ceux du notre.
Une nuit que chacun s'ocupoit au sommeil,
Et metoit à profit l'absence du Soleil,
Un de nos deux amis sort du lit en alarme:
Il court chez son intime, éveille les valets:
Morfée avoit touché le seuil de ce palais.
L'ami couché s'étonne, il prend sa bourse, il s'arme;
Vient trouver l'autre, & dit: Il vous arrive peu
De courir quand on dort; vous me paroissez homme
A mieux user du tems destiné pour le somme:
N'auriez-vous point perdu tout votre argent au jeu?
En voici: s'il vous est venu quelque querelle,
J'ai mon épée, allons: Vous ennuiez-vous point
De coucher toujours seul? une esclave assez belle
Etoit à mes cotez, voulez-vous qu'on l'appelle?
Non, dit l'ami, ce n'est ni l'un ni l'autre point:
 Je vous rens grace de ce zele.
Vous m'etes en dormant un peu triste aparu;
J'ai crains qu'il ne fut vrai, je suis vite acouru.
 Ce maudit songe en est la cause.
Qui d'eux aimoit le mieux, que t'en semble Lecteur!
Cete difficulté vaut bien qu'on la propoze.
Qu'un ami veritable est une douce choze!
Il cherche vos bezoins au fond de votre cœur;
 Il vous épargne la pudeur
 De les lui decouvrir vousmeme.

Un Songe, un rien, tout lui fait peur
Quand il s'agit de ce qu'il aime.

Du Singe, et du Renard.

EN une assemblée que firent les Betes sauvages, le Singe sauta si joliment, qu'il fut creé Roi, par le consentement presque de toute la compagnie. Le Renard envieux de cette nouvelle dignité, s'avisa de le mener en une fosse, où il venoit de remarquer un lopin de chair, ataché à des lacs ; Tu sais bien ditil au Singe, que les trezors apartienent aux Rois. Puis donc que tu és notre Roi, prens toimeme le tresor qui est caché dans cette fosse. Le Singe, sans marchander davantage, crut le Renard ; & il sauta folement dans la fosse, où il tomba aussitot dans les pieges. Comme il se sentit pris, il se mit fort en colere, & il en imputa toute la faute au Renard, qui sans s'émouvoir autrement de ses paroles, lui dit de fort bonne grace, c'est avec peu de raison que tu as cru meriter un Empire sur les autres, puisque tu n'as su commander à toimeme.

Frideric surnommé le Roi-de-trois-semaines agrea tellement aux Bohemiens Rebelles qu'ils le choisirent pour leur Roi ; mais ce potiron reçut la degradacion du Singe, le jour meme que les Papiftes chantoient dans leur Temple. Rendez à Cefar ce qui apartient à Cefar.

LA SOURIS, L'AMOUR ET VENUS.

L'Amour plus fort que deux Alcides,
Aiant fait cent mille homicides,
Vint, aprehendant d'etre pris,
Se refugier à Paris:
Où de crainte que la Juftice
Ne le fit trainer au fuplice,
Ce faux rufé fe vint auffi
Loger proche de la Merci,
Afin que merci lui fut faite,
Si l'on decouvroit fa cachette
Dans ce logis qu'il habitoit,
Une jeune Souris etoit,
Qui voiant degouter fes fléches,
Dont il fait de fanglantes breches
Aux cœurs de ceux qu'il fait douter,
Auffitot en voulut tater:
Car de ces fortes de viandes
Les Souris font toujours friandes,
Si qu'à l'inftant en tapinois,
S'etant gliffée en fon carquois:
De fes trais elle fut piquée,
Et des vieilles fouris moquée;
Dont bien jura de fe vanger,
Et foudain fe mit à ronger
Comme une petite perdue
La corde en l'arc d'amour tendue:
Et tant fit qu'elle la mangea.
Cupidon de corde changea:

EN BELLE HUMEUR.

La Souris sans misericorde
Rongea cette seconde corde:
Ainsi la Souris & l'Amour,
Jouant aux barres tour à tour,
Se trouverent une semaine,
Tous deux en une egale peine,
La Souris à corde ronger,
Et l'Amour à cordes changer.

Mais la partie etoit mal faite,
La Souris colere & finette,
Enfin emporta le dessus.
L'Amour de corde n'aiant plus,
Courut aux Marais vers sa mere.
En pleurant lui conta l'affaire:
Venus le prit & le baiza,
Et de pois-sucrez l'apaiza,
Tais-toi, taistoi: mon fils, ditelle,
Ne me tiens ni bonne ni belle,
Si bientot nous ne nous vangeons.
L'on fit atteller ses pigeons,
Qui furent en moins d'un quart d'heure
Où la jeune Souris demeure.

Elle sur ses gardes etoit,
Car du fait elle se doutoit,
Et toujours se tenoit à l'erte:
L'Amour avoit juré sa perte
Jurée avec Dame Venus,
Qui sitot qu'ils furent venus,
Mirent une armée en campagne.
Des chats de Cipre, & chats d'Espagne:
Des chats sauvages, des matous,
Boucherent jusqu'aux moindres trous
Où les Souris ont leurs tanieres:
Tendirent mille souricieres,

Semerent de la mort-aux-rats,
Remplirent d'eau bassins & plats.
 Mais tout celà fut inutile:
Parceque la souris habile
Avoit pourvu de son coté,
Se jettant pour sa sureté,
N'osant plus tenir la campagne,
Dans un cabinet d'Allemagne:
Aiant en cete occasion
Fait une ample provision,
De confitures, de pommades,
De citrons doux, de marmelades,
Qu'elle boiroit & mangeroit
Tant que le siege dureroit.
 De ce fort la Souris hardie
Incessamment faisoit sortie,
Par chemins aux chats inconnus,
Donnant au cartier de Venus,
Malgré sentinelles & gardes,
Lui gatant ses plus belles hardes,
Renversant & poudre & fards,
Et rongeant les poulets de Mars:
Puis desenpenoit chaque fleche,
A l'Amour arrachoit la meche,
Ou la cire de son flambeau,
Ou les cordons de son bandeau,
Ou quelques plumes de ses ailes:
Et faisoit des choses si belles,
Que Venus avec son beau fils,
Etoient prets d'etre deconfits.
 Car meme les chats volontaires,
Ne faisant pas là leurs affaires,
Pour subsister se debandoient,
Souricieres se detendoient:

L'eau

EN BELLE HUMEUR.

L'eau des bassins etoit jettée,
Et la mort-aux-rats eventée :
Dont de depit Amour crevoit,
Le siege pourtant ne levoit,
Voulant pousser à bout l'affaire.
Encor que ni lui ni sa mere,
Ne sussent à quel jeu jouer,
Ni plus à quel saint se vouer.

 Cependant la machine ronde,
Qu'en Prose on apelle le monde,
Qui par amour seul se maintient,
Et que le seul amour soutient
Des soins de l'Amour delaissée,
S'en alloit bientot renversée.
Les Elemens n'agissoient plus,
L'onde & les vens etoient perclus,
La terre demeuroit en friche,
Le cerf se cachoit de la biche,
Le coq la poulle haïssoit;
Le moineau sa femme laissoit;
L'ormeau ne souffroit plus la vigne,
Et trouvoit le lierre indigne
D'embrasser jamais ses rameaux,
Meme les poissons sous les eaux
Se haïssoient comme la peste.

 Quand dans la demeure celeste,
Le grand Jupiter se troubla,
Et les Dieux au Ciel assembla :
D'où leur faisant voir ce desordre,
Tel qu'un aveugle i pourroit mordre.
Le monde, dit-il, a besoin,
Qu'amour en reprenne le soin :
Et c'est fait de dame nature,
Si cette guerre encore dure :

Guer-

Guerre faite mal-à-propos,
L'Amour nous tira du caos :
Il pourroit bien nous i remettre,
Mais il ne lui faut pas permettre :
Il faut tous aller à Paris,
Pour traiter avec la Souris
Une paix qui soit assurée,
Et d'une eternelle durée.

 Ainsi fut fait comme il fut dit,
Leur troupe à Paris decendit :
Où pendant treves obtenues,
Par allées ou par venues,
Ils conclurent la paix, ainsi
Qu'on void dans les articles ci.

 Nous la Souris faisons promesse,
De tenir Venus pour Déesse,
Et de reconnoitre en tout lieu
L'Amour son enfant pour un Dieu :
Comme à tels de leur rendre hommage,
Et ne leur faire aucun dommage :
Aussi nous Venus & l'Amour
Pardonnons tout jusqu'à ce jour.
Declarons la Souris sans blame,
Lui donnons figure de femme,
Pour la garantir de nos chats :
Quoi que femme elle ne soit pas,
Mais bien demeure en sa nature,
Souris sous une autre figure :
Cupidon en particulier,
Montrant qu'il peut tout oublier :
Veut que sous ce nouveau visage,
La Souris ait cet avantage :
Que ses yeux gagnent mille cœurs,
Et soient par tout nommez vainqueurs :

De

De plus il s'oblige à fouscrire,
Que quand la Souris voudra dire,
Pour tuer ceux qu'il lui plaira,
Amour tire: Amour tirera,
Sans qu'elle puisse etre blessée,
Ni par ses fleches offensée:
Et de ceci sont convenus,
La Souris, Amour, & Venus.

Des deux Hommes, et d'un Ane.

DEux hommes passant par des lieux dezerts, trouverent un Ane en leur chemin; ils se prirent à se debatre à qui l'auroit, & à qui le meneroit en sa maizon; chacun d'eux s'imaginant que la Fortune lui eut envoié cete avanture. Comme ils etoient en ce differend, l'Ane se déroba, & ainsi l'un & l'autre fut frustré de son esperance.

Il est arrivé dans plus d'une bataille, que deux vainqueurs disputant d'un prizonier, le prizonier se soit evadé.

Tandis que l'Espagne & la France disputent à qui aura Dunquerque, Cromwel l'emporte.

ESOPE

LE MOUCHERON, OU LA FOLLE VANTERIE.

ON s'exerçoit un jour en des Jeux de Barriere.
  Un nombre de Frigans Courziers,
Sous de jeunes Heros, impaciens, & fiers,
Avoient couvert une longue carriere,
  D'un lon nuage de poussiere.
Un Oiseau plein d'orgueil, effronté fanfaron,
  Parasite de vaine gloire,
  Cependant, qui l'auroit pu croire ?
Un insecte volant, un chetif Moucheron
  Vient fondre sur la vaste croupe
  Du Palefroi, le plus beau de la troupe.
  Et là dressé sur ses ergos,
  Les ailes trémoussantes d'aise,
Fait retentir sa trompe, & sur des tons si hauts,
  Qu'il en étourdit nos Heros.
  Quoiqu'on fasse rien ne l'apaize.
  Les trompettes ont beau sonner.
  Boute-selle, charge, & fanfare,
Le Faux-Brave se met de plus belle à tonner.
Les oreilles à tous commencent à corner.
Et tous voulant savoir pourquoi ce tintamarre ?
Ainsi qu'un Bateleur viennent l'environner.
  Lui, bien loin de s'en étonner,
  Ni s'amuzer à raizonner,
  Sur un ton de chant de victoire,
  Il commence un Himne à sa gloire,
Aiant pour son refrain, qu'il a fait seul voler
  Le toubillon de poudre en l'air.
S'etant chantée ainsi, la sotte Bestiole
  Croioit qu'on l'alloit applaudir ;
  Mais voiant qu'une craquignole,

De

De deux doigts décochée alloit bien l'etourdir,
La hableuſe, au travers d'une amere huée,
S'en va, prenant l'eſſor, ſe perdre en la nuée.

DE VENUS, ET D'UNE CHATTE.

UN beau jeunhomme aimoit ſi fort une Chatte qu'il pria Venus de la metamorfozer en Femme. La Déeſſe exauça ſa priere ; elle transforma cét Animal en une fille d'excellente beauté. Ce pauvre fou fut au meme tems ſi paſſionément épris de ſon amour, que ſans uzer d'un plus lon delai, il la mena droit à ſon logis, pour en avoir la jouiſſance. Mais comme ils furent tous deux au lit, Venus voulant éprouver ſi le changement de forme ne lui auroit point auſſi fait changer de naturel, il lacha exprez un Rat dans la chambre. La froide Amante ne ſe ſouvenant plus, ni de la Couche nupciale, ni de celui qui etoit avec elle, ſe jetta du lit, & elle ſe mit à pourſuivre le Rat, pour le manger : ce qui fut cauſe que la Déeſſe irritée, voulut qu'elle reprit ſa premiere figure de Chatte.

Une

Une Bourgeoize devenue Dame, sembla avoir oublié son anciene condicion, mais ses mesquineries firent bientot voir, que pour avoir changé d'habit, l'on ne change pas de nature.

LE TORRENT ET LA RIVIERE.

Avec grand bruit & grand fracas
 Un Torrent tomboit des montagnes:
Tout fuioit devant lui; l'horreur suivoit ses pas;
  Il faisoit trembler les campagnes.
  Nul voiageur n'osoit passer
  Une barriere si puissante:
Un seul vid des voleurs, & se sentant presser,
Il mit entre eux & lui cette onde menaçante.
Ce n'etoit que menace, & bruit, sans profondeur;
Notre homme enfin n'eut que la peur.
  Ce succez lui donnant courage,
Et les memes voleurs le poursuivant toujours,
  Il rencontra sur son passage
  Une Riviere dont le cours
Image d'un sommeil doux, paisible & tranquile
Lui fit croire d'abord ce trajet fort facile.
Point de bords escarpez, un sable pur & net.
  Il entre, & son cheval le met
A couvert des voleurs, mais non de l'onde noire:
  Tous deux au Stix allerent boire;
  Tous deux à nager malheureux
Allerent traverser au sejour tenebreux,
  Bien d'autres fleuves que les notres.
  Les gens sans bruit sont dangereux;
  Il n'en est pas ainsi des autres.

De l'Enfant, et du Larron.

UN Enfant pleuroit assis prez d'un pui, il i survint un Larron, qui lui demanda la cause de ses larmes; Je pleure, dit l'Enfant, parceque ma Cruche, qui etoit d'or, vient de tomber dans le puis, la corde s'etant rompue. A ces mots le Larron se dépouilla, & il se jetta dans le pui pour la chercher. Aprez avoir bien fouillé, voiant qu'il avoit perdu son tems, il remonta en haut, où il ne trouva ni sa Robe, ni l'Enfant, qui la lui avoit subtilement emportée.

L'Avarice nous fait perdre souvent ce que nous avons, quand elle nous amuze à chercher ce que nous n'aurons pas.

La Goute et l'Aragnée.

Quand l'Enfer eut produit la Goute & l'Aragnée,
Mes filles, leur ditil, vous pouvez vous venter,
   D'etre pour l'humaine lignée
   Egalement à redouter.

Or avisons aux lieux qu'il vous faut habiter.
      Voiezvous ces cases étretes,
Et ces Palais si grands, si beaux, si bien dorez?
Je me suis proposé d'en faire vos retraites.
      Tenez donc, voici deux buchetes:
      Accommodez-vous, ou tirez.
Il n'est rien, dit l'Aragne, aux cases qui me plaise.
L'autre tout au rebours voiant les Palais pleins
      De ces nommez Medecins,
Ne crut pas i pouvoir demeurer à son aise.
Elle prend l'autre lot; i plante le piquet;
S'étend à son plaisir sur l'orteil d'un pauvre homme,
Disant, je ne crois pas qu'en ce poste je chomme,
Ni que d'en deloger, & faire mon paquet
      Jamais Hipocrate me somme.
L'Aragne cependant se campe en un lambris,
Comme si de ces lieux elle eut fait bail à vie;
Travaille à demeurer: voilà sa toile ourdie;
      Voilà des moucherons de pris.
Une servante vient balaier tout l'ouvrage.
Autre toile tissue; autre coup de balai.
Le pauvre Bestion tous les jours demenage.
      Enfin aprez un vain essai
Il va trouver la Goute. Elle etoit en campagne,
      Plus malheureuse mille fois
      Que la plus malheureuse Aragne.
Son hote la menoit tantot fendre du bois,
Tantot souir, houer. Goute bien tracassée
      Est, dit-on, à demi pansée.
O, je ne saurois plus, dit-elle, i resister.
Changeons ma sœur l'Aragne. Et l'autre d'écouter.
Elle la prend au mot, se glisse en la cabane:
Point de coup de balai qui l'oblige à changer.
La Goute d'autre part va tout droit se loger

                                  Chez

EN BELLE HUMEUR.

Chez un Prelat qu'elle condamne
A jamais du lit ne bouger.
Cataplafmes, Dieu fait. Les gens n'ont point de honte
De faire aller le mal toujours de pis en pis.
L'une & l'autre trouva de la forte fon conte;
Et fit tresfagement de changer de logis.

D'UN FORGERON, ET D'UN CHIEN.

UN Forgeron qui travailloit depuis le matin jufques au foir, avoit un chien qui emploioit le meme tems à dormir ; ce fot animal neamoins reprochoit à fon maitre qu'il le laiffoit mourir de faim, pendant qu'il faifoit bonne chere. Le Forgeron laffé d'entendre des reproches fi deraifonables, le chaffa de fa maizon à coups de baton, en s'écriant, miferable que tu es, crois-tu que je doive te nourir fans rien faire?

Les gueux, & les laches, croient qu'on doive les nourrir fans travailler.

On remarque que les plus faineans dans les Communautez, font ceux qui fe plaignent le plus du traitement, dont les meilleurs ouvriers fe contentent.

LE COUCOU ET L'OISEAU DE PROIE,
OU TELLE VIE, TELLE FIN.

UN Oiseau bandouillier, comme Autour, ou Milan,
    Un Bandit, ne mangeant que Perdrix, qu'Or-
      tolan,
Que Pigeon, qu'il prenoit à la petite guerre,
Rencontrant à midi dans son Nid un Coucou,
Lui dit, bon jour, Cousin ! Hé quoi n'estu pas fou ?
Aiant, ainsi que nous, meme bec, meme serre,
    D'etre à l'heure qu'il est au nid ?
Et d'i vivre, en Cafart, d'insecte & de Reptile ?
Quand de maint Oiseau gras la capture facile
Des mets delicieux chaque jour me fournit ?
    Il est vrai que je viens de race,
Lui repond le Coucou, fort adrette à la chasse,
Et comme un autre enfin, je vivrois de gibier,
Mais sur terre d'autrui je crains quelque disgrace
D'un gluau, d'un Panneau, d'un lacs, d'une tirasse,
    D'un long fusil à giboier ;
    Si je fais maigre Cuisine ;
    Je goute un repos entier.
    Qui ne vit que de rapine,
    Vit d'un dangereux metier.
    Et tu me portes la mine,
Qu'un demi Gentilhomme, ou demi roturier
Sur son huis delabré t'etende un jour l'échine,
    Et t'attache chaque cartier.
    Cousin ! je ne suis point sorcier,
Bien moins Nostradamus, ou Maturin Quetier,
Je ne suis qu'un Coucou, mais souvent je devine,
    Et ceux, au nid desquels je pons,
Dez que je dis, Coucou ! tatent leurs fronts.

EN BELLE HUMEUR.

Enfin des malvivans la perte est toujours sure.
La poire tombera, dez qu'elle sera mure.
  Croi-moi, ne fais point tant le fier ;
  Je te dois cet avis sincere,
  Adieu ! repond le Brigand en colere,
  Et voiant un gros Colombier
A quatre pas de là, dans la cour d'un fermier,
Il i fond de depit. Commence le carnage.
Tout ce que de Pigeons i rencontre sa rage,
  Est égorgé, croqué, Pere, Mere, Petit,
  Et ce qu'il n'acheve point, nage
Dans les flos de son sang, qui l'étouffe en son nid.
Du reste epouventé la foule fugitive
Se sauve sur le toit ; non sans faire un grand bruit.
  A ce bruit le Fermier arrive,
  Et de la cause trop instruit,
  Du Colombier court fermer la fenetre,
Ouvre la porte, entre, & saisit le traitre,
  Qui surpris en flagrant delit,
  Se trouble, frissonne, palit.
L'image du gibet lui monte en la pensée.
Il n'a goute de sang qui ne soit lors glacée,
Connoissant que son crime est crime capital,
  Et partant un cas Prévotal.
Tibaut le suit aussi ; qui sans misericorde
  Dans le cou lui passe une corde,
Et dressant sur le champ dans sa cour un Poteau,
  Est son Prevot, & son Boureau ;
En fait à ses Consors exemplaire Etalage,
Comme on fit autrefois aux Lions de Cartage,
Enfin il fut pendu tant que mort s'ensuivit,
Comme son Tiresie avoit su lui predire.
  Passant le cou hors de son nid,
Pour voir dequel coté soufle Bise, ou Zefire,
        Vou-

Voulant s'ébatre au champ, le Cousin Coucou voit
Le Cousin Hobreau faire la Capriole,
  Saut que dez lontems il prevoit.
Lachant un long soupir, aussitot il avole,
  Et lui dit d'une triste voix,
  Vas ou tu veux ; meurs ou tu dois.
  Hé bien Cousin ! ma pauvre vie
  Ne te faitelle point Envie ?
  Ne vaudroitil pas mieux pour toi,
D'avoir toujours vecu d'insecte, comme moi,
  Que d'avoir fait si bonne chere,
  Et de mourir de mort amere ?
Mille autres beaux dictons, que ce Reteur raporte,
  Ne lui fait point de bien
Car le pauvre se croit une personne morte
  Et n'ecoute plus rien.

D'UN JEUNHOMME, ET D'UNE HIRONDELLE.

UN jeune debauché, à qui il ne restoit qu'une casaque, pour se garantir des rigueurs de l'arrieresaison ; s'imagina aiant aperçu une Hirondelle, & le tems s'etant un peu desseré, que l'été apro-

aprochoit, & que cet habillement lui etoit inutil. Il s'en defit, mais le froid reprit auſſitot, avec tant de violence, que ni lui, ni l'Hirondelle ne purent le ſouffrir; ce qui le porta à lui reprocher, la voiant languiſſante ſur la terre, & prete à expirer qu'elle etoit cauſe de leur mort, pour avoir avancé ſon retour avant la ſaiſon.

Il faut garder une poire pour la ſoif, & un habit pour l'hiver.

C'eſt enquoi la France ſurpaſſe les autres Nacions, etabliſſant par tout des Magazins pour l'entretenement de ſes Soldats aux lieux voiſins de ſes expedicions.

Les Loirs.

Douze Loirs, tous fort bons vivans,
Faiſant un jour la rebonbaine
A l'ombre d'un fertile Chene,
Qui ſeul depuis un tres-lontems
  Les nourriſſoit, eux, enfans & ſuivans,
  S'etoient faits ſi ronds de ſes glans,
  Qu'ils ne ſe ſoutenoient qu'à peine.
On vendangeoit alors, & le lieu de la Sene
Etoit dans un vignoble, auprez de ſaint Arnou;
Et loin des Vendaugeurs, qui toute la ſemaine
Jouant de la ſerpette avoient ſur un genou
Suivi le Vigneron, qui vendangeant les meine,
Et va toujours baiſſé, ſans voir derriere ſoi,
  Tant il eſt plain de bonne foi.
Là nos Goinfres, ſans peur d'une alarme ſoudaine,
  Avaloient les glans par douzaine,
  Et tous mangeant comme des Loups,
  Humoient auſſi comme des trous

Le

Le doux jus d'une cuve pleine.
L'un, fa pate fur fa bedaine,
De l'autre fe curant les dents,
Dit, lachant un hoquet, fans doute ils font frians,
Mais il faut avoir bonne haleine.
Arbres fi hauts font fatigans.
Toujours monter, toujours decendre.
Le plus robufte eft bientot las.
Meffieurs ! fi vous vouliez m'entendre,
Il vaudroit beaucoup mieux metre le Chene bas.
Rien ne feroit fi commode au repas.
Il faudroit feulement fe baiffer pour en prendre.
La plupart de ces Etourdis
Aplaudiffent à cet avis.
Et courent aux haches. Taïs
Ainfi par le grand Alexandre
Fit mettre de Perfepolis
Le fuperbe Palais en cendre.
L'un d'eux, qui n'etoit pas fi fou,
Et qui prévit la fin de ce bourru caprice,
Dit au plus furieux ; Cent diables ! es-tu fou ?
Si tu fais mourir ta nourrice,
Tu n'as qu'à te couper le cou.
Sur fa reflexion chacun reflexionne ;
Trouve fa reflexion bonne ;
Reconoit, qu'il ne fait pas bien,
D'abatre un Arbre, qui lui donne
Un fi bon pain cotidien ;
Et qu'il n'eft point enfin de peine comparable
A ce demifouverain bien.
Ainfi jettant la hache au biable,
Il jure qu'il n'en fera rien.
Et pour cuver fon vin, qui bout dans fa bedaine,
Va dormir à l'ombre du Chene.

D'UN

EN BELLE HUMEUR.

D'UN PAÏSAN, ET D'UN SATIRE.

UN Païsan trouva pendant les rigueurs d'un hiver, un Satire demi mort de froid, & de faim dans une foret ; touché de compaſſion, il le rechaufa dans ſa cabane, & il lui donna à manger. Le Satire voiant que le Païſan ſoufloit ſur ſa ſoupe, lui en demanda la raiſon, c'eſt pour la refroidir, repondit le Païſan ; & d'où vient donc que tu ſouflois dans tes mains pendant le chemin, c'etoit pour les rechaufer, repondit encore le Bucheron. Veritablement je ne comprens pas, s'ecria le Satire en ſortant de la maiſon, comment tu peus d'une meme bouche ſoufler egalement le chaud, & le froid.

Il faut eviter comme des peſtes les gens qui tranchent des deux cotez.

La France ſoufle chaud & froid d'une meme bouche : en 1672 elle offre à la Hollande de partager entre eux la Belgique Eſpagnole, mais ces reconnoiſſans ne voulurent pas accepter cette offre. Immediatement aprez la meme France offrit à l'Eſpagne de partager entre eux la Hollande ; l'Eſpagne

gne sincere detesta cette offre perfide. Ce refus fut la cause de l'invasion, que la France fit en la Hollande en 1672.

  Quand le Pape condamnoit Jansenius, il etoit faillible, quand il condamne la Morale Relachée il est infaillible.

La Folie et l'Amour.

Tout est mistere dans l'Amour,
Ses Fleches, son Carquois, son Flambeau, son Enfance.
  Ce n'est pas l'ouvrage d'un jour
  Que d'epuizer cette Sience.
Je ne pretens donc point tout expliquer ici.
Mon but est seulement de dire à ma maniere
  Comment l'Aveugle que voici,
C'est un Dieu, comment, disje, il perdit la lumiere;
Quelle suite eut ce mal, qui peutetre est un bien.
J'en fais juge un Amant, je ne decide rien.
 La Folie & l'Amour jouoient un jour ensemble.
Celuici n'etoit pas encor privé des yeux.
Une dispute vint : l'Amour veut qu'on assemble
  Là-dessus le Conseil des Dieux.
  L'autre n'eut pas la pacience.
  Elle lui donne un coup si furieux
   Qu'il en perd la clarté des yeux.
   Venus en demande vengeance.
Femme & mere il suffit pour juger de ses cris :
  Les Dieux en furent etourdis ;
  Et Jupiter, & Némesis.
Et les Juges d'Enfer, enfin toute la bande.
Elle representa l'enormité du cas,
Son fils sans un baton ne pouvoit faire un pas.
Nulle peine n'etoit pour ce crime assez grande.

Le dommage devoit etre auſſi reparé.
Quand on eut bien conſideré
L'interet du public, celui de la partie,
Le Reſultat enfin de la ſupreme Cour
Fut de condamner la Folie
A ſervir de guide à l'Amour.

D'UN PAÏSAN, ET D'UNE IDOLE.

UN Païſan avoit dans ſa maizon une idole qu'il invoquoit dans ſes preſſantes neceſſitez; rebuté de n'en pas recevoir le ſecours qu'il eſperoit, il prit un baton, & il la briza. Il ſortit de l'idole un grand nombre de pieces d'or qu'il ramaſſa avec ardeur, en s'écriant, il faut avouer que tu etois un Dieu bien méchant, & bien malin d'avoir refuſé à me faire du bien, pendant que je t'en priois ſi inſtament, à preſent je ne conte pour rien celui que tu me fais, puiſque c'eſt par force, & malgré toi.

Il faut prevenir de bonne grace ceux que nous voulons ſecourir, & ne pas atendre qu'ils ſoient dans la derniere extremité.

Il i a des Miniſtres dont la chute fait le bien de l'Etat qui s'enrichit de leurs depouilles.

JUPITER ET LES TONNERRES.

Jupiter voiant nos fautes,
Dit un jour du haut des airs:
Rempliſſons de nouveaux hotes
Les cantons de l'Univers
Habitez par cette race
Qui m'importune & me laſſe.
Va-t-en, Mercure, aux Enfers:
Ameine-moi la furie
La plus cruelle des trois.
Race que j'ai trop cherie,
Tu periras cette fois.
Jupiter ne tarda guere
A moderer ſon tranſport.
O vous, Rois, qu'il voulut faire
Arbitres de notre ſort,
Laiſſez entre la colere
Et l'orage qui la ſuit
L'intervalle d'une nuit.
Le Dieu dont l'aile eſt legere,
Et la langue a des douceurs,
Alla voir les hoires Seurs,
A Tiſifone & Mégere
Il prefera, ce dit-on,
L'impitoiable Alecton.
Ce choix la rendit ſi fiere,
Qu'elle jura par Pluton
Que toute l'engeance humaine
Seroit bientot du domaine
Des Deïtez de là-bas.

EN BELLE HUMEUR.

Jupiter n'aprouva pas
Le ferment de l'Eumenide.
Il la renvoie, & pourtant
Il lance un foudre à l'inſtant
Sur certain peuple perfide.
Le tonnerre aiant pour guide
Le pere meme des cieux
Qu'il menaçoit de ſes feux,
Se contenta de leur crainte;
Il n'embraza que l'enceinte
D'un dezert inhabité.
Tout pere frape à coté.
Qu'arriva-t-il? notre engeance
Prit pied ſur cette indulgence.
Tout l'Olimpe s'en plaigrit:
Et l'aſſembleur de nuages
Jura le Stix, & promit
De former d'autres orages:
Ils feroient ſurs. On ſourit:
On lui dit qu'il etoit pere,
Et qu'il laiſſat pour le mieux
A quelqu'un des autres Dieux
D'autres tonnerres à faire.
Vulcain entreprit l'affaire.
Ce Dieu remplit ſes fourneaux
De deux ſortes de carreaux.
L'un jamais ne ſe fourvoie,
Et c'eſt celui que toujours
L'Olimpe en corps nous envoie.
L'autre s'ecarte en ſon cours;
Ce n'eſt qu'aux monts qu'il en coute:
Bien ſouvent meme il ſe perd,
Et ce dernier en ſa route
Nous vient du ſeul Jupiter.

D'UN

D'UN CENTAURE, ET D'UNE FEMME.

UN Centaure devint amoureux, & il enleva une femme, qu'il vid dans un bain. Cette femme le conjuroit la larme à l'œil de ne rien atenter contre son honeur. Le Centaure de son coté la pressoit de lui donner satisfaxion, la menaçant autrement d'uzer de violence; celà ne sera jamais, lui repliqua cette lucrece, en se perçant le cœur d'un dard qu'elle tenoit dans sa main, & le Ciel saura bien me vanger de ta brutalité.

Il est plus glorieux de mourir, que de commettre une méchante action.

Tomas Morus aima mieux mourir que de consentir aux injustes desirs de son Roi.

RIEN.

UN Mont tout herissé de rochers & de pins,
Collosse que la terre oppose au choc des nues,
D'où les Beufs dans les charas sont pris pour des
Lapins,

Et

Et les arbres plus grands pour des herbes menues,
   Vomit à gros bouillons de ses froids intestins,
Un torrent qui grossi d'eau du Ciel decendues,
Et faisant plus de bruit que cent mille Lutins,
Entraine dans les chams mille Roches cornues.
   Le Foudre quelquefois le couvre tout de feu:
Mais le Foudre ne fait que le noircir un peu,
Et faire un peu fumer sa cime inébranlable.
   Sur ce superbe Mont, jusqu'aux Cieux elevé,
Pour vous dire la chose en homme veritable,
Il ne m'est sur mon Dieu, jamais rien arrivé.

D'UN ESCLAVE, ET D'UN ANE

UN Prince avoit condamné un de ses esclaves à la mort pour quelque faute. Ce malheureux se jetta à ses genoux, & il le conjura de lui donner la vie; ofrant pour cette grace d'instruire un des anes de sa bassecour à parler, & à discourir de toutes choses comme un homme, ne lui demandant pour en venir about que sept années. Le Prince surpris, accepta ses ofres; ce qui fit que l'esclave crut bien etre sauvé, esperant que pendant ce tems, le Prin-

Prince, l'ane, ou lui viendroient à mourir, & qu'il seroit par ce moien dégagé de ses promesses.

Les plus mauvaises afaires s'acomodent avec le tems.

Car la Holande secourt l'Espagne. Le Roi de Portugal & le Prince de Pologne Sobieski épouzent les sœurs de l'Empereur & du Roi d'Espagne.

Le Rat et l'Elefant.

SE croire un personage, est fort commun en France.
  On i fait l'homme d'importance,
   Et l'on n'est souvent qu'un Bourgeois:
  C'est proprement le mal François.
La sotte vanité nous est particuliere.
Les Espagnols sont vains, mais d'une autre maniere.
   Leur orgueil me semble en un mot
   Beaucoup plus fou, mais pas si sot.
   Donnons quelque image du notre,
   Qui sans doute en vaut bien un autre.
Un Rat des plus petits voioit un Elefant
Des plus gros, & railloit le marcher un peu lent
   De la bete de haut parage,
   Qui marchoit à gros équipage.
   Sur l'animal à triple etage
   Une Sultane de renom,
   Son Chien, son Chat, & sa Guenon,
Son Perroquet, sa vieille, & toute sa maison,
   S'en alloit en pelerinage.
   Le Rat s'etonnoit que les gens
Fussent touchez de voir cette pezante masse:
Comme si d'occuper ou plus ou moins de place,
Nous rendoit, disoitil, plus ou moins importans.
Mais qu'admirezvous tant en lui vous autres hommes

Se-

EN BELLE HUMEUR. 343

Seroitce ce grand corps, qui fait peur aux enfans?
Nous ne nous prifons pas, tout petits que nous fom-
mes,
D'un grain moins que les Elefans.
Il en auroit dit davantage,
Mais le Chat fortant de fa cage,
Lui fit voir en moins d'un inftant
Qu'un Rat n'eft pas un Elefant.

D'UN SINGE, ET D'UN PEROQUET.

UN Peroquet fe vantoit à un Singe de parler auffi-
bien qu'un homme; & le Singe d'en imiter fi
bien les actions, qu'on le prenoit pour luimeme; &
comme il etoit plein d'orgueil, pour perfuader ce qu'il
avançoit, il fut prendre la chemife d'un jeune garçon qui fe baignoit, dans laquelle il s'embaraffa fi
fort qu'il donna moien à ce jeunehomme de le prendre facilement; & au Perroquet un jufte fujet de fe
raillier de fon peu de prévoiance, & de fa fote pre-
fomption.

La vanité, & l'orgueil, ne nous cauzent que de
la confuzion.

P 4 Les

Les charges & les dignitez sur les epaules des in‑
dignes, sont ce que la chemize fut sur le dos du
Singe.

LE VER A SOIE ET LA CHENILLE,

OU LES FRUITS DE LA PEINE ET DU PLAISIR.

UN jour sur un jeune meurier,
  Le ver à soie, & la Chenille,
Celleci vivant en rentier,
Et l'autre faisant son métier,
  Causoient d'affaires de famille,
Et passoient à causer souvent le jour entier.
Cousin, disoit au Ver l'Insecte au poil qui brille,
Que je m'enfermerois bientot dans ma coquille,
  Pour en sortir au plutot Papillon!
  Si quelque jour le Ciel m'octroie,
De me voir, quoiqu'indigne, un noble Ver à soie,
  J'irai de Valon en Valon,
De Jardin en Jardin, de Prairie en Prairie;
Bref, il ne sera point de Campagne fleurie,
Où, sur le sein des fleurs eteignant, mes desirs,
Je ne rende jaloux mille & mille Zefirs,
Et l'amoureuse ardeur de mon ame embrazée,
Sans doute fera l'un de mes plus grands plaisirs,
  D'etre à tout moment apaisée,
  Du lait savoureux des Fleurs.
  Et de la tendre Rosée;
Que l'Aurore en leur sein formera de ses pleurs.
  Cousine! ta raison est bonne;
  Il nait des douceurs au Printems;
L'on en goute en Eté, l'on en goute en Automne;
Dont les gais Papillons peuvent etre contens;
                                    Mais

EN BELLE HUMEUR.

Mais enfin à mon tour souffre que je raisonne,
Et juge qui de nous a meilleure raison;
 En quelque champ fleuri que j'aille
 I piller les fleurs à foison,
Ce pillage au logis ne produit point la maille;
 Mais quand, assidu, je travaille,
Mon travail enrichit la Ville, & la Maison.

D'UN MILAN, ET DES OISEAUX.

UN Milan, qui avoit rusé pendant un lontems, pour faire curée des oiseaux de son voisinage; les invita à un grand repas, qu'il faignit de faire pour se reconcilier avec eux; les oiseaux trop faciles, & credules, ne manquerent pas de s'i trouver, croiant qu'il i alloit trop de leurs interets de perdre une ocasion si belle, & si favorable de faire amitié avec un enemi si puissant, & si dangereux. Mais ils furent bien surpris de voir qu'ils paioient l'écot de leur vie, & ils reconurent, mais trop tard, qu'il ne faut jamais écouter un enemi de tout tems declaré.

Il est de la sagesse, & de la prudence de petis,

de se tenir toujours sur leurs gardes, contre la puissance des grands.

LA POUTRE, ET LES BEUFS QUI LA TRAINENT,

OU LA PLAINTE INJUSTE.

UNe longue Poutre de Chene,
Dont les feuilles lontems servirent d'aliment
Aux Beufs qui la trainoient, leur disoit tendrement,
    Ingrats? estce ainsi qu'on me traine?
Meritai-je de vous un si dur traitement?
Et mes bienfaits sontils cause de tant de haine?
Hé quoi! ne vois-tu pas, repondit tristement
L'un de ces Beufs tout hors d'halene,
L'aiguillon qu'on nous tient aux flancs incessamment?
Qu'on ne nous laisse point respirer un moment?
    A chaque pas, chaque gemissement
Te marque assez, que nous sentons ta peine.
    Et quand, pour ton soulagement,
    Nous marchons exprez lentement,
Un brusque Pique-beuf rend notre pitié vaine,
    Et nous pique cruellement.
    Ainsi donc tu vois clairement,
Que c'est à ce Brutal, qu'il faut que l'on se prenne,
De ce que nous faisons de mal innocemment;
Que loin de te trainer, nous souffrons le tourment,
De suivre, comme toi, le joug qui nous entraine.
Dis-moi? quand tu sentois les coups du Charpentier,
    Dont tu n'etois pas epargnée,
Etoitce contre lui que tu devois crier?
    Etoitce contre sa coguée?

D'UN

EN BELLE HUMEUR. 347

D'UN AIGLE, ET D'UN CORBEAU.

UN Aigle enleva facilement dans les airs un agneau sur lequel il vola avec rapidité ; un Corbeau qui le vid, en voulut faire de meme en volant sur un autre agneau. Mais comme il n'avoit pas la meme force, quoi qu'il eut le meme dessein ; il s'embarassa si fort les pates dans sa toizon, qu'il ne put les retirer, ni s'empecher d'etre pris du Berger, qui se vengea sur lui de la perte, que l'Aigle lui venoit de causer.

Il faut mesurer ses desirs, à ses forces, & ne pas entreprendre plus qu'on ne peut.

Un Prince Anglois a voulu imiter la France usurpatrice, mais il s'est trouvé court.

UN VIEUX POURPOINT.

Superbes monumens de l'orgueil des humains,
Piramides, Tombeaux, dont la vaine structure
A temoigné que l'art, par l'adresse des mains

Et l'assidu travail peut vaincre la nature;

Vieux Palais ruinez, chefs d'œuvres des Romains,
Et les derniers efforts de leur architecture,
Collisée, où souvent ces peuples inhumains,
De s'entrassassiner se donnoient tablature;

Par l'injure des ans vous etes abolis,
Ou du moins la plupart vous êtes demolis:
Il n'est point de ciment que le tems ne dissoude.

Si vos marbres si durs ont senti son pouvoir,
Dois-je trouver mauvais qu'un mechant pourpoint
noir,
Qui m'a duré deux ans, soit percé par le coude?

D'UN AIGLE, ET D'UNE CORNEILLE.

UN Aigle voulant manger une huitre, ne savoit pas comment faire pour en venir à bout. Une Corneille survint & elle lui conseilla de voler le plus haut qu'il pouroit, & de la laisser tomber. L'Aigle fut assez simple que de la croire. La Corneille qui n'atendoit que cela, & qui etoit demeurée tranquilement en bas, se jetta avec rapidité sur le poisson qu'elle avala; laissant volontiers les écailles à l'Aigle,

gle, pour le paier de ses peines, & de sa trop simple credulité.

Il faut se defier des gens, qui ne donnent des conseils, que pour profiter de nos divizions, & pour avoir nôtre bien.

Aprez qu'Amelot aura brouillé les Suisses, la France sera la premiere à profiter de leurs divizions.

LE SERPENT ET LA TORTUE,
OU LE CŒUR DOUBLE ET LE SINCERE.

Dans un sentier tortu, le long d'un grand chemin,
Un Serpent se glissoit à lons plis. La Tortue
Marchant dans le chemin, se presente à sa vue.
Il lui dit en passant; tu vas d'un pauvre train,
L'Amie! & quand on marche, il faut qu'on s'e-
 -vertue;
La lenteur fait souvent avorter un dessein.
 Ma lenteur, lui repondit-elle,
 Bien que chacun la blame, est telle,
Qu'en partant à propos; sans me hater d'un pas,
 Elle me donne l'avantage,
Que sans me fatiguer, je fais un long voiage,
 Dont tu serois bientot las.
Et combien que de toi le monde fasse cas,
Il doit de moi sans doute en faire davantage;
Je va le grand chemin, & tu ne le vas pas.
Souvent on croit aller droit au but, où l'on tend,
Et par des fauxfuians souvent on s'en elogne.
Croions en ce qu'en dit la Tortue au Serpent,
Le meilleur est toujours d'aller droit en besogne.

D'UN

D'un Milan, et d'un Coucou.

UN Milan insultoit ordinairement un Coucou de son voizinage, lui reprochant sa mauvaise maniere de vivre; & de ne manger que des vers, & de l'ordure, pendant qu'il faisoit curée du meilleur gibier. Mais il arriva malheureusement pour ce Milan qu'il donna dans les filets d'un Païsan, en chassant ses Pigeons. Alors le Coucou, qui l'apérçut du haut d'un arbre, lui dit d'un ton railleur pour se vanger, que s'il se fut contenté de peu comme lui, & qu'il eut su moderer ses apetis déreglez, il auroit évité la mort, qu'il alloit recevoir pour le prix de ses peines.

Nos passions dereglées nous entrainent tous les jours dans le precipice.

François Premier Roi de France, ne s'etant pas contenté de ses Etats, & faisant le Milan au Milanez, a eté pris de Charlequint devant Pavie.

EN BELLE HUMEUR.

LE SINGE.

IL est un Singe dans Paris
A qui l'on avoit donné femme.
Vrai Singe de pluzieurs maris
Il la battoit : La pauvre Dame
En a tant soupiré qu'enfin elle n'est plus.
Leur fils se plaint d'etrange sorte,
Il eclate en cris superflus :
Le pere en rit ; sa femme est morte.
Il a deja d'autres amours
Que l'on croit qu'il battra toujours.
Il hante la taverne, & souvent il s'enivre.
N'attendez rien de bon du peuple imitateur,
Qu'il soit Singe, ou qu'il fasse un Livre.
La pire espece c'est l'Auteur.

D'UN PAON, ET DE LA PIE.

LEs oiseaux s'etant assemblez pour élire un Roi, ils jetterent tous les yeux sur le Paon, s'imaginant qu'il etoit digne de leur comander à cause de de la beauté de son plumage; il n'i eut que la pie qui s'ioposa fortement, & qui leur remontra avec chaleur, qu'ils se laissoient surprendre trop facilement par les fausses apparences des plumes de cet oiseau, desquelles si on le depoulloit, il ne lui resteroit rien, qui lui meritat cet honeur, n'aiant ni force, ni courage, pour resister à leurs enemis.

Quelques Belges de l'autre siecle eblouis des aparances Fransoises du Duc d'Alanson, le reçurent; mais sentant son impuissance, ils le renvoierent en France avec infamie.

Le Serpent, ou les desirs dereglez.

Rodant dans une Vigne aprez vendange faite
Un Serpent affamé cherche dequoi manger
Et sous des Pampres secs trouvant une serpette,
Comme un friant morceau commence à la ronger.
Il se fait à la langue une large blessure.
  Le sang en coule abondamment.
Le croiant du morceau, qu'il mache avidamment,
  Il en avale outre mesure,
Et de son propre sang le Serpent suffoqué
Creve comme un boudin, que l'on n'a pas piqué.
  Qui suit ses avides desirs.
  Et court à toute amorce offerte
Des faux biens de la Terre & de ses vains plaisirs
  Court sans le savoir à sa perte
Et le bien qu'il pourfuit avec trop de chaleur
  Et qu'il croit son bonheur supreme
  Le jette, & par luimeme,
  Dans le dernier malheur.

EN BELLE HUMEUR.

De deux Chiens.

IL etoit un Chien si accoutumé à mordre tous ceux qu'il rencontroit, que son Maitre fut contraint de lui attacher un bâton au cou afin que chacun s'en donnat de garde. Le Chien cependant alla s'imaginer que ce bâton lui etoit comme un marque d'honeur, & une recompense due à sa vertu. Ce qui fit que par un excez de vanité, il commença de mepriser tous ses compagnons. Mais parmi eux il i en eut un, que son age & sa gravité rendoient venerable, qui pour rabatre de son orgueil, lui dit mon ami, ne croi point que ce baton te soit honorable ; mais prens-le plutot pour une marque de ton infamie.

Quelques Transfuges Belges, ces Hirondelles ingrates epouvantées des frimats Espagnols, & leurrées des beaux jours des Fleursdelis se sont jetés dans le parti de France. Les Chevaliers de la Toizond'or regardent le Cordonbleu au cou de ces credules des memes yeux que les Chiens degagez regarderent le baton traverser au cou du mauvais Chien.

LE

LE LION ET LES DEUX TAUREAUX,

OU L'IMAGE DES ALLIEZ S'ILS SE DESUNISSENT
PAR LES CAJOLERIES DE LA FRANCE.

CE Printems deux Taureaux aux farouches regards,
Au milieu de cent Bœufs paiſſoient l'herbe naiſſante,
Un Lion affamé, rodant de toutes parts,
Rugit dez qu'il les void, & de ſa voix tonnante,
Croit juſqu'au fonds du cœur leur jetter l'épouvante.
Les Bœufs, au large front, dans la Prairie épars,
Se ſentant dégradez de leur mâle courage,
Par divers défilez regagnent leur village :
    Mais nos deux braves Champions,
Qui depuis quelques jours avoient eu l'avantage,
    De mettre en fuite deux Lions,
Joignent flanc contre flanc, & leurs têtes baiſſées,
Chacune preſentant deux lances heriſſées,
    Font ferme, & de quelque coté
Que l'ennemi les tourne, il en eſt affronté.
Le Lion fait ſur eux mille aſſauts inutiles ;
Il a beau tournoier, virer, caracoler,
    Toujours il trouve à qui parler,
    Et l'ardeur de ſe ſignaler
    Rend ces lents Animaux, agiles.
Le Lion enragé de voir que ſur leur peau
    Ni ſon courage, ni ſes feintes,
    Ne peuvent pas donner d'atteintes,
    Ni les rompre, il leur parle beau ;
Mes Braves ! votre gloire eſt, dit-il, ſans ſeconde,
    Et vous triomfez aujourd'hui
    Du plus fort animal du monde ;
Et ſans que l'un à l'autre implore ſon apui,

L'un de vous suffit contre lui:
Dans ce combat chacun de vous me montre
Tant d'adreſſe, de cœur, & d'intrepidité,
Qu'il me faut pour ma gloire, & de neceſſité,
D'un combat ſeul à ſeul eviter la rencontre,
Ou, ſans faire le fin, d'abord, je ſuis gâté.
Mais en Lion d'honneur, avant faire retraite,
Je veux bien de vous deux dire la verité;
Le droit plus que le gauche a de la fermeté.
Adieu! vivez heureux, ſurs, qu'aprez ma défaite,
Nul Lion deſormais n'oſe vous aprocher,
Et qu'il n'eſt rien enfin qui vous puiſſe empecher,
De jouir d'une gloire, & d'une paix parfaite.
Celà dit, il les quitte, & gagnant les hauteurs,
L'ame encor de depit & de rage ſaiſie,
Et tapi dans un creux, obſerve ſes vainqueurs,
  Qu'il a piqué de jalouſie.
  Fier du ſuffrage du Vaincu,
  Le Taureau, qui tenoit la drëte,
Dit à l'autre; où l'ami, ſans nous, en etois-tu?
  Notre Averſaire a fait retraite,
Et comme j'ai moi ſeul empeché ta défaite,
C'eſt à moi ſeul auſſi que l'honneur en eſt dû.
  L'autre de travers le regarde,
Et lui dit; en effet, votre vertu me garde,
Mon Brave, & je ne fais que vous embaraſſer.
Notre Ennemi l'a dit, & ſans mon aſſiſtance,
Il vous flatte que ſeul vous l'euſſiez pu chaſſer.
Je le veux. Toutefois je me ſens. Et je penſe
Que je puis ſeul auſſi ſuffire à ma défenſe.
L'ennemi n'eſt pas loin. Bientot l'experience,
Pourroit faire ſavoir à votre ſuffiſance,
Qui de ſon Camarade auroit pu ſe paſſer.
Adieu! s'il vient, ſans nous vous pourrez l'exercer,

Et plaise au Ciel que sur cette eminence,
J'aille me voir vangé de l'ingrat qui m'offense.
A peine a-t-il gagné la prochaine hauteur,
Que le Lion caché sort de son embuscade;
  Fond sur le brave Camarade,
   Qui plein d'une heroique ardeur,
   Le reçoit en Taureau de cœur.
   Et l'autre sur une esplanade
S'etoit fait du combat le jaloux Spectateur.
Le Lion au combat montre tant de fureur,
  Que dez la premiere passade,
Il fait à l'Ennemi la moitié de la peur.
Le feu qui dans les yeux du Lion étincelle,
  Lui glace le cœur, qui pantele;
Il est fait, c'est battu qui tremble ou peu s'en faut.
Le Lion l'aperçoit à sa morne prunelle.
D'un long mugissement tout son cœur il rappelle.
  Mais lui voiant qu'il i fait chaut
  Fait le Chien de Jean de Nivelle.
Le Lion tourne, & cherche à le prendre en defaut,
  Et voiant à la fin sa belle,
Il lui saute au sainon, & d'une dent cruelle,
Lui croque en rugissant larinx, & gargamelle.
Le Taureau suffoqué sur ses jambes chancelle.
  Le Lion le tire & l'abat
  Et l'aiant mis hors de combat,
  Le laisse étendu sur l'arene;
  Court à l'autre Taureau, qui fuit
  A toute jambe dans la plaine;
  Mais que vivement il poursuit,
  Et l'atteint sans beaucoup de peine.
Le pezant Animal n'a pas fait deux cent pas,
Qu'il fume de sueur, écume, & perd haleine.
Le Lion tient de là sa victoire certaine.

EN BELLE HUMEUR. 357

Il le hape au mufle, & le traine,
Et du coup que sa queue asséne,
L'etourdit tout, & le met bas.
Qui de là ne conclura pas,
Que Louis ce Prince terrible
En vain s'eforce de brizer
Des grands Confederez l'union invincible?
Forcez, vous gâtez tout. Le mieux est de ruser;
Et leur défaite est infaillible,
Si vous savez les diviser.

LES AMBASSADEURS DES CHIENS.

LEs Chiens envoierent des Ambassadeurs à Jupiter, pour le suplier de rendre leur condicion & leur vie plus heureuse, & de les degager du mauvais traitement que les hommes leur faisoient en ne leur donnant que du pain de son, & en les reduisant à se rassasier dans leur faim extreme des choses sales & puantes. Les Ambassadeurs etant partis ne firent pas grande diligence s'amusant durant le chemin à flairer des ordures, pour i trouver dequoi manger. Etant citez ensuite devant Jupipiter, ils ne comparoissent point. Enfin, Mercure les aiant trouvez à grand' peine, les conduit devant Jupiter tout décontenancez. Les Chiens voiant le visage & la majesté eclatante de ce Dieu, furent saisis d'une telle fraieur, qu'ils parfumerent d'un musc bien different de l'ordinaire tout son Palais. D'où aiant eté chassez à grands coups de batons, & etant sortis dehors, Jupiter defendit qu'on les renvoiat. Cependant les autres Chiens s'etonnant de voir que leurs Ambassadeurs ne revenoient point, crurent qu'ils avoient fait quelque chose qui n'etoit pas honnete. Aiant laissé passer quelque tems, ils commanderent qu'on en deputat d'autres à leur place. Mais aiant apris par le bruit qui couroit ce qui etoit arrivé à leurs premiers Ambassadeurs, & craignant que la meme chose n'arrivat encore aux seconds, ils leur emplirent le derriere de beaucoup de parfums. Ensuite on leur donne leurs ordres, on les envoie à leur Ambassade. Ils se rendent promptement à la Cour, ils demandent audiance, & ils l'obtiennent aussitot. Le Pere & le plus grand des Dieux s'etant assis sur son trone, remua la foudre qu'il tenoit en sa main. Tout tremble à ce bruit, & l'eclat soudain de ce tonnerre saisit tellement ces pauvres chiens, qu'ils commencent à repandre un parfum naturel melé avec cet artificiel dont on les avoit garnis. Tout le monde cria aussitot, qu'il falloit vanger cete injure qu'ils avoient faite à un si grand Dieu. Mais Jupiter avant que de les punir parla de la sorte: Ce n'est pas agir en Roi, que de ne pas renvoier des Ambassadeurs. Et il n'est pas difficile d'imposer à cette faute la peine qu'elle a meritée. Je ne defens pas qu'on les renvoie: mais je veux

qu'ils

qu'ils soient punis par la faim, afin qu'ils aprennent une autrefois à retenir leur ventre. Voilà la recompense que vous remporterez de moi, au lieu du jugement, que vous m'etiez venus demander. Mais ceux qui vous ont deputés vers moi seront exposez à jamais aux injures & aux outrages des hommes. Ainsi les Chiens qui sont decendus de ces premiers, atendent encore aujourd'hui leurs deputez. Et c'est pour cette raison, que lors qu'il en vient quelqu'un qu'ils n'ont pas encore vû, ils lui flairent au derriere, pour voir s'il n'est point de ces Ambassadeurs parfumez.

Ce fut à peu prez le traitement que la France en 1687 fit aux Ambassadeurs Moscovites, qui etant des Alliez ne manqueront pas de s'en vanger en son tems.

Le Pet.

Je suis un invisible cors
Qui de bas lieu mon etre tire,
Et personne à peine ose dire
Ni qui je suis, ni d'où je sors.
   Je parle & me tais à la fois,
Et bien souvent lors qu'on me presse
Je deviens femelle traitresse
D'hardi male que je serois.
   J'ignore l'art de discourir
Pourtant je me fais bien entendre,
Le meme moment qui m'engendre
Me voit naitre, vivre & mourir,
   Aucun œil ne me vid jamais,
Je suis plus fragile qu'un verre,
Mon bruit imite le tonnerre,

Et je suis le bruit que je fais.

Par moi l'un des sens est touché
D'une tresfacheuse influence,
Et l'on rougit de ma naissance
Comme on rougiroit d'un peché.

Un Poëte eut sept villes pour soi
Dont chacune s'en disoit Mere,
Mais ce qui se fit pour Homere
Jamais ne se fera pour moi.

Je n'ai ni lustre ni splendeur,
J'ai des sœurs qui donnent à boire,
Je suis en fort mauvaise odeur,
Pourtant l'on parle de ma gloire.

Mes Dames dont l'esprit charmant
De m'expliquer ose entreprendre,
Gardez vous bien de vous meprendre
Et de me faire en me nommant.

CENSURE
DE
L'ORDINAIRE

LE Censeur ordinaire des Chams Elizées est Momus, qui va vous parler. Dez que la Traduxion & que l'Augmentacion toutes nouvelles des Fables d'Esope furent achevées, le Conseil des Savans-gais de cete Contrée agreable m'ordona d'en faire la Censure. Comme l'on me connoit pour un critique chagrin & mordant, on me recomanda de me souvenir que je devois censurer Esope, non pas en laide, mais, en belle-humeur & que je devois conformer ma Censure à mon sujet. C'est aussi ce que j'ai envi de faire. Je dirai le bien & le mal, ce que je n'ai pas encore fait jusqu'ici, m'etant toujours arreté à ce qu'il i avoit de blamable dans les fujets qu'on foumetoit à ma Cenfure. Je vous declare donc que du moment que j'eus ces ordres, je pris quelques onces de rubarbe & de fené pour me decharger de toute la bile qui pouvoit me refter au cœur, & que je pris une infuzion cardiaque de miel pour ne rien dire que d'adouciffant.

La traduxion d'Efope achevée, je me mis à la lire exactement & à faire mes remarques; etant formées, je les lus à l'Affemblée qui s'etoit pratiquée exprez pour les entendre.

Je m'etois d'abord dechainé contre l'Ortografe, mais Menage fur tout me paia de fi bonnes raizons, que je fus obligé à chanter palinodie. Ainfi, je declare que j'aprouve infiniment l'Ortografe qui s'obferve dans cet Ouvrage, parcequ'elle eft autorizée des meilleurs Ecrivains du tems qui ont franchi le pas, parcequ'elle eft est fondée sur la raizon & sur le bon sens. Je suis d'acord que la France a pretendu de se rendre la tirane de la langue aussi bien que des peuples. Mais elle n'aura ni l'un ni l'autre ; c'est aux Alliez à brider son ambicion ; c'est aux Savans à se moquer de son Ortografe. Jusqu'ici la France a observé une Ortografe qu'on ne pouvoit aprendre que chez elle afin d'obliger les etrangers à se rendre à son Ecole. On en est revenu & les etrangers ont trouvé le moien d'aprendre la belle prononciacion sans etre obligez d'aller en France. Les François ont pallié leur prononciacion du manteau Latin & dans le fond, ils avouent qu'ils ne l'on fait que pour embarasser les etrangers par des ecritures peu conformes à la prononciacion. Les Espagnols qui pretendent d'etre les maitres des François, se sont, de tout tems, moqué de leurs T qui doit se prononcer comme un C; & tandis que les François hipocrites prononcent Devocion au meme tems qu'ils ecrivent Devotion, les Espagnols ecrivent & prononcent Devocion. J'aprouve leur franchize, je deteste la bizarrerie Françoise & je m'habille à l'Espagnolle.

Tout le monde convient que ct vaut x; pourquoi donc ne pas se servir de l'x puisqu'il se prononce, & pourquoi écrire afection, vu qu'on doit prononcer afexion? on demande aux François pourquoi ils écrivent cognoitre, maistre, souspirer &c. Ils repondent en comun que c'est pour respecter l'origine Romaine cognoscere, Magister, suspirare &c. Et quand ils sont entre eux, ils repondent de bonne foi que c'est afin de ne rendre pas les étrangers aussi savans qu'eux, & pour avoir la satisfaxion de leur dire à Paris, qu'il i a bien de la di-

diftinxion entre l'Ortografe & la prononciacion Françoife. Enfin nous voilà hors de page, & dez qu'Efope eut oui cette premiere conclufion, il prit fes caftagnetes & il danfa une farabande.

Au fecond article de ma cenfure j'avois trouvé à dire qu'une meme fable fut repetée ; tout le monde me fauta aux yeux, & l'on m'accabla par me dire que la poefie avoit des beautez fi diferentes de celles de la profe, qu'on ne la reconoiffoit plus ; qu'il etoit expedient de voir l'une & l'autre pour mieux diftinguer les epizodes du Poete en les confrontant avec la fimplicité du Prozateur.

Le troifiéme article de ma cenfure regarda Efope meme ; je dis, qu'il faifoit fon portrait dans la fable de la Corneille revetue des plumes des autres oifeaux, & que fi ceux qui ont contribué à cet ouvrage retiroient leurs plumes, Efope feroit fort deplumé. L'on me me repondit & l'on me fatisfit en me dizant, que c'etoit prezentement la mode, que chacun s'ornoit des plumes des autres, temoins les Perruques. Ils n'ont pas mauvaize raizon ; à quoi bon fe tuer quand l'on trouve fon pain cuit ?

Pierre Richelet de fraiche daté autorize ce vol innocent lui qui a bien le front de metre fon portrait à la tete d'un recueil de letres, où il n'a nulle part & auquel il n'a contribué que de quelques notes morfondues dont la plus riche eft la nocion de Languedoc, langue de Got, dont l'expreffion la plus precieuze eft celle des amans à qui l'amour a un peu effleuré la peau du cœur. Il fe dechaine contre Furetiere dont il n'eft pas digne de denouer les fouliez, mais ce favant homme & ce Redoutable l'atend au paffage, & dez que Richelet fera decendu de la barque de Caron, il fut lui fera donner les etrivieres. Ainsi Richelet, engraissez vos epaules.

Esope me voiant à la fin de ma censure, quita ses castagnetes, & apliquant les mains au cœur, il dit de vouloir faire reparacion d'honeur. Je n'ai nommé, Dit-il, en ma preface que la Fontaine & Furetiere, & neamoins dans la suite j'ai trouvé bon de me regaler d'un bon mot, de Benserade, de Boileau, de le Moine, de Scarron, de Voiture & de Sarazin. Les mieux sensez furent fort edifiez de cette ingenuité. La Fontaine me pria d'ajouter que la plufpart des fables qui entroient en ce nouvel ouvrage n'avoient pas eté imprimées avec celles qui avoient paru fous son nom puifque la fantaizie lui etoit venue de faire ces dernieres à la vue de l'aprobacion que le public donnoit aux premieres.

Avant de me separer je demandai à Esope, pourquoi il finissoit
son

son ouvrage par un Pet, & que sauf meilleur avis, il auroit mieux fait de le finir par une rose ou par l'ambregris. Esope reprit ses castagnetes, & il me repondit en dansant que les chiens parfumez qui precedoient imediatement le Pet, en corigeoient toute la puanteur, & qu'aprez tout on ne devoit pas juger qu'il eut mauvaize grace de finir comme les Grecs finissent leur Alfabet où l'Omicron passe par l'Omega. Celà dit les singes jouerent une courante, & Esope la dansa aux accords de ses castagnettes.

Voilà mon sentiment sur les Fables d'Esope. En foi dequoi j'ai signé les presentes, & je les ai munies de mon cachet à l'etrille.

Momus Censeur ordinaire de l'Academie des Chams Elizées.

www.ingramcontent.com/pod-product-compliance
Lightning Source LLC
Chambersburg PA
CBHW070848170426
43202CB00012B/1987